中国热点问题

ZHONGGUO REDIAN WENTI

2015
新华版

新华通讯社国内新闻编辑部◎编
张宿堂　张百新◎主编

新华出版社

图书在版编目（CIP）数据

中国热点问题. 2015 / 新华通讯社国内新闻编辑部编.
北京：新华出版社，2015.4

ISBN 978-7-5166-1547-8

Ⅰ. ①中… Ⅱ. ① 新… Ⅲ. ①社会问题—研究—中国—2015
Ⅳ. ①D669

中国版本图书馆CIP数据核字（2015）第042541号

中国热点问题. 2015
编　　者： 新华通讯社国内新闻编辑部
主　　编： 张宿堂　张百新

出 版 人： 张百新
特约编辑： 陈卫平
责任印制： 廖成华
责任编辑： 赵怀志　江文军　沈文娟
责任校对： 刘保利
装帧设计： 图鸦文化

出版发行： 新华出版社
地　　址： 北京石景山区京原路8号
邮　　编： 100040
网　　址： http://www.xinhuapub.com
http://press.xinhuanet.com
经　　销： 新华书店
购书热线： 010－63077122
中国新闻书店购书热线： 010－63072012

照　　排： 图鸦文化
印　　刷： 北京文林印务有限公司

成品尺寸： 170mm×240mm　1/16
印　　张： 27.25
字　　数： 410千字
版　　次： 2015年4月第一版
印　　次： 2015年4月第一次印刷

书　　号： ISBN 978-7-5166-1547-8
定　　价： 50.00元

出版说明

为方便广大干部群众更加系统全面地了解当前社会热点，我们在深入调研的基础上，围绕中国经济新常态、简政放权、反腐倡廉、依法治国、教育就业、医疗养老、三农发展、雾霾治理等热点问题，精选新华社“今日关注”播发的系列稿件和相关评论，集纳专家学者的权威解读、行业人士的精彩论述和背景资料，分40个专题汇编成《中国热点问题•2015》这本通俗读物。

全书共分为经济热点篇、政府治理篇、反腐倡廉篇、依法治国篇、民生保障篇、三农热点篇、生态文明篇、社会热点篇等8个部分，密切联系经济社会发展实际，解释疑惑，回应社会关切，既提出问题、分析原因，又呈现解决问题的办法和途径，对当前重大热点问题进行了深入浅出的解读，观点准确、说理透彻、通俗易懂、图文并茂、可读性强，既是广大党员领导干部进行形势政策学习的重要参考读物，也是广大公务员考生学习了解申论、面试、行测、公务基础常识部分时政内容的必要参考资料。

目 录 CONTENTS

经济热点篇

政府治理篇

反腐倡廉篇

依法治国篇

民生保障篇

三农热点篇

生态文明篇

社会热点篇

经济热点篇

中国热点问题 2015

1. 新常态有新风景

——读懂中国经济现状与走势

所谓新常态，一是经济从高速增长转为中高速增长；二是经济结构不断优化升级；三是从要素驱动、投资驱动转向创新驱动，是我国经济发展到一定阶段必然要经历的历史过程，是不以人的意志为转移的经济规律的客观反映。对新常态的认识理解深化了，才有可能主动适应新常态，进而有效引领新常态，巩固传统优势，实施创新驱动，确立经济发展新的增长点、动力源和制度支撑，充分释放经济发展内生动力、创新活力，实现经济提质增效升级预期目标。

2014 年中国经济新常态下实现增长 7.4%

国家统计局 2015 年 1 月 20 日发布数据，经初步核算，2014 年中国国内生产总值 636463 亿元，按可比价格计算比上年增长 7.4%。

“国民经济在新常态下保持平稳运行，呈现出增长平稳、结构优化、质量提升、民生改善的良好态势。”国家统计局局长马建堂在此间举行的国新办发布会上说。

分季度看，一季度同比增长 7.4%，二季度增长 7.5%，三季度增长 7.3%，四季度增长 7.3%（四季度环比增长 1.5%）；分产业看，第一产业增加值 58332 亿元，比上年增长 4.1%；第二产业增加值 271392 亿元，增长 7.3%；第三产业增加值 306739 亿元，增长 8.1%。

农业生产形势较好，工业生产运行在合理区间。全年全国粮食总产量达到 60710 万吨，比上年增加 516 万吨，增长 0.9%；全国规模以上工业增加值按可比价格计算比上年增长 8.3%，其中 12 月份规模以上工业增加值增长 7.9%，环比增长 0.75%。

人口就业总体稳定。2014 年年末，中国大陆总人口为 136782 万人，比上年末增加 710 万人。其中 16 周岁以上至 60 周岁以下（不含 60 周岁）的劳动年龄人口 91583 万人，比上年末减少 371 万人，占总人口的比重为 67%。2014 年年末全国就业人员 77253 万人，比上年末增加 276 万人，其中城镇就业人员 39310 万人，比上年末增加 1070 万人。

马建堂表示，2014 年我国结构调整稳步推进，全年第三产业增加值占国内生产总值的比重为 48.2%，比上年提高 1.3 个百分点，高于第二产业 5.6 个百分点；需求结构继续改善，全年最终消费支出对 GDP 增长的贡献率为 51.2%，比上年提高 3 个百分点；城乡居民收入差距进一步缩小，全年农村居民人均可支配收

入实际增速快于城镇居民人均可支配收入 2.4 个百分点，城乡居民人均可支配收入倍差 2.75，比上年缩小 0.06；节能降耗继续取得新进展，全年单位 GDP 能耗比上年下降 4.8%。

十大数据读懂 2014 年中国经济

下列十大数据，折射出 2014 年中国经济增长平稳、结构优化、质量提升、民生改善的良好态势。

【数据 1：GDP 增长 7.4%】2014 年我国国内生产总值 636463 亿元，同比增长 7.4%。一至四季度同比增速依次为 7.4%、7.5%、7.3%和 7.3%。在国际形势复杂多变、国内“三期叠加”的背景下，我国经济迎来“增速下台阶、质量上台阶”的新常态。

【数据 2：CPI 上涨 2%】2014 年我国居民消费价格总水平（CPI）同比增长 2%，涨幅较 2013 年回落 0.6 个百分点，大大低于年度 3.5%的预期目标，也创下自 2010 年以来的物价涨幅新低。价格指数低位运行反映出经济有效需求不足的问题，但也为适时推进价格改革提供了“时间窗口”。

【数据 3：固定资产投资增长 15.7%】全国固定资产投资（不含农户）502005 亿元，同比名义增长 15.7%，扣除价格因素实际增长 15.1%，实际增速比上年同期回落 4.1 个百分点。近年来受制造业产能过剩、房地产市场持续调整等影响，“三驾马车”中的投资引擎动力减弱，下一步稳住投资要充分发挥市场机制作用。

【数据 4：消费品零售总额增长 12%】2014 年我国社会消费品零售总额 262394 亿元，同比名义增长 12%，扣除价格因素实际增长 10.9%，实际增速比此前一年回落 0.6 个百分点。在经济增长动力中，消费被寄予厚望。保证产品质量安全、通过创新供给激活需求的重要性显著上升，必须采取正确的消费政策，释放消费潜力，使消费继续在推动经济发展中发挥基础作用。

【数据 5：进出口总值增长 2.3%】2014 年我国进出口额 264335 亿元人民币，

同比增长2.3%，较7.5%左右的年度目标差距较大，但增速仍快于世界主要经济体和新兴发展中国家，占全球市场份额稳中有升。

【数据6：城镇就业人员比上年末增加1070万】2014年末全国城镇就业人员39310万人，比上年末增加1070万人，城镇登记失业率继续保持在较低水平。就业是社会经济发展的底线。经济增速放缓，就业不降反升，简政放权等改革红利的释放是其中的重要因素，而服务业等吸纳就业渠道的变化也印证了中国经济结构调整、转型升级的新变化。

【数据7：M2增长12.2%】2014年人民币贷款增加9.78万亿元，创下历史最高水平，但到去年12月末广义货币（M2）余额122.84万亿元，增长12.2%，低于年初确定的13%左右的目标。作为标杆性金融指标，M2增速放缓说明在经济面临较大下行压力的情况下，宏观政策保持了定力，没有采用“大水漫灌”

的方式刺激经济。

【数据 8：城乡居民收入实际增长 8%】2014 年全年全国居民人均可支配收入 20167 元，扣除价格因素，同比实际增长 8.0%。去年我国城乡居民人均可支配收入实际增长分别为 6.8%和 9.2%，增速皆比上年同期有所回落，居民增收难度加大。

【数据 9：粮食总产量实现“十一连增”】2014 年全国粮食总产量达到 60710 万吨，比 2013 年增加 516 万吨，增长 0.9%。我国粮食总产量实现“十一连增”。农业继续保持良好态势，为中国经济健康发展奠定了坚实的基础。

【数据 10：前 11 个月财政收入增长 8.3%】1 至 11 月累计，全国财政收入 129595 亿元，同比增长 8.3%。伴随中国经济发展进入新常态，财政收入也由高速增长转为中低速增长的新常态。

四问中国经济走势

在复杂多变的国内外环境中，步入发展新常态的中国经济未来走势如何？楼市调整何去何从？全面通缩是否言过其实？宏观政策取向如何？这是当前广大干部群众十分关注的问题。

经济增速将继续“下台阶”？

经济增长 7.4%，物价涨幅稳定在 2%，城镇就业人员比上年末增加 1070 万人……2014 年宏观调控的主要指标显示，中国经济基本实现了年初的预期目标，继续运行在合理区间。

“这是改革与增长艰难平衡的结果。”瑞穗证券亚洲公司首席经济学家沈建光表示，在世界经济低迷不振、国内“三期叠加”的背景下，上述成绩在全球范围观察表现不俗。

不过从季度走势看，中国经济列车增速换挡态势明显，一至四季度 GDP 同比增速依次为 7.4%、7.5%、7.3%和 7.3%。2015 年经济增速会继续“下台阶”吗？

中国国际经济交流中心咨询研究部副部长王军分析说，由于房地产市场调整和制造业淘汰过剩产能仍在进行中，投资增速显著放缓，当前经济下行压力依然较大，预计未来几个季度经济增速将在7%左右。

“今年经济增速还会略有下降，预计略高于7%并进入本轮经济下行阶段的触底位置。”国务院发展研究中心研究员张立群表示，预计今年一、二季度GDP增速将进一步走低，但三、四季度可能会开始上升。

考虑到中国国内投资增长缓慢并预计将进一步放慢，国际货币基金组织20日发布的最新报告将今明两年中国经济的增速预测下调到7%以下，预计2015年增速为6.8%。

尽管对于具体增速数值的预测莫衷一是，但业内普遍共识是，中国经济正处于高速增长转向中高速增长的新常态，2015年关键是既要保证经济增长的基本稳定，同时在结构调整上取得实质性进展。

房地产调整格局仍将持续?

2014年全国房地产开发投资实际仅增长9.9%，增速较2013年大幅回落，同期商品房销售面积和销售额均同比下跌——多年来火爆的房地产市场在2014年开始降温。

约占整个固定资产投资两成的房地产行业对中国经济全局的影响不容小视，2015年房地产市场走向如何?

中国人民大学国家发展与战略研究院执行院长刘元春认为，2015年房地产市场调整对其他下游相关行业影响的外溢效应比去年更明显，他用“调整”与“分化”来描述当前房地产市场格局。

一方面房地产市场库存仍居高位，市场预期发生了根本逆转，周期性调整仍将持续；另一方面，不同规模的房地产商之间、不同地区城市之间市场形势出现分化，小型企业遇到的困难大于大中型企业，三四线城市需求回落要甚于一线城市。

值得注意的是，2014年四季度以来，随着信贷政策调整、央行降息、年底开发商为消化库存加大推盘力度，国内70个大中城市的新建商品住宅销售价格环比降幅缓慢收窄，销售量也有所回暖。

“今年房地产市场的调整可能比去年相对温和，今年可能成为房地产‘筑底’的年份。”张立群表示，由于房地产将呈现弱增长态势，对经济增长的贡献率将很难恢复到过去水平。

全面通缩言过其实吗?

国家统计局此前发布的数据显示，2014 年全国居民消费价格总水平（CPI）同比增长 2%，工业生产者价格指数（PPI）连续 34 个月负增长。较低的物价水平，使得百姓得到了实惠，但同时也引发了外界对中国是否会出现全面通缩的担心。

业内人士认为，出现全面通缩的典型表现是经济大幅滑坡、资产价格急跌以及货币供应量下降等，这与中国的现实情况显然并不相符。

刘元春分析说，中国工业领域的通缩压力一方面来自油价等国际大宗商品的价格持续下滑，未来走势具有不确定性，另一方面则源自经济内生性有效需求不足，这在未来一段时间仍将持续。

“尽管 2015 年出现 CPI 整体为负的概率比较小，但还是要防止低水平通胀带来的整体市场信心不足和市场预期的全面回调。”刘元春说。

交通银行首席经济学家连平表示，目前就做出中国经济出现全面通缩的判断为时尚早，不过 PPI 持续负增长对制造业的抑制显而易见，于宏观经济发展不利，需要加以关注并尽快扭转。

这并非是指宏观政策要搞全面放松，王军建议，为扩大经济有效需求，货币政策在稳健的基础上，具体操作中要更加注重松紧适度，加大预调微调力度，汇率政策上注意对输入性通胀有所对冲，并利用低水平价格的窗口期推进价格改革。

专家观点

在经济步入新常态的大背景下，宏观调控不能延续传统思维，尤其是财政政策不宜过度刺激，避免走重复建设导致产能过剩的老路，而货币政策要把握好“中性”的度，既不约束市场合理的需求，也不扩大金融杠杆和风险。

——国务院发展研究中心研究员　张立群

降息降准势在必行?

货币政策在内的宏观政策走向成为当前中国经济的焦点问题之一。

中国人民银行日前发布的数据显示，2014 年我国人民币贷款增加 9.78 万亿元，创下历史最高水平。在货币政策维持稳健基调不变的基础上，央行还创设中期借贷便利（MLF）、抵押补充贷款工具（PSL）等新型货币政策工具并加以灵活运用。

尽管流动性比较宽裕，仍有部分专家认为从资金成本等方面考虑，调整基准利率和存款准备金率等“常备武器”仍有用武之地。

连平表示，目前贷款基准利率进一步大幅下调的空间不大，相比之下近期降准的预期更强烈。一方面 2014 年存款增速持续低于贷款增速，限制银行信贷投放能力，需要适度下调准备金率；另一方面，降准对于降低企业融资成本的作用更加直接。

张立群表示，在经济步入新常态的大背景下，宏观调控不能延续传统思维，尤其是财政政策不宜过度刺激，避免走重复建设导致产能过剩的老路，而货币政策要把握好“中性”的度，既不约束市场合理的需求，也不扩大金融杠杆和风险。

新常态下地方经济发展新逻辑

我国经济增速从高速增长步入中速增长的新阶段，陆续召开的“地方两会”传递出“淡化 GDP”一致信号，成为解构新常态下地方经济发展新逻辑的一个窗口。

除西藏 2014 年实现预期的 12%增速、2015 年保持同样的增长预期外，重庆、浙江、上海、广东等多数省区市提出的经济增长目标均出现微幅下调，但仍保持在合理区间运行。

在制定 2015 年经济发展“蓝图”时，一些地方开始尝试优化或取消 GDP 目标。上海市 2015 年的经济社会发展目标是经济平稳增长，结构继续优化，质量效益进一步提高，全市一般公共预算收入与经济保持同步增长。与此同时，贵州省也取消了 10 个国家扶贫开发工作重点县的 GDP 目标。

在中国经济发展新常态下，淡化 GDP 目标，地方发展的增长动力、质量、效率从哪里来备受关注。地方两会陆续发布的政府工作报告给出了明确答案——更加注重经济结构优化、创新驱动、区域统筹协调发展成为各地转换发展动力、培育发展新引擎的着力点。

重庆对接国家优化经济发展空间格局的重大部署，深入实施五大功能区域发展战略，通过产业布局、财政扶持、生态环保、考核评价等分类扶持、差别约束的配套措施，促进了资源要素优化配置和高效利用，各功能区域呈现出相互支撑、优势互补、协调联动的新局面。同时，做大做强集成电路、机器人、页岩气等十大战略性新兴产业，把创新作为驱动发展新引擎。

专家观点

淡化 GDP 目标，强化绿色发展，考验着地方战略发展定力。实践证明，当环境成为城市发展名片时，城市也有可更宽广的可持续发展空间。

——江苏省人大代表、盐城市委书记　朱克江

在化解过剩产能、治理大气污染影响全省生产总值增速约 1.75%预期下，河北省提出，“调速不减势、量增质更优”。2015 年将坚定不移调整经济结构，继续化解过剩产能，推动传统产业向中高端迈进，积极培育新的增长点，同时抢抓京津冀协同发展战略推进新机遇。

“经济发展进入新常态后，GDP 增长目标逐步调整是必然的趋势。后发展欠发达地区在调降预期的同时，还需保持一个高于全国平均水平的发展速度。”广西社会科学院院长吕余生委员说，欠发达地区有着后发优势，要找准增长点，积极培育发展新业态，走出一条新常态下具有广西特色的发展之路。

2015 年是我国全面深化改革的关键之年，也是“十二五”规划的收官之年。淡化 GDP 目标，为进一步深化改革、调整结构、转型升级腾出空间；向改革要动力，通过改革解决发展新常态下的新矛盾新问题，为地方发展注入持续“活水”，淡化 GDP 目标与深化改革的“双向互动”在各地两会上成为共识。

作为首个取消 GDP 增长目标的城市，上海市表示，我们不是太关心 GDP，而是更加关注自贸试验区改革对上海“四个中心”的影响，包括服务功能的提升、功能性机构的集聚等。

我国农村改革的发源地安徽省，2015 年将致力于深化农村综合改革、认真办好国家农村改革试验区，将在稳妥推进农村土地征收、集体经营性建设用地入市和宅基地制度改革试点的同时，开展集体资产股份权能改革试点，探索发展农村产权流转交易市场等一系列改革新举措，将继续引领安徽再立农村改革新潮头。

淡化 GDP 目标，强化生态文明建设，给绿色发展留出空间，也是地方政府工作报告中的“高频词”。西藏提出，通过完成环境功能区划和生态环境保护红线划定、落实环境保护责任追究制度、落实生态效益补偿等一系列措施，加快推进生态安全屏障建设。湖南省提出，全面推行排污权有偿使用和交易，探索建立水权交易制度，建立健全生态补偿机制，实行重大环境问题责任追究。

江苏省人大代表、盐城市委书记朱克江说：“淡化 GDP 目标，强化绿色发展，考验着地方战略发展定力。实践证明，当环境成为城市发展名片时，城市也有可更宽广的可持续发展空间。”

经济增长降速、民生改善提速，在地方政府施政报告中，攸关百姓共享发展成果的“民生清单”，却是件件有目标、句句有承诺。重庆、湖南、四川、安徽等地提出，要坚持全覆盖、保基本、多层次、可持续方针，加大民生投入，健全城乡公共服务体系，重点办好就业社保、文化教育等惠民实事，既解决民生突出问题，又持续提升民生整体水平。

2. 新常态有新逻辑

——解读2014年中央经济工作会议（上）

“认识新常态，适应新常态，引领新常态，是当前和今后一个时期我国经济发展的大逻辑。”2014年12月11日闭幕的中央经济工作会议用新常态定位了我国经济发展的大逻辑。“大逻辑”的提法引人注目。历年中央经济工作会议都会对当前经济形势进行分析，对来年经济工作作出部署，但这样从理论和哲理层面对形势进行判断和分析，令人耳目一新。

聚焦中央经济工作会议六大看点

经济下行压力加大，新常态下明年经济发展态势如何？调结构能否保持稳增长？改革有哪些重头戏？民生有哪些新看点？2014年12月11日闭幕的中央经济工作会议透出了明年经济工作的一系列新动向。

看趋势：九大趋势性变化定位新常态

认识形势、研判走势是做好明年各项经济工作的基础和前提。针对近一年来海内外始终关注的中国经济新常态，会议通过对“九大趋势性变化”的阐释，历史地、辩证地分析了我国经济发展的阶段性特征。

会议认为，当前我国在消费需求、投资需求、出口和国际收支、生产能力和产业组织方式、生产要素相对优势、市场竞争特点、资源环境约束、经济风险积累和化解以及资源配置模式和宏观调控方式等方面都发生了趋势性变化，表明经济正在向形态更高级、分工更复杂、结构更合理的阶段演化。

国家行政学院经济学部主任张占斌说："以前大家对新常态有各种看法，还有人认为新常态意味经济衰退。通过这次中央对新常态全面、深刻、系统的界定，可以消除认识误区，引导人们正确、理性、客观看待新常态。"

会议强调，认识新常态、适应新常态、引领新常态，是当前和今后一个时期我国经济发展的大逻辑。可以看到，中高速增长、发展方式转变、结构深度调整、发展动力转向是新常态的基本特征。

在此基础上，会议明确注重满足人民群众需要、市场和消费心理分析、引导社会预期等是新常态下经济工作的重点。

"面对新常态、适应新常态有一个过程。这次会议特别强调统一思想和行动，说明新常态下怎么看与怎么做同样重要，认识不到位、不深刻，坚持用惯性思维去做今后的经济工作肯定行不通。"张占斌说。

看增长：稳增长和调结构保持平衡是关键

从刚刚发布的 11 月经济数据看，进出口总值同比下降 0.5%，PPI 同比下降 2.7%，已经连续 33 个月负增长，反映出当前我国经济仍面临较大下行压力，稳增长任务艰巨。

会议在部署 2015 年工作时，把努力保持经济稳定增长作为一项主要任务。同时，提出"调速不减势""合理确定经济社会发展主要预期目标"等具体要求。

张占斌表示，"经济增速目标适当调整将为今后改革留下更大空间。如果目标定得较高，经过努力也可实现，但可能绷得太紧，不利于其他工作从容展开。"

会议指出，要保持稳增长和调结构之间的平衡。对此，专家认为，今后经济发展中不能把二者对立起来，对过剩产能的调整会影响增速，而做好新兴产业的加法和乘法则会创造更多增量。

"明年要加快结构调整，意味着新兴领域的投资可能会加快。"国家发改委学术委员会秘书长张燕生说。

专家观点

以前大家对新常态有各种看法，还有人认为新常态意味经济衰退。通过这次中央对新常态全面、深刻、系统的界定，可以消除认识误区，引导人们正确、理性、客观看待新常态。

——国家行政学院经济学部主任　张占斌

“速度调整并不意味着少作为甚至不作为，调结构需要花更大气力、有更大作为。”国务院发展研究中心副主任刘世锦说，“保持稳增长和调结构的平衡更重要的是要形成与以往不同的增长结构和动力机制。”

看改革：围绕突出问题推进

会议要求，要围绕解决发展面临的突出问题推进改革，推出既具有年度特点、又有利于长远制度安排的改革举措，继续抓好各项改革方案制定。

中国国际经济交流中心咨询研究部副部长王军说，我国进入经济发展新常态，发展环境和条件出现很多趋势性变化。“改革的推进，必须以问题为导向，坚持与时俱进，根据不断变化的实际，提出既针对具体问题、又有利于长远制度安排的改革措施。”

会议提出要加快行政审批、投资、价格、垄断行业、特许经营、政府购买服务、资本市场、民营银行准入、对外投资等领域的改革。

“改革要从群众需要出发，让人民分享改革成果。”王军说，基层特别是地方政府，处于经济工作第一线，最了解实际情况，改革方案的制定要把顶层设计和充分发挥基层积极性结合起来，既要统筹长远和全面，也要尊重自下而上的首创精神。

国务院发展研究中心研究员张立群说，当前企业、市场、群众都呼唤改革加快推进，但改革措施是通过具体部门来推进的。“各级政府部门往往有自己的利益和问题，在抓落实上可能主动性不够。必须强化责任，落实督办责任制和评估机制，引入群众评价，为推进改革措施落实建立制度保障。”

看民生：防止平均数掩盖大多数

针对保障和改善民生，会议要求，坚持守住底线、突出重点、完善制度、引导舆论的基本思路，多些雪中送炭，更加注重保障基本民生，更加关注低收入群众生活，更加重视社会大局稳定。

“这体现了经济发展新常态下社会政策托底的思路。”张立群说，当前经济发展的特征和环境均发生改变，低收入群体和困难家庭可能会面临更多压力。中央强调守住底线，既是实现社会公平目标的需要，也是保障社会稳定大局的需要。

专家观点

各级政府部门往往有自己的利益和问题，在抓落实上可能主动性不够。必须强化责任，落实督办责任制和评估机制，引入群众评价，为推进改革措施落实建立制度保障。

——国务院发展研究中心研究员　张立群

会议着重强调要做好就业和扶贫工作；做好就业工作，要精准发力，确保完成就业目标；要更多面向特定人口、具体人口，实现精准脱贫，防止平均数掩盖大多数。

张立群说，做好就业和扶贫，是新常态下中央经济工作的两个重要底线。今后要更加注重社会公平，充分发挥好政府保障社会公平的职能，针对特定目标和群体精准发力。

“只有实现充分就业，经济才能实现稳定可持续的增长。明年要进一步发挥好市场和政府两只手的作用，确保完成就业目标。”王军说。

看区域发展：三大新亮点不掩四大老区域

寻找新的发展空间，会议将目光投向区域发展战略——“要重点实施‘一带一路’、京津冀协同发展、长江经济带三大战略，争取明年有个良好开局。”但会议同时突出强调，“西部开发、东北振兴、中部崛起、东部率先的区域发展总体战略，要继续实施。”

张占斌说，会议释放出完善区域政策的新动向，即更加强调协调发展、协同发展和共同发展，也回答了外界的一些担心。

“未来区域发展要以‘一带一路’、京津冀、长江经济带三大新战略为重点，但并不是说以前确定的老区域规划不发展了，而是新老规划共同发展，突出重点，合力打造经济增长的新引擎。”张占斌说。

2015年新型城镇化如何推进？会议一些表述让人眼前一亮：“要有历史耐心，不要急于求成”“要通过改革创新打破地区封锁和利益藩篱”“积极推进市县‘多规合一’”“坚持不懈推进节能减排和保护生态环境”……

张占斌说，这一方面强调了城镇化发展的重要性，同时要求地方保持清醒头脑和足够耐心，避免出现因盲目设立新区、过热投资等出现“空城”“鬼城”等现象。另一方面，更强调生态文明建设要贯穿城镇化发展全过程。

看对外开放：“三个平衡”指明新方向

世界经济仍处深度调整期，全球总需求不振，风云变幻的外部环境下，2015年对外开放政策有哪些新变化？

会议作出回答——“必须更加积极地促进内需和外需平衡、进口和出口平衡、引进外资和对外投资平衡，逐步实现国际收支基本平衡，构建开放型经济新体制。”

“‘三个平衡’重新定位了我国对外开放格局，通过市场、贸易和投资结构的平衡，更加注重经济转型升级，更加注重增长质量和效益。”中国社科院世界经济与政治研究所副研究员黄薇说。

> **专家观点**
>
> “三个平衡”重新定位了我国对外开放格局，通过市场、贸易和投资结构的平衡，更加注重经济转型升级，更加注重增长质量和效益。
>
> ——中国社科院世界经济与政治研究所副研究员　黄薇

黄薇认为，这一新格局与中国当前面临的对外开放新形势有关。全球各经济体潜在经济增速普遍下调，不断萎缩的外部需求不可能恢复到以前水平，倒逼中国通过自我调整实现内外需平衡，从过去更多依赖出口拉动向更多依靠内需拉动转变。

中国社科院财经战略研究院院长高培勇认为，随着“一带一路”、亚投行等从理念变为现实，新的对外开放战略将为中国经济发展提供崭新舞台，不仅为周边区域和中国自身经济发展注入新动力，这些体现“中国智慧”的方案也将在国际开放新格局下提升中国的话语权。

新常态定位我国经济发展大逻辑

“认识新常态，适应新常态，引领新常态，是当前和今后一个时期我国经济发展的大逻辑。”2014 年 12 月 11 日闭幕的中央经济工作会议用新常态定位了我国经济发展的大逻辑。

“大逻辑”的提法引人注目。历年中央经济工作会议都会对当前经济形势进行分析，对来年经济工作作出部署，但这样从理论和哲理层面对形势进行判断和分析，令人耳目一新。

“中央对经济工作的领导，更多融入了逻辑思维和方法论，更加重视理论上的完整性和逻辑上的自洽性。新常态是我们认清当前经济形势、搞好经济工作的逻辑起点和现实条件。”中国国际经济交流中心咨询研究部副部长王军认为。

一杆秤要准确，就必须找准定盘星（零刻度）。宏观决策要正确，就必须找准逻辑起点。对中国经济当前所处阶段的判断，是制定正确宏观经济政策的基础和前提。

经过改革开放30余年的飞速前进，中国经济发展已经进入了一个全新的阶段。虽然中国经济的基本面和战略机遇期没有改变，但确实进入了增速放缓、结构调整、动力转换的新常态。再追求高速度、依赖强刺激，显然不合时宜，还会耽误未来发展机遇。

“必须历史地、辩证地认识我国经济发展的阶段性特征，准确把握经济发展新常态。”中央经济工作会议从消费需求、投资需求、出口和国际

专家观点

中央对经济工作的领导，更多融入了逻辑思维和方法论，更加重视理论上的完整性和逻辑上的自洽性。新常态是我们认清当前经济形势、搞好经济工作的逻辑起点和现实条件。

——中国国际经济交流中心咨询研究部副部长　王军

收支、生产能力和产业组织方式、生产要素相对优势、市场竞争特点、资源环境约束、经济风险积累和化解、资源配置模式和宏观调控方式九个方面进行了深度解析，得出了“经济发展进入新常态”的明确判断。

经济新常态的具体特征是什么？中央经济工作会议作出权威阐释：正从高速增长转向中高速增长，经济发展方式正从规模速度型粗放增长转向质量效率型集约增长，经济结构正从增量扩能为主转向调整存量、做优增量并存的深度调整，经济发展动力正从传统增长点转向新的增长点。

认识到新常态，就不会因为当前经济增速回落、风险抬头、企业生产经营困难而惊慌失措乃至丧失信心，从而能够积极调整心态、采取措施，逐步适应新常态。然而，仅仅适应新常态是不够的，更重要的是引领新常态。

“中央对经济工作的领导，突出战略性。新常态是个动态过程，我们不仅要认识、适应，而且最终要引领。也就是说，要在注意解决当前突出问题的同时，更加注重坚持以提高经济发展质量和效益为中心，夯实中长期发展基础、增添未来发展新动力。”王军认为。

当前，中国经济发展面临内生动力不足、下行压力较大等突出问题。在采取措施稳增长、保持必要增速的同时，要更加注重挖掘新的潜力，增添新的动力。

中央经济工作会议明确要求，积极发现培育新增长点。我国存在大量新的增长点，潜力巨大。发现和培育新的增长点，一是市场要活，二是创新要实，三是政策要宽。

细心的人们会发现，中央经济工作会议在分析阐述经济发展新常态后提出八个“更加注重”中，有三个更加注重与创新驱动有关，分别是：更加注重加强产权和知识产权保护，更加注重加强教育和提升人力资本素质，更加注重科技进步和全面创新。

在劳动力成本低廉优势逐步消失、资源环境约束不断强化的大背景下，唯有创新驱动能为中国这样的大国发展，提供新的源源不断动力。

放眼环球，美国正在积极推动再工业化，欧洲正在大力推进“工业 4.0”，全球新一轮产业革命浪潮风起云涌。中国如果再走过去发展的老路，不仅无法走出产能严重过剩的制约，与发达国家的差距非但不会缩小，反而会扩大。

“新常态，意味着我们要与旧有发展模式告别，要求我们要加快打造新的驱动力量。以创新驱动推动结构调整，才能引领新常态，为实现‘两个一百年’宏伟目标提供强有力的支撑。”国务院发展研究中心宏观经济部研究员张立群说。

八个“更加注重”揭示我国经济发展新取向

2014年12月11日闭幕的中央经济工作会议为2015年经济工作提出八个“更加注重”的新要求。此间多位经济学家认为，这是有效引领新常态，实施创新驱动，实现我国经济提质增效升级目标的“指南针”。

中央经济工作会议提出，主动适应经济发展新常态，“要更加注重满足人民群众需要，更加注重市场和消费心理分析，更加注重引导社会预期，更加注重加强产权和知识产权保护，更加注重发挥企业家才能，更加注重加强教育和提升人力资本素质，更加注重建设生态文明，更加注重科技进步和全面创新”。

中国国际经济交流中心咨询研究部副部长王军说，更加注重满足人民群众需要，这是将发展回归到“以人为本、执政为民”的理念上来。八个“更加注重”要求在工作方法上统筹兼顾，不能只顾一点不及其余，不能再简单地追求发展速度，而要以提高质量和效益为核心，精耕细作。

2014年以来，在经济面临换挡降速、财政收入增幅有所下降的背景下，民生支出稳步增长。前10个月，全国社会保障和就业支出12977亿元，同比增长12.9%；医疗卫生与计划生育支出7559亿元，同比增长10.4%；教育支出16487亿元，同比增长9%；住房保障支出3810亿元，同比增长17.5%。

“现阶段经济增速本身没有过去那么重要，这时候要追求让老百姓真正受益的增长，而不是为了增长而增长。”中国社科院人口与劳动经济研究所副所长张车伟说。

另一方面，专家认为，当前我国的消费结构正在升级，住房、汽车、旅游、健康等方面的新消费点不断出现，人民生活水平的提升反过来又为产业发展提供

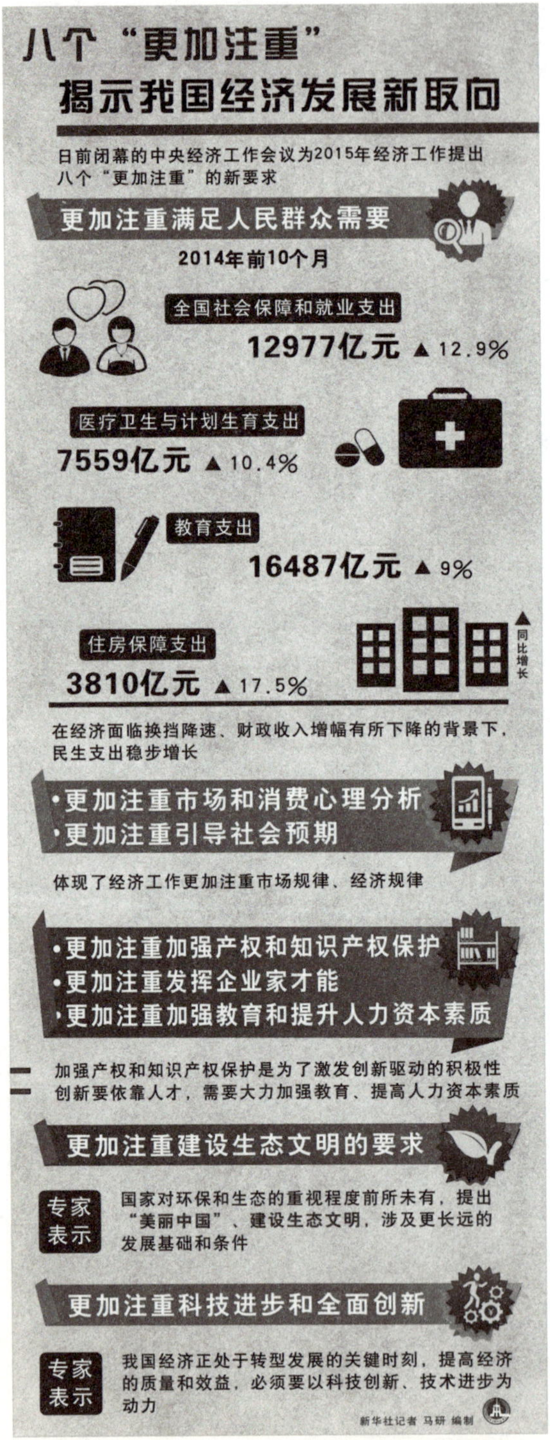

了更广阔的空间。

“中国的经济发展与人民生活水平提高之间已经形成相互促进、互为条件的良性循环关系。”国务院发展研究中心宏观经济部研究员张立群说，着力保障和改善民生，才是保障市场需求持续增长和经济持续健康发展的基础。

美国智库卡内基国际和平基金会高级研究员黄育川表示，中国仍有诸多抑制消费的扭曲因素，而明年户籍制度改革、城镇化将刺激消费，带动更多社会基础设施投资，增加总需求并促进经济更快增长。

会议对更加注重建设生态文明的要求，则从生态环保的角度响应了亿万群众的呼声。专家表示，国家对环保和生态的重视程度前所未有，提出“美丽中国”、建设生态文明，涉及更长远的发展基础和条件。

更加注重市场和消费心理分析，更加注重引导社会预期，是会议的一个比较新的提法。据专家分析，预期包括改革、增长、开放等预期，这个要求体现了经济工作更加注重市场规律、经济规律。

“市场规律是千千万万的人和企业形成的。”王军说，“预期的变化会直接或间接反映在经济上。做经济工作，不理性引导预期或对着干，就会遭到反对，从而影响公信力。因此要用更市场化的方式引导，政府要做好政策的沟通解释工作。”

在市场经济的微观层面，会议除了提出更加注重发挥企业家才能的明确要求之外，还提出更加注重加强产权和知识产权保护、更加注重加强教育和提升人力资本素质等激发微观主体活力的要求。对此，王军认为，加强产权和知识产权保护是为了激发创新驱动的积极性。另一方面，创新要依靠人才，这是当前创新的一个短板，需要大力加强教育、提高人力资本素质。

会议还提出，要更加注重科技进步。专家认为，当前世界范围内新一轮科技革命和产业变革正在兴起，我国经济正处于转型发展的关键时刻，提高经济的质量和效益，必须要以科技创新、技术进步为动力。科技部发展战略研究院院长王元表示，推动科技创新，创新商业模式，开拓新兴市场，必将加快科技和经济改革步伐。

关键之年看新常态下的改革走向

中央经济工作会议刚刚闭幕，一系列改革措施相继实施：国务院常务会议确定今年第三批简政放权措施，部署推广上海自贸试验区试点经验、加快制定完善负面清单；深圳前海微众银行作为首家试点民营银行获准开业；国家宣布再次上调成品油消费税……

2015 年是全面深化改革的关键之年。中央经济工作会议要求加快推进改革开放，敢于啃硬骨头，敢于涉险滩，敢于过深水区，加快推进经济体制改革。

2015 年有哪些改革重点?

中央经济工作会议明确，要加快行政审批、投资、价格、垄断行业、特许经营、政府购买服务、资本市场、民营银行准入、对外投资等领域改革；强调推进国企改革要奔着问题去，以增强企业活力、提高效率为中心，提高国企核心竞争力。

记者从日前召开的全国发展和改革工作会议上了解到，2015 年发展改革委将侧重从四个方面深化改革。

——深化行政审批制度改革。继续减少审批事项，全面清理非行政许可审批，

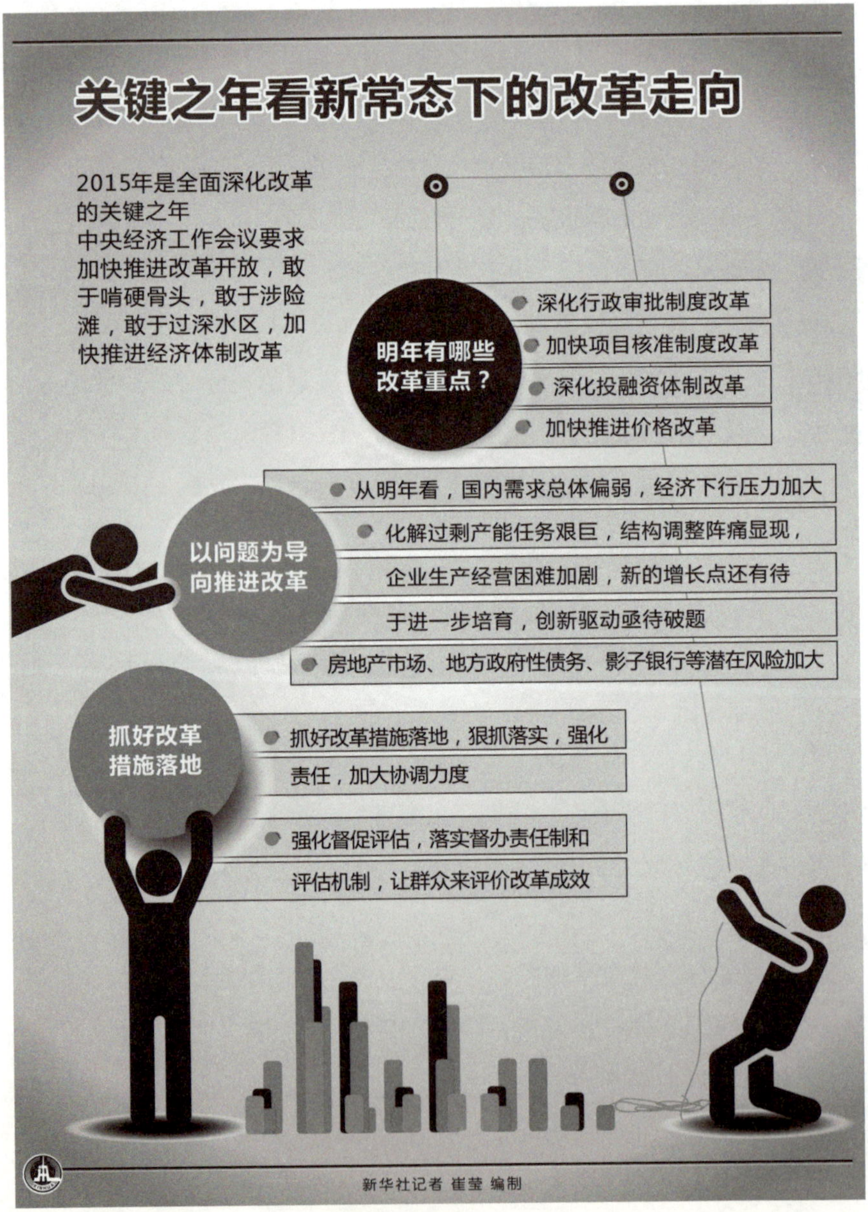

强化事中事后监管，建立纵横协管机制。

——加快项目核准制度改革。抓紧建设投资项目在线审批监管平台，加快实现纵横贯通的网上并联核准、联动协管。

——深化投融资体制改革。出台基础设施和公用事业特许经营管理办法，鼓励引导更多社会资本参与重点领域建设。

——加快推进价格改革。落实国务院通过的改革方案，再放开一批价格，下放一批定价权限，尽快修订政府定价目录。

中央经济工作会议强调以政府自身革命带动重要领域改革。专家指出，近两年政府自身改革更多着力简政放权，预计下一步将更多转向如何加强事中事后监管。

以问题为导向推进改革

中央经济工作会议明确，要围绕解决发展面临的突出问题推进改革，推出既具有年度特点、又有利于长远制度安排的改革举措，继续抓好各项改革方案制定。

我国进入经济发展新常态，发展环境和条件出现很多趋势性变化，不可避免出现一些新矛盾和新问题。从2015年看，国内需求总体偏弱，经济下行压力加大；化解过剩产能任务艰巨，结构调整阵痛显现，企业生产经营困难加剧，新的增长点还有待于进一步培育，创新驱动亟待破题；房地产市场、地方政府性债务、影子银行等潜在风险加大。

“改革的推进，必须以问题为导向，坚持与时俱进，根据不断变化的实际，提出既针对具体问题、又有利于长远制度安排的改革措施。”中国国际经济交流中心咨询研究部副部长王军说，当前尤其要处理好经济发展质和量的关系，改革措施的推出要把握好稳增长和调结构的平衡点，既有利于加快转方式调结构，又要防止经济增速惯性下滑。

基层特别是地方政府，处于经济工作第一线，最了解实际情况。王军说，改革方案的制定要把顶层设计和充分发挥基层积极性结合起来，既要统筹长远和全面，也要尊重自下而上的首创精神。

抓好改革措施落地

日前，中办、国办联合派出8个督查组赴16个省（区、市），对近一年来党中央、国务院出台的一系列重大决策部署落实情况开展全面督查，重点对全面深化改革重大部署、稳增长政策、结构调整政策和民生保障政策落实情况进行督查。

“一分部署、九分落实”，强力促改革，更要着力抓落实。中央经济工作会议提出，要抓好改革措施落地，狠抓落实，强化责任，加大协调力度。要强化督促评估，落实督办责任制和评估机制，让群众来评价改革成效。

国务院发展研究中心研究员张立群说，当前企业、市场、群众都呼唤改革加快推进，但改革措施是通过具体部门和各级政府来推进的。“各级政府部门往往有自己的利益和问题，在抓落实上可能主动性不够。这要求明确责任，强化督促评估机制，为推进改革措施落实建立制度保障。”

专家指出，中央经济工作会议对狠抓改革攻坚作出具体部署，体现了经济发展进入新常态下继续将改革向深水区推进的决心，预计一些难度大、阻力大的改革有望在明年强力推进，为推动经济发展迈向中高端水平培育持久动力。

稳增长和调结构的平衡点怎么找？

新常态下，经济结构调整必须加快推进，经济增长也必须要稳住。中央经济工作会议提出，明年经济工作的一个主要任务是努力保持经济稳定增长，并进一步明确“关键是保持稳增长和调结构之间平衡”。如何在这两者之间找到平衡点至关重要。

政策护航稳增长

在稳增长的政策表述中，中央经济工作会议指出，坚持宏观政策要稳、微观政策要活、社会政策要托底的总体思路，在强调“继续实施积极的财政政策和稳健的货币政策”之余，更是提出“积极的财政政策要有力度，货币政策要更加注重松紧适度”。

一个“有力度”，一个“松紧适度”，从这两个词语中，人们看到中央对稳增长的决心。分析人士认为，这意味着不必再担心会以牺牲经济增长来“调结构”。

瑞银中国首席经济学家汪涛认为，政府将用更多的财政支出支撑经济增长，并采取更多的流动性措施，这些都将对经济增长提供有力支撑。

同时，会议提出“努力做到调速不减势、量增质更优”“合理确定经济社会发展主要预期目标”等具体要求。

“速度调整并不意味着少作为甚至不作为，调结构需要花更大气力、有更大作为。”国务院发展研究中心副主任刘世锦说，“保持稳增长和调结构的平衡更重要的是要形成与以往不同的增长结构和动力机制。”

加减之间求平衡

会议提出，要切实把经济工作的着力点放到转方式调结构上来，推进新型工业化、信息化、城镇化、农业现代化同步发展，逐步增强战略性新兴产业和服务业的支撑作用，着力推动传统产业向中高端迈进。

“这要求我们必须摒弃‘放到篮子里都是菜’的理念，更加注重招商‘选’资，在技术含量高、发展质量优的新兴产业上把文章做大。”河北省临城县县委书记宋向党说。过去依靠“挖矿山、卖资源”的临城县正在努力探索破解调结构之下的稳增长难题。

在关停1400多个矿山资源类企业和加工摊点并将41家高能耗企业“拒之门外”后，临城县抢抓京津冀协同发展机遇，引进了总投资20亿元的北京托马仕新能源汽车、总投资50亿元的晶澳太阳能光伏电站等一批带动作用强、技术含量高的项目。

临城县只是一个缩影，折射出我国各地在经济转型升级和产业结构调整中追求更有质量增长的努力。

专家认为，今后经济发展中不能把调结构和稳增长对立起来，对传统过剩产能的调整会影响增速，但在调结构的过程中带动新兴产业发展，做好新兴产业的加法和乘法则会创造更多增量。

寻找增长新动力

中央经济工作会议提出，要积极发现培育新增长点。实现稳增长需要稳投资，发现新增长点需要新的投资机会。

新常态下的投资不在于简单地投资增速，重在促进经济调结构，优化产业结构，正确引导社会资金有序流动，把钱用在刀刃上，调整经济结构，补上经济发展的短板，进而实现稳增长。

中国国际经济交流中心信息部部长徐洪才说，我国存在大量新的经济增长点，潜力巨大，比如互联互通政策下，各地之间通过公路网、铁路网连接而派生出的基础设施建设，以及互联网、信息消费、创意文化产业等，都派生出新的投资机会。

会议提出，要更多靠产业化的创新来培育和形成新的增长点，创新必须落实到创造新的增长点上，把创新成果变成实实在在的产业活动。

从过去主要依靠投资、外需拉动，转向更多地依靠创新、内需拉动，增强经济的内生动力，这是新常态的本质特征之一。推进科技创新，向新技术前沿要生产力，是未来经济发展的方向。

伴随着调结构、促转型，也不乏推进新型城镇化、打造养老产业、启动“城市病”治理等创新之举，这既接长经济社会发展“短板”，又带动产业升级和重构。

“中国经济进入新阶段，必须从持续创新中争得‘话语权’，找到稳增长和调结构之间的平衡点。”国务院发展研究中心研究员张立群说。

2015 年新的经济增长点在哪里？

走过不平凡的 2014 年，中国经济迎来关键的 2015 年。进入新常态，我国经济发展正从高速增长转向中高速增长。2015 年，世界经济总体复苏疲弱态势难有明显改观，国内经济下行压力依然较大，中国经济将如何保持稳定增长？新的增长点又在哪里？

中央经济工作会议在部署 2015 年经济工作主要任务时，将“努力保持经济稳定增长”放在首位。“新常态不是不要发展速度，而是要有合理的发展速度，经济增长要保持在合理区间。”国家行政学院经济学部主任张占斌说，“中国这么大的经济体一旦失速，要恢复正常水平将非常困难，甚至会付出巨大代价。”

现实情况进一步表明，发展仍是解决一切问题的基础和关键。而要实现稳增长，着力点又在哪？会议提出，要促进“三驾马车”更均衡地拉动增长。近日举行的全国发展和改革工作会议认为，多管齐下拓展有效需求，是保持经济平稳健康发展的关键，要采取有效措施继续做好“三驾马车”不可或缺的拉动作用：

——定向精准稳投资。一方面，着力推进重大投资工程包建设，在已经出台的 7 个工程包基础上，不断充实工程包，适实推出新的工程包；另一方面，用好管好预算内投资，大幅压缩预算内投资专项，围绕补短板、调结构、增后劲、惠民生，继续向农业水利、中西部铁路、保障性安居工程、重大基础设施、生态建设、民生、老少边穷等领域和地区倾斜。

——多点支撑扩消费。推动出台深化收入分配制度改革的配套措施，优化分配格局，增加居民收入。注重通过创新供给激活需求，大力实施养老健康家政、信息、节能环保、旅游休闲、住房、文化教育体育等 6 大领域消费工程，加快推进实施“宽带中国”战略和“宽带乡村”工程。积极推动落实带薪休假制度，支持各地探索发展健康服务产业集群发展示范区。

——调整优化促外贸。推动出台培育外贸竞争新优势的意见，鼓励劳动密集型、高技术高附加值产品出口以及先进技术、关键设备进口。抓住国际大宗商品价格较低的有利时机，充实国家战略物资储备。

“三驾马车”的优势不能放弃，新增长点的潜力更大。会议指出，积极发现培育新增长点，市场要活，创新要实，政策要宽。

国家发展改革委主任徐绍史认为，我国许多产业仍处于国际产业分工的中低端，必须依靠创新驱动，把竞争政策和产业政

专家观点

成功实施这三大战略，将使我国经济发展和对外开放站上新高度，获得新动力，拓展新空间，形成新格局，具有重要的现实意义和深远的战略意义。

——国务院发展研究中心原副主任　侯云春

策有机结合起来，着力提升产业核心竞争力，重点是进一步化解产能过剩矛盾、促进传统产业升级和新技术新产品新业态新模式的培育。

据了解，2015 年我国将重点通过创新引领产业结构升级，并在这一过程中发现培育新增长点。一是进一步优化产业布局，加快产业有序转移，引导产业集聚发展，避免产业在空间上的简单平移；二是以增强核心竞争力为重点加快传统产业优化升级，以工业机器人、轨道交通装备、高端船舶和海洋工程装备、新能源汽车、现代农业机械、高端医疗器械和药品等领域为重点，培育制造业竞争新优势；三是加快培育新兴产业，支持云计算与物联网、移动互联网等融合发展，大力发展工业设计、融资租赁等生产性服务业。

专家指出，落实中央经济工作会议提出的区域协调发展新思维，打造发展空间新格局，中国经济还将呈现更多新增长点。

国家发展改革委负责人表示，2015 年我国将培育壮大“一带一路”、京津冀协同发展、长江经济带等新的经济增长极和支撑带，整合建立统一规范的公共资源交易平台，推进形成全国统一开放竞争有序的市场体系，促进沿线地区互联互通、协调发展。

“成功实施这三大战略，将使我国经济发展和对外开放站上新高度，获得新动力，拓展新空间，形成新格局，具有重要的现实意义和深远的战略意义。”国务院发展研究中心原副主任侯云春说。

3. 新常态有新逻辑

——解读 2014 年中央经济工作会议（下）

新常态，是相对老路而言的。过去 30 多年以投资拉动经济高速增长的老路已经走不通了，这是各方面的共识，也是新常态的逻辑起点。新常态最表面的特征是经济增速放缓，但是最根本的变化是增长质量的提升，经济结构的优化，以及经济驱动力的调整。因此，能不能适应新常态，关键在于全面深化改革的成效，核心在于全面深化改革的强度、创新驱动的力度、破解难题的深度。

适应新常态　推动新发展

立足全局才能把握大局，顺应大势方可乘势而进。2014 年中央经济工作会议明确提出，2015 年经济工作要坚持稳中求进工作总基调，坚持以提高经济发展质量和效益为中心，主动适应经济发展新常态，保持经济运行在合理区间。这是中央对当前经济发展态势的正确把握，也是指导 2015 年经济工作的根本遵循。

2014 年以来，我国经济发展形势总体良好，各项重要经济指标处于合理区间，为 2015 年和今后经济持续健康发展提供了有利条件。同时，也存在一些问题，面临不少困难。经济下行压力仍较大，结构调整阵痛显现，企业生产经营困难增多，部分经济风险显现。这里有我国发展阶段性特征使然的因素，也有全球经济增长恢复乏力的背景，呈现出一系列新情况、新问题，包含诸多新机遇、新挑战。如何看、怎么办？关键在于对经济规律的把握是否符合实际、对经济治理措施的贯彻是否坚决到位。

2015年是全面完成“十二五”规划的收官之年，是全面深化改革的关键之年，也是全面推进依法治国的开局之年，做好2015年经济工作意义重大。只有全面分析、正确把握新常态这个经济发展的大趋势、大背景，把认识统一到中央对形势的正确判断上来，把行动落实到中央作出的重大决策部署中去，才能保持从容应对各种情况的定力，增强推动经济健康发展的信心，扬长避短，积极有为。

所谓新常态，一是经济从高速增长转为中高速增长；二是经济结构不断优化升级；三是从要素驱动、投资驱动转向创新驱动，是我国经济发展到一定阶段必然要经历的历史过程，是不以人的意志为转移的经济规律的客观反映。对新常态的认识理解深化了，才有可能主动适应新常态，进而有效引领新常态，巩固传统优势，实施创新驱动，确立经济发展新的增长点、动力源和制度支撑，充分释放经济发展内生动力、创新活力，实现经济提质增效升级预期目标。

行稳以致远，欲速则不达。主动适应新常态，首先需要放下对经济增速的纠结。不可否认，改革开放以来国家面貌深刻改变、人民生活显著改善，得益于我国经济保持了较长时期的高速增长。但无论是基于对高速增长产生、积聚的问题考虑，还是从我们确立的奋斗目标看，继续保持原有的高速度既不科学，也无必要。而适度调低增速并使之保持在合理区间，稳定经济运行，不仅有利于缓解资源、能源、环境的约束压力，也有利于为调整优化结构、促进经济转型升级拓展更大空间。从单纯关注经济增速到更加重视经济结构和增长质量，本身就是转变经济发展方式的具体体现，是保持经济持续健康发展的必然选择。

增速换挡，是为了获得更大发展动力。新常态下，那种靠拼资源、比投资的粗放发展模式难以为继，以超国民待遇政策优惠招商引资也日趋乏力，原有动力弱化趋势凸显。面对新常态，应当主动作为，增强加快转变经济发展方式的主动性、自觉性，走数量质量效益并重的可持续发展之路，走民生改善、就业比较充分的发展之路，走劳动生产率同步提高、经济活力增强、结构调整有效的发展之路，发挥体制改革对于经济的重大牵引作用，靠改革出动力，以创新增活力。特别是面对新矛盾新问题，必须加大全面深化改革力度，以此激发市场蕴藏的活力，为创新拓宽道路，提高对外开放水平，增进人民福祉，促进社会公平正义。

新常态从“新”到“常”，是一个经济转型转轨的过程，新旧问题并存，新老矛盾交织，需要把握好发展的协同性、平衡点。既要保持宏观政策连续性和稳定性，又要有针对性地预调微调、精准调控；既要着力推动传统产业向中高端迈进，又要积极发现培育新的增长点、增长极，增强战略性新兴产业和服务业的支撑作用；既要积极稳妥推进新“四化”同步发展，又要优化经济发展空间布局，坚持不懈推进节能减排和生态环境保护；既要坚定不移推进经济体制改革，又要加强保障改善民生工作，更加重视社会大局稳定，把统筹兼顾、协同推进各项工作完成好。

计熟事定，举必有功。看清经济发展新常态的基本面，增强谋事而定、乘势而动的主动性，认真领会、坚决贯彻中央经济会议精神，以奋发有为、真抓实干的状态落实好中央决策部署，定能实现经济持续健康发展、社会和谐稳定的目标，交出新常态下明年经济工作的优异答卷。

把握大逻辑　用好新机遇

2014 年中央经济工作会议提出，科学认识当前形势，准确研判未来走势，必须历史地、辩证地认识我国经济发展的阶段性特征，准确把握经济发展新常态。这是学习贯彻中央经济工作会议精神的根本前提。

新常态是中央对当前经济形势作出的基本判断，是制定宏观政策的基本依据，为做好明年和今后一个时期经济工作提供了科学指南和基本遵循。我们要按照中央经济工作会议的要求和部署，全力做好新常态下各项工作，保持经济中高速增长，推动经济发展迈向中高端水平，促进经济持续健康发展和社会和谐稳定。

准确把握新常态，首先是要正确认识新常态。新常态的“新”字，意味着相对于以往，经济发展的外部环境和内在条件呈现一系列趋势性变化，正在向形态更高级、分工更复杂、结构更合理的阶段演化。

时移势迁，我国经济正在经历的变化复杂而深刻。中央经济工作会议从消费需求、投资需求、出口和国际收支、生产能力和产业组织方式、生产要素相对优势、市场竞争特点、资源环境约束、经济风险积累和化解，以及资源配置模式和宏观调控方式等九个方面，阐述了我国经济发展的阶段性特征。认识新常态、适应新常态、引领新常态，是当前和今后一个时期我国经济发展的大逻辑。

变化面前不能因循守旧，不能固步自封。面对我国经济发展新常态，观念上要适应，认识上要更新。要勇于面对变化，尽快适应变化，有效应对变化，把思想和行动统一到中央判断上来，沉着冷静，不急不躁，增强加快转变经济发展方式的自觉性和主动性，实现遵循经济规律的科学发展，遵循自然规律的可持续发展，遵循社会规律的包容性发展。

准确把握新常态，关键是要主动适应新常态。新常态的“常”字，表明中国经济进入转型升级平稳发展的新时期，要继续坚持稳中求进工作总基调，实现稳和进有机统一、相互促进，不着急、不慌乱、不失措，要增强发展信心，保持战略上的平常心态和坚强定力。

新常态下，中国经济正从高速增长转向中高速增长，这是经济发展规律使然，不以人的意志为转移。走过改革开放30多年，年均近10%的高速增长使中国成为世界第二大经济体，即便是转为中高速增长，无论是增速还是增量，在全球依然名列前茅，也并不影响我国发展战略目标如期实现。

新常态下，中国经济发展方式正从规模速度型粗放增长转向质量效率型集约增长，经济结构正从增量扩能为主转向调整存量、做优增量并存的深度调整，经济发展动力正从传统增长点转向新的增长点。

面对经济发展新常态，要尊重经济发展自身逻辑和内在规律，全面理解新常态的丰富内涵，正确看待经济发展新特点新趋势，保持稳增长和调结构平衡，坚持宏观政策要稳、微观政策要活、社会政策要托底的总体思路，增强领导经济工作的法治化水平和专业化能力。

精彩论述

准确把握新常态，关键是要主动适应新常态。新常态的“常”字，表明中国经济进入转型升级平稳发展的新时期，要继续坚持稳中求进工作总基调，实现稳和进有机统一、相互促进，不着急、不慌乱、不失措，要增强发展信心，保持战略上的平常心态和坚强定力。

——新华社评论员

准确把握新常态，目的是要积极引领新常态。新常态的“态”字，提醒我们面临难以预料的风险和挑战，面对稍纵即逝的难得机遇，要保持良好的精神状态，战术上高度重视，运用综合手段避免经济出现大起大落，善于抓住新机遇，赢得新希望。“凡事预则立，不预则废。”抓住机遇就能创造机会、赢得先机，在激烈变局中获得主动、打牢基础。

面对新常态，应有效激发新动力，增添新活力。增长动力实现转换，要更加注重满足人民群众需要，更加注重市场和消费心理分析，更加注重引导社会预期，更加注重加强产权和知识产权保护，更加注重发挥企业家才能，更加注重加强教育和提升人力资本素质，更加注重建设生态文明，更加注重科技进步和全面创新。面对紧迫任务，要坚定目标，找准改革突破口和创新着力点，点燃创新引擎，抓住“牵一发而动全身”的重点领域和关键环节，实现“一子落而全盘活”。

面对新常态，应努力谋求新发展，迎接新跨越。要狠抓改革攻坚，突出创新驱动，强化风险防控，加强民生保障。要从理论和实践上谋划新的发展，努力保持经济稳定增长，积极发现培育新增长点，加快转变农业发展方式，优化经济发展空间格局，加强保障和改善民生，加快推进经济体制改革，构建开放型经济新体制。

增强信心，才能主动作为；积极进取，才能发挥优势。把宝贵的战略机遇变成现实的发展成果，需要我们以饱满充沛的热情、壮士断腕的决心、持之以恒的毅力，一心一意谋发展，咬定青山不放松，在新常态中创造中国经济发展新的辉煌。

适应经济发展新常态 加快转方式调结构

2014 年中央经济工作会议提出，主动适应经济发展新常态，保持经济运行在合理区间，把转方式调结构放到更加重要位置，这凸显了新常态下坚持以提高经济发展质量和效益为中心的根本方向，对于促进我国经济持续健康发展意义重大。

2014 年，我国经济社会发展稳中求进，蓄势已久的结构调整和经济转型取得可喜进展，一系列深刻变化开始发生：前三季度，最终消费对经济增长的贡献率超过投资，服务业增加值占比继续超过第二产业，高新技术产业和装备制造业增速明显高于工业平均增速，单位国内生产总值能耗下降 4.6%，经济质量更好，结构更优。

中央经济工作会议对我国经济发展进入新常态的阶段性特征进行了深入分析，指出我国经济发展进入新常态，正从高速增长转向中高速增长，经济发展方式正从规模速度型粗放增长转向质量效率型集约增长，经济结构正从增量扩能为主转向调整存量、做优增量并存的深度调整，经济发展动力正从传统增长点转向新的增长点。主动适应新常态，要切实把经济工作的着力点放到转方式调结构上来。

把转方式调结构放到更加重要的位置，目的是为了让经济发展得又稳又好。经过多年努力，我国经济转型和结构调整取得一定成效，但越向前推进难度越大。当前，我国已进入经济增长驱动力和比较优势的转换期，劳动力等要素成本上涨成为传统制造业发展制约，新的增长点还有待于进一步培育，创新驱动亟待破题；另一方面，只有抓住当前有利时机，加快转方式调结构，才能有效化解产能过剩、地方政府性债务和影子银行等潜在风险，把经济发展转变到依靠创新驱动的路子上来，推动微观基础和产业基础调整适应新常态，坚持不懈推动经济发展提质增效升级，我国经济的长期平稳健康发展才有保障。

把转方式调结构放到更加重要的位置，关键是要保持稳增长和调结构之间的平衡。稳增长和调结构是有机统一、相互促进的。经济社会平稳才能为深化改革开放和经济结构调整创造稳定的宏观环境。我国是发展中大国，发展是解决一切问题的基础和关键，新常态下经济虽换挡却绝不能“失速”。当前我国经济下行压力较大，结构调整阵痛显现，企业生产经营困难加剧，部分经济风险显现。要处理好经济发展质和量的关系，把握好稳增长和调结构的平衡点，既抓住时机加快转方式调结构，又防止经济增速惯性下滑，通过合理确定经济社会发展主要预期目标，保持区间调控弹性，稳定和完善宏观经济政策，继续实施定向调控、结构性调控等措施，努力做到调速不减势、量增质更优，确保经济运行在合理区间。

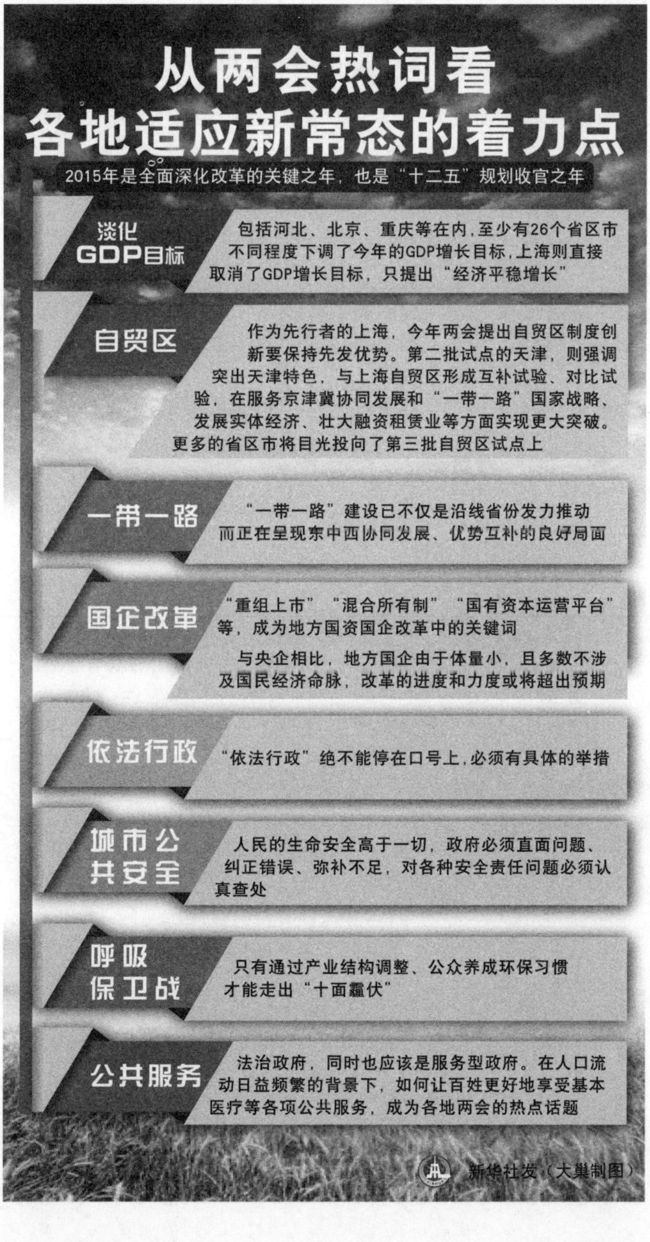

把转方式调结构放

到更加重要的位置，关键在于向全面深化改革要动力。要做好调结构的“加减乘法”。“减法”，是指有效化解产能过剩，促进资源重新配置，为推进产业升级、优化空间布局提供契机。“加法”，是指逐步增强战略性新兴产业和服务业的支撑作用，主要靠市场发现和培育新的经济增长点。“乘法”，是指营造有利于大众创业、市场主体创新的政策环境和制度环境，推动中国经济发展从要素驱动、投资驱动转向创新驱动。总而言之，要靠改革使市场在资源配置中发挥决定性作用，加快转变政府职能，让调结构转方式为稳增长提供持久动力。

为者常成，行者常至。坚持不懈推动经济发展提质增效升级，是经济发展新常态之“正道”。我们要把思想和行动统一到中央的认识和判断上来，增强加快转变经济发展方式的自觉性和主动性，坚持发展，主动作为，为全面建成小康社会打下坚实的基础。

狠抓改革攻坚　激发增长新动力

新常态需要新动力，新动力要靠改革来激活。中央经济工作会议提出，2015年是全面深化改革的关键之年，要狠抓改革攻坚，加快推进改革开放。这凸显了主动适应经济发展新常态，依靠改革激发发展动力和活力的根本思路。

经济发展进入新常态，需要用新思维、新应对来化解难题。世界经济产业结构的深度调整表明，中国经济发展迈向中高端水平的根本出路在于调结构转方式，要推动发展方式从规模速度型粗放增长转向质量效益型集约增长，推动发展动力从传统增长点转向新的增长点。而要实现这一转变，关键是下好改革这盘棋。

改革是破解阻碍调结构转方式的关键。改革，改变的是体制机制，触及的是利益格局。当前中国面临的产能过剩、地方债务风险上升等隐患，深层次原因是政府主导资源配置的旧发展理念依然根深蒂固，市场和政府关系未能彻底理顺。唯有通过改革彻底打破旧的体制机制，才能为国家发展积蓄内力、强筋壮骨奠定基础。

改革是激发市场活力、形成创新驱动的钥匙。调结构转方式需要创新驱动引领。通过改革把该放的权放到位，该营造的环境营造好，该制定的规则制定好，就能激发市场主体的创造力，推进传统产业转型升级，将增长动力更多转向人力资本质量和技术进步。

要看到，进入攻坚期和深水区的中国改革面临更为复杂的环境。全面深化改革接下来面对的都是硬骨头，改革越深入，越会触及一些深层次利益格局，越会遇到阻力障碍，需要有更大勇气和决心除顽瘴、克痼疾、真刀实枪推进改革。

党的十八届三中全会以来，司法改革、财税体制改革、户籍制度改革、中央管理企业负责人薪酬制度改革……一些涉及深层次利益格局调整、多年未有进展的改革得以强势推进，全面深化改革的共识不断凝聚。

三中全会决定明确提出，到 2020 年，在重要领域和关键环节改革上取得决定性成果。2015 年是“十二五”收官之年，更是全面深化改革推进实施的攻坚之年。面对经济下行压力和复杂的经济社会环境，能否把改革蓝图落到实处，敢于涉险滩、过深水，关系着中国经济发展走向。

狠抓改革攻坚，必须坚持问题导向，要从解决经济发展中的难点和突出问题入手。既要按照全面深化改革的总体部署有序推进，也要与时俱进，在引领新常态中遇到什么问题就解决什么问题。发展的难点就是改革的重点，要准确把握经济发展新动向，找准经济增速放缓以及阻碍转型升级的症结所在，推出具有年度特点、又有利于长远制度安排的改革举措，为实现经济提质增效提供有力制度环境。要加快行政审批、投资、价格、垄断行业、特许经营、政府购买服务、资本市场、民营银行准入、对外投资等领域改革，使改革举措有效转化成发展动力。

狠抓改革攻坚，要更注重发挥地方、基层、群众的首创精神，善于从实践中寻找最佳方案。人民群众是改革的主体和力量智慧的源泉。深化改革要从人民利益出发，满足群众需求，听取群众呼声，让群众更多感受到改革的春风，始终保持对改革的坚决支持和积极参与。要大胆鼓励基层、群众在各方面改革创新，充分发挥地方、基层和广大人民群众投身改革的主动性、自觉性和积极性，凝聚起广泛的改革共识，让改革克难关、涉险滩的脚步更坚定有力。

狠抓改革攻坚，还要在监督落实上下功夫。再好的改革蓝图悬在空中落不了地也只是一纸空文。一系列改革举措接连出台，能否落到实处关系改革的成败。狠抓落实，必须强化责任，加大协调力度，还要强化监督评估，落实督办责任制和评估机制，做到抓铁有痕、踏石留印，让群众来评价改革成效，让改革蹄疾而步稳。

惟其艰难，更显勇毅。全面深化改革是一场持续的攻坚战，开弓没有回头箭，必须拿出敢于啃硬骨头、敢于涉险滩的决心，冲破藩篱，勇往直前。只有将全面深化改革的每项部署、每个要点落实到位，才能汇聚起实干兴邦的磅礴力量，让梦想的蓝图一步步化为现实。

打造量增质优的中国经济升级版

2014 年中央经济工作会议分析了当前经济形势，对 2015 年重点工作作出部署。当前，中国经济正迎来增速换挡、结构优化、创新驱动的新常态，面对困难和挑战，尤须找准稳增长与调结构的平衡点，推动经济发展提质增效升级，做到调速不减势、量增质更优。

从过去“两位数”高速增长过渡到中高速平台，经济增速换挡已是大势所趋。在此背景下，中国经济已经到了必须依靠转型升级才能保持持续健康发展的关键节点，调结构的成效影响着中国经济发展后劲，解决发展中不平衡、不协调、不可持续的深层次矛盾成为重点。

绿色增长　新华社发　赵乃育　作

结构调整必然

精彩论述

改革是最大动力，改革也是最大红利。2015年是全面深化改革的关键之年，也是全面完成“十二五”规划的收官之年，必须敢于“啃硬骨头”、敢于涉险滩、过深水区，突破利益藩篱、破除改革梗阻、加快推进经济体制改革。要抓好各项改革方案制定，切实提高改革方案的质量，围绕解决发展面临的突出问题推进改革。

——新华社评论员

带来阵痛。2014年以来，中国经济持续承压，前三季度经济增速小幅回档，工业等部分经济指标表现不及预期。要看到，结构调整不可能一蹴而就，阵痛在所难免；也要看到，我国经济发展必须保持一定速度，不然很多问题难以解决。因此，稳定适度增速，保持经济运行在合理区间不容忽视。

稳增长与调结构，是当前经济发展中不可偏废、相辅相成的两翼。调结构是保持经济持续健康发展的关键之举，短期调整阵痛只是“苦口良药”；稳增长是经济平稳运行的基石，可为调结构创造适宜的经济环境，是大力推进结构调整的“定心丸”。

推动中国经济行稳致远，必须找准稳增长与调结构的平衡点，这在本质上是谋求量增质优的经济发展新路径。

追求量增质优，需要认识、适应、引领经济发展新常态。一方面，我国经济发展的基本面没有改变，要继续坚持稳中求进总基调，保持宏观政策的连续性和稳定性；另一方面，要正视经济运行中的挑战和风险，尤其要在结构调整中做到有保有压、有扶有控，补上制约发展的短板，统筹稳增长、促改革、调结构、惠民生、防风险。

谋定而后动。面对当前经济运行中有利因素与不利因素交织的局面，必须保持战略定力，坚持以提高经济发展质量和效益为中心，把转方式调结构放到更加重要位置，切实打造出量增质优的中国经济升级版。

用深化改革主动适应新常态

2014年中央经济工作会议提出，要主动适应经济发展新常态，狠抓改革攻坚，突出创新驱动。这是党中央审时度势做出的重要判断。深刻认识新常态下深化改革的重要作用、切实以改革实效适应新常态，对做好明年和今后一段时期的经济工作十分关键。

新常态，是相对老路而言的。过去30多年以投资拉动经济高速增长的老路已经走不通了，这是各方面的共识，也是新常态的逻辑起点。新常态最表面的特征是经济增速放缓，但是最根本的变化是增长质量的提升，经济结构的优化，以及经济驱动力的调整。因此，能不能适应新常态，关键在于全面深化改革的成效，核心在于全面深化改革的强度、创新驱动的力度、破解难题的深度。

被动意味着落后、甚至被淘汰，主动才能抢占先机、有所作为。2014年，尽管经济增速明显下滑，但是随着简政放权、财税、金融、国有企业等一系列重大改革有序推进，就业、创业、消费等不降反增，成为全年的突出亮点。无论是激发市场活力，还是促进民生改善，深化改革的积极效果正在显现。事实证明，转变思路、大刀阔斧地改革创新，就能切实激发发展新动力、适应新常态。

改革是最大动力，改革也是最大红利。2015年是全面深化改革的关键之年，也是全面完成“十二五”规划的收官之年，必须敢于“啃硬骨头”、敢于涉险滩、过深水区，突破利益藩篱、破除改革梗阻、加快推进经济体制改革。要抓好各项改革方案制定，切实提高改革方案的质量，围绕解决发展面临的突出问题推进改革。特别是要尊重和发挥地方、基层、群众首创精神，从实践中寻找最佳路径，抓好改革措施落地。

中流自当击水，浪遏更须飞舟。新常态带来的困难和压力自不待言，但同时带来的机遇更须珍惜。正如中央经济工作会议指出，经济发展进入新常态，没有改变我国发展仍处于可以大有作为的重要战略机遇期的判断，没有改变我国经济发展总体向好的基本面。站在重要的历史关口，继续高举全面深化改革的大旗，必能夺取新常态下经济发展的新胜利。

4. 价格改革“攻坚”战

——聚焦新一轮价格改革

2015 年新年伊始，发展改革委宣布放开烟叶收购价格、4 项具备竞争条件的铁路运输价格、国内民航货运价格和部分民航客运价格、港口竞争性服务收费等商品和服务价格，指导地方放开包括房地产经纪服务、非保障性住房物业服务、住宅小区停车服务 9 项商品和服务价格，拉开了价格改革的序幕……

新一轮价格改革“三问”

国务院常务会议近日部署加快推进价格改革，发出新一轮价格改革“攻坚”的信号。价格与每个人的利益密切相关。下一步，哪些价格要改？会不会带来一轮涨价？价格改革是不是意味着政府撒手不管？

哪些价格要改?

一面是老百姓不断吐槽的药价“虚高”，一面是医生按摩理疗价格甚至赶不上“洗脚城”的按摩服务的牢骚。“造成这种现象的主要原因是医药价格机制没有理顺，公立医院医事服务费价格过低，进而滋生‘以药养医’。”中国价格协会会长王永治说。

医药价格改革是此轮价改的一个重要领域。记者了解到，国家发展改革委近日已就推进药品和医疗服务改革的方案向各省物价部门下发征求意见稿，讨论全面放开药品价格并放开大部分医疗服务价格。

国务院常务会议明确，将改革能源、交通、环保等价格形成机制，稳步放开与居民生活没有直接关系的绝大部分专业服务价格。

“这一轮价格改革是啃‘硬骨头。’”王永治说，以1998年《价格法》实施为标志，我国绝大部分商品服务价格已经放开，现在剩下的是一些影响面较宽、后续产业链较长的基础性产品，或与民生相关，或涉及垄断、利益复杂。

预期比较明确的是，天然气价格改革将持续推进。我国已于去年和今年两度调整非居民用存量气价格。按照计划，2015年非居民用存量气和增量气价格将实现并轨，非居民用气价格将逐步放开，居民生活用气也将建立阶梯价格制度。

在国务院机构改革撤销铁道部后，铁路货运的价格改革也提上日程。今年年初，我国将铁路货运价格由政府定价改为政府指导价与上限管理。记者了解到，放开社会资本投资控股的新建铁路客票及运输价格等是进一步改革的方向。

“主要在与民生关系不直接的非基本公共服务领域推进价格改革，具备竞争条件的领域放开价格，部分具备竞争条件的领域部分放开价格，是此轮价格改革的特点。”国家发展改革委经济研究所研究员刘树杰说。

十八届三中全会明确，凡是能由市场形成价格的都交给市场，政府不进行不当干预。政府定价范围主要限定在重要公用事业、公益性服务、网络型自然垄断环节，提高透明度，接受社会监督。

专家观点

价格改革涉及利益复杂，既要坚持改革的方向，积极推进，又要对方案认真周密研究部署。具体哪个领域的改革先推、如何推，还要视具体情况。

——中国价格协会会长　王永治

记者了解到，烟草收购价格、污水处理费和垃圾处理费、一些生产性中介服务价格等均是此轮价格改革研究的领域。

“价格改革涉及利益复杂，既要坚持改革的方向，积极推进，又要对方案认真周密研究部署。具体哪个领域的改革先推、如何推，还要视具体情况。”王永治说。

价格改革就是涨价吗?

“普通老百姓关心的不是政府定价是不是放开，而是放开以后价格会不会涨、质量有没有保证、服务能不能提升。”在北京工作的大学教师沈强说。

刘树杰说，价格改革不等同于涨价。由市场决定价格，意味着价格涨跌由市场供求决定，而合理的价格信号有利于促进市场竞争，破除垄断，撬动社会资本，消费者可选的商品种类更多，能享受更好的服务，生产者对市场的反应也更灵敏。

专家观点

政府定价是“一夫当道，万夫莫开”。现在放开价格后，要有千军万马的力量来维护市场秩序，这对政府监管和执政能力提出更高的要求。

——北京大学国家发展研究院教授 李玲

2009年之前，我国成品油价格主要由国家管控。国际油价一路“高歌猛进”中，国内成品油价格与国际原油价格严重“倒挂”，生产者没有积极性，中间商囤油待涨，“油荒”接连发生，消费者诟病不断。近年来，我国连续两次完善成品油价格形成机制，油品定价机制越来越透明，市场信号愈加准确，供求也趋于稳定。2014年7月以来，随着国际油价的下跌，国内汽柴油价格已迎来“八连跌”。

王永治说，当前我国工业生产者出厂价格(PPI)和居民消费价格总水平(CPI)都比较低，国际大宗商品价格回落，输入性价格处于低位，价格改革迎来有利时机。

值得注意的是，对于与民生关联度较高的水电气等居民用价格，价格改革主要采用阶梯定价的方式，确保基本民生需求不会受到明显影响。

对于企业来说，能源和环保领域的价格改革可能带来企业生产成本的提升。伴随价格改革的推进，国家已决定在落实好定向减税政策的同时，实施普遍性降费，大力减轻企业特别是小微企业的负担。

政府放开价格是撒手不管吗?

煤价跌了，供暖费为什么不降? 大学学费为什么只有涨没有落? 一直以来，类似的现象让百姓对价格管理抱有不少质疑。

“调价的依据足不足? 垄断行业成本怎么监审? 涨价的钱用在哪儿了? 群众对一些领域价格不公开不透明的机制有意见。”王永治说。

国务院常务会议指出，要实行公开透明的市场化定价。要抓紧制定价格改革方案，做到统筹配套，成熟一项、推出一项。

社会也有担心，放开价格会不会进入“一放就乱，一乱就收，一收就死”的怪圈?

“政府定价是‘一夫当道，万夫莫开’。现在放开价格后，要有千军万马的力量来维护市场秩序，这对政府监管和执政能力提出更高的要求。”北京大学国家发展研究院教授李玲说。

“监管本身也是改革，而且是难度更大的改革。不是政府不再对百姓负责，而是更好地为百姓负责。”王永治说，放开政府定价只是第一步，价格放开后，市场规则、技术和质量标准的制定能不能跟上，政府能不能对不正当竞争和垄断行为进行有效监管和执法，社会力量能不能发挥有效监督作用，都是亟待破解的课题。

这些年，我们经历的价格改革

水、电、成品油、天然气、医疗等资源和产品价格，莫不与公众生活息息相关。这些年，我们经历了哪些价格改革?

【电价】为理顺电价关系，引导居民节约用电，我国从 2012 年 7 月 1 日全面试行居民阶梯电价制度。阶梯电价第一档覆盖 80%的城乡居民用户基本需求；第二档覆盖到 95%的城乡居民用电；第三档针对“用电大户”实行高价政策。

今年 11 月，国家发展改革委公布了《关于深圳市开展输配电价改革试点的通知》，推动建立独立的输配电价体系，正式启动我国新一轮输配电价改革试点，这也是电价改革提速的重要信号。

【水价】目前，我国一些地区已经实行阶梯水价制度。2014年年初，发展改革委、住建部联合发文，要求2015年年底前，全国设市城市原则上要全面实行居民阶梯水价制度。推行阶梯水价制度后，各地80%的居民生活用水支出不会增加，其余约20%的居民家庭用水基本生活需求部分价格不上涨，但超出的部分将大幅上调，涨幅为50%—200%。

【成品油价格】我国于2013年3月底出台完善后的成品油价格形成机制。按照新机制，国内汽柴油价格根据国际市场原油价格变化每10个工作日调整一次，当调价幅度低于每吨50元时，不做调整，纳入下次调价时累加或冲抵。

新机制运行一年半以来，国内成品油零售价格经历了12涨17跌12次搁浅共计41轮调价周期。2014年7月以来，90号汽油和0号柴油零售价格每升累计分别降低了1.11元和1.25元，国内汽柴油零售价格已普遍回落至“6元时代”。

【天然气价格】我国已于去年和今年两度调整非居民用存量气价格。按照计划，2015年非居民用存量气和增量气价格将实现并轨，非居民用气价格将逐步放开，居民生活用气也将建立阶梯价格制度。

【医药价格】为扩大医疗服务供给、缓解“看病难”，今年4月，发展改革委等部门宣布放开非公立医疗机构医疗服务价格。

2014年年5月，国家取消283种低价西药和250种低价中成药的最高零售价，生产企业可在西药费用日均不超过3元、中成药日均费用不超过5元的前提下自主定价。

近期，记者从有关部门了解到，发展改革委已就推进药品和医疗服务价格改革的方案向各省物价部门下发征求意见稿，讨论全面放开药品价格并放开大部分医疗服务价格。

涨涨落落，受益还是受损？

——价格放开之后听民声

放开部分商品和服务价格，谁会受影响？谁又将受益？百姓生活会发生怎样的变化？新华社记者在北京、天津、济南、石家庄等城市就此采访了部分消费者、相关行业从业者和专家学者。

房地产中介费：提取比例应有所区别

目前，天津房地产中介公司中介费收取标准为：买卖双方各支付成交房款的1%。天津中原物业顾问有限公司企划战略中心总经理乔玉婷认为，这个收费是偏低的，现在一线城市的标准大都为2.5%至3%，有的城市提取比例已达4%。

但天津一些老百姓则认为1%的标准并不低。市民卢倩说，1%的标准过去看似乎不高，但近几年房价疯涨，中介费也跟着疯涨。几年前一套二手房50万元，现在可能涨到120万元，中介费就从1万元猛涨到2.4万元。

因为中介费过高，有的客户会甩开中介，买卖双方自行交易，随之产生一些纠纷甚至是诈骗案件。卢倩说："中介能为买卖双方规避一些风险，但中介费应该更合理，如100万元的普通住宅和500万元的豪宅，中介费提取比例应该有所区别。"

乔玉婷则表示，近年来由于中介机构服务标准提升、行业竞争加剧以及市场环境影响等，天津房地产中介公司成本持续增加，面临很大压力。

她说，政府放开中介服务价格，为中介费的调整提供了可能。大的中介公司可以通过提升服务质量来提高价格。但是，政府的监管要跟上，行业也应有行业规则，不能随便提价，要有提价的依据和标准。

民航票价：价格放开后不会大幅提高

春秋航空公司是一家低成本航空公司。票价上，推出99元、199元、299元、399元等"99系列特价机票"，通过降低运营成本使票价下降，并以对价格比较敏感的商务客和旅游观光客为主要客源市场。服务上，减少非必要服务，不免费供应饮料和餐食，旅客如有需要可有偿使用。

记者在石家庄市采访了春秋航空一位工作人员。他认为，发改委进一步放开相邻省份之间与地面主要交通运输方式形成竞争的短途航线旅客票价，有利于充分发挥市场在资源配置中的决定性作用，激发市场活力，进一步促进航空运输业持续健康发展。

这位工作人员表示，这一新举措对公司影响不是很大，近年来国内高铁发展速度很快，对民航的短程运输冲击较大，许多乘客被分流。正常情况下，即使价格放开了，航空公司也不会大幅提高票价，未来盈利将以长途航线和辅助服务为主。

部分铁路运价放开：有人欢喜有人忧

济南铁路局货运处工作人员对记者表示，目前这里的快递运输运力相对充足，由于总公司还未下发相关通知，运价并没有调整。

山东大学物流管理研究所所长彭志忠认为，目前看，铁路散货快运、铁路包裹运输对快递业的冲击并不是特别大，因为铁路快运及一些干散货运输并没有完善的点对点末端网络。但价格放开对铁路快递企业来说是一个利好，因为过去的价格一直太低了，普遍处于不赚钱的状态，价格放开有利于其健康可持续发展。

“价格放开后，预计铁路快递会和其他快递企业加速竞合，形成自己的末端网络，这对一些中型的快递公司影响特别大，这些企业的生存环境将更加艰难。”彭志忠说。

他认为，价格放开对提高整个快递业的竞争力也有一定益处。目前大型的B2B（企业到企业）散货运输还要大量依靠铁路，例如中邮物流所承担的快递大约有一半的运输要通过铁路，如果铁路干散货通过价格机制使自身业务得到拓展和提升，会使其他快递企业的铁路运输渠道更为畅通。

专家观点

铁路散货快运、铁路包裹运输对快递业的冲击并不是特别大，因为铁路快运及一些干散货运输并没有完善的点对点末端网络。但价格放开对铁路快递企业来说是一个利好，因为过去的价格一直太低了，普遍处于不赚钱的状态，价格放开有利于其健康可持续发展。

——山东大学物流管理研究所所长　彭志忠

小区停车费：涨价也只能忍气吞声？

对于停车资源长期紧张的北京而言，不少小区居民对于停车收费价格放开忧心忡忡。住在北京市丰台区的李女士说，无论小区停车费涨到什么程度，居民们估计都要忍气吞声，

价　改　　新华社发　徐骏　作

因为不停在小区，外面更没地方停了。目前小区的地上停车位是一天 5 元，地下车位一年 5000 元，居民们勉强能够接受。如果地上停车位也由小区物业自主决定，估计最后的结果是地上的上涨带动地下的一起上涨。

“现在价格就很高，如果定价放开，恐怕还会迎来新一轮上涨。”刚刚在门头沟区购买了一套新房的吴先生说，在离市区相对较远一些的门头沟，地下车位已经达到每月 650 元，其中包括 50 元的管理费。现在新小区地上停车位设置越来越少，如果价格彻底放开，恐怕物业会漫天要价。

“就是一个字‘贵’，现在有管控还这样，如不管的话就天价了。”住在北四环附近的周女士对记者感叹，住在市里，小区的停车位实在是稀缺资源。如果按照市场调节的话，那恐怕就要水涨船高。

相关人士对记者说，和道路停车一样，目前小区停车收费管理十分混乱，收费主体既有物业公司，也有停车管理公司，名义上是价格制定与业主协商，实则完全垄断。对于北京这样停车资源稀缺的地方而言，如果放开住宅小区停车服务价格，也一定要规范定价程序，做到价格公开透明，并监督相应主体。

价格改革能否避免“一放了之”“一放就涨”“一放就乱”

2015 年新年伊始，国家发展和改革委员会宣布放开 24 项商品和服务价格，一石激起千层浪。价格放开是不是简单地一放了之？一些人担心价格放开会不会导致价格大涨？一些领域的价格乱象如何治理？带着这些问题，新华社记者采访了相关人士。

价格改革是否“一放了之”？

从铁路运输到民航客运，从房地产经纪到小区停车，发展改革委一次放开多项价格，改革的速度令人吃惊。

“趁着现在物价低迷，一股脑放开这么多项价格，经过了论证没有？考虑了老百姓的承受力没有？”有人发出这样的质疑。

中国国际经济交流中心咨询研究部副部长王军认为，物价增速低位运行确实给新一轮价格改革打开了窗口期，就此理顺难度很大的能源、交通、环保等领域的价格形成机制，事关我国经济转型升级和长远发展。

加快推进价格改革无可厚非，这是建立市场机制必须要过的一道坎。“利用价格改革带来的市场倒逼机制，能够促进垄断行业、税制等其他领域改革，也是加快政府职能转变、减少政府对市场不必要干预的应有之义。”中国价格协会会长王永治说。

不过，他坦承价格改革涉及利益复杂，既要积极推进，又要周密部署，哪个领域的改革先推动、如何推，必须考虑各方面的承受能力。

据介绍，这些价格放开政策出台前，发展改革委及相关部门经过了反复调查、研究和论证，同时细化了放开后的监管措施和主管部门责任，以保障市场主体和百姓的合法权益。

专家认为，如果改革政策出台前能听取公众诉求，征求公众意见，效果会更好。“行政主导固然效率高，但也可能导致决策失误，造成无法挽回的损失。”清华大学公共管理学院院长薛澜说。

他认为，诸如价格放开这样的重大政府决定出台，应该发挥人大的监督作用，建立起有效的决策评议平台，以此提高政府公信力。

“一放就涨”会不会出现？

20 世纪 80 年代大规模价格放开后，多地消费者纷纷抢购商品，物价大幅上涨，通货膨胀率猛升。如今，一些年纪大的人仍对价格放开心有余悸，许多人仍会自然而然地把价格改革与涨价画等号。

专家观点

利用价格改革带来的市场倒逼机制，能够促进垄断行业、税制等其他领域改革，也是加快政府职能转变、减少政府对市场不必要干预的应有之义。

——中国价格协会会长　王永治

对此，国家发展改革委经济研究所研究员刘树杰表示：“以往的价格改革主要因为商品供应不足，通过放开、提高价格来吸引投资者，实现供需平衡。这类价格改革常常会推高物价指数。”

“这轮价格改革的特点是，具备竞争条件的领域放开价格，部分具备竞争条件的领域部分放开价格。”刘树杰说。

这批放开的24项商品和服务价格中，铁路运输价格放开的是散货快运、包裹运输，民航客运放开的101条600公里以下短途票价，都属于部分放开。

“铁路快运已告别供不应求的时代，正与众多快递企业同台竞争；短途运输中民航、高铁、公路各种方式竞争充分，放开后受市场竞争因素制约，预计票价水平将保持稳定。”中国交通运输协会运输研究部主任高月娥对记者说。

价格放开后，高月娥特意查询了部分短途航线票价。1月5日，广州至海口经济舱实际销售票价为456元，与去年同期基本持平；成都至贵阳465元，相当于全价票的5.5折，比去年同期有所下降。

北京物业管理行业协会秘书长宋宝程介绍说，北京市从2005年就放开了小区物业服务价格，地下停车收费也已放开，“现在看来，整体价格水平一直比较平稳，没有出现漫天要价。”

宋宝程同时说：“现在的实际问题是，随着运营成本和劳动力成本上升，很多物业公司多年没有调整物业收费，导致服务质量下降与物业费收取比例低相交织的恶性循环。”

国家发展改革委价格司有关人士告诉记者，即使物业和停车相关价格放开了，但根据物权法和物业管理条例规定，调整这两项价格必须由业主委员会通过或三分之二以上业主同意，并非想涨就涨，想涨多少就多少。

专家观点

铁路快运已告别供不应求的时代，正与众多快递企业同台竞争；短途运输中民航、高铁、公路各种方式竞争充分，放开后受市场竞争因素制约，预计票价水平将保持稳定。

——中国交通运输协会运输研究部主任　高月娥

专家指出，在涉及自身利益的价格上，人们总是希望政府制定公平价格来保护自己。但面对多元市场主体，政府又如何能保证定价科学合理呢？

“运用市场机制，通过业主委员会与物业公司谈判而获得价格低廉的优质服务，这才是符合市场规律的办法。”宋宝程说。

“一放就乱”如何遏制？

通过协议垄断串通涨价，利用优势地位强制收费，通过促销活动搞价格欺诈……近年来，随着价格进一步放开，市场上出现种种乱象。

王永治则认为：“价格改革‘放’是前提，‘管’是保证。放开了，才要管；管得住，才敢放。”

“保障价格改革能够成功，相关配套改革措施和操作细则要跟上，比如电价改革要与电力体制改革相配套，药价改革要与医疗体制改革相衔接。”刘树杰说。

山东省经济和信息化委员会交通与物流处处长谭颜铭认为，目前铁路和公路存在竞争关系，但过度竞争也存在一些问题。如现在汽车运输市场竞争激烈，货车主纷纷恶性降价，以大量超载弥补低运价，扰乱了市场秩序。如何解决“一放就乱”的问题，需要相关部门密切跟踪，及时出台相应配套政策。

“价格放开后，市场监管要跟上，但不是传统的行政监督而是法治化的监管。”中国（海南）改革发展研究院经济研究所所长匡贤明说。

国家发展改革委价格司司长许昆林告诉新华社记者，价格放开了，并不意味着价格主管部门没事可干了。相反，要把事前的定价转为事中事后监管，工作的方式方法都要变，责任和压力会更大。

许昆林说，发展改革委作为价格反垄断执法机构，会对有些行业和领域持续进行关注，比如最近关于汽车及汽车零部件的案件公布出来，但对汽车行业的关注已经有两三年时间。

我国已建立起四级联网的全国价格举报管理信息系统。国家发展改革委价格监督检查与反垄断局负责人介绍，只要涉及价格收费问题，消费者均可登录国家发改委门户网站举报，系统将根据管辖分工，快速准确地将举报问题分配到相应的价格主管部门处理。消费者可对举报进行自主查询，随时自主跟踪举报件在哪级价格主管部门办理及办理结果。

短评

价格放开要保障公众利益不受损害

国家发展改革委近日会同有关部门放开了24项商品和服务价格，这是继续施行简政放权、加快推进价格改革的具体举措。价格改革牵一发而动全身，必须兼顾“该放的放到位”和“该管的能管住”，才能保障公众正当利益不受损害。

此次国家放开的24项商品和服务价格，包括部分民航客运价格、房地产价格评估等专业服务收费、非保障性住房物业服务、住宅小区停车服务、部分律师服务等商品和服务价格。其中相当一部分与公众日常生活息息相关，社会为价格放开积极肯定的同时，同样关注价格放开之后能否保障市场平稳运行，会不会发生价格波动，进而损害公众利益。

价格是反映市场供求的指示器。加快推进价格改革，让商品和服务的定价公开、透明、市场化，有利于维护生产者和消费者合法权益，以合理的价格信号促进市场竞争，引导资源合理配置，激发市场活力，调动社会资本投资积极性。

长期以来，价格领域之所以成为推进改革难啃的“硬骨头”，是因为有些部门不愿放弃价格管制带来的利益。推进价格改革，让市场在更大范围决定价格，实质是政府职能的转变，就是要解决部分政府部门“对管制迷恋、对监管迷茫”的弊病。“壮士断腕”放开价格的同时，相关部门还须做好事中、事后监管，特别是对于公众议价能力较弱的领域，要切实维护好市场秩序和公众利益，做到“放”“管”并重。

价格改革，不可一放了之，关键是要做到统筹配套。一方面，要加强价格监测分析预警，掌握商品和服务市场价格动态，发现价格运行中的苗头性、倾向性、潜在性问题，防范价格异动。另一方面，要加大市场价格监管和反垄断执法力度，建立健全市场价格行为规则和监管办法，依法查处各类价格违法行为，维护市场价格秩序。

此次价格放开是价格改革迈出的重要步伐，但绝非终点，而是新的起点。未来，还会有市场发育成熟的、可以让市场决定的价格将被放开。人们期待，价格放开和市场监管能够并驾齐驱，为公众和市场主体带来长远的福祉。

5. 撬动国企改革杠杆

——聚焦央企改革试点

国资监管怎样才能实现真正的管资本？混合所有制国资比例占多少合适？国有资本出资人对企业的收放之度如何把握？对于这些问题，学界、企业界和各政府部门之间仍有不同的看法。

厘清国企改革的争议问题，需要牢牢把握《中共中央关于全面深化改革若干重大问题的决定》中，关于“发挥国有经济主导作用，不断增强国有经济活力、控制力、影响力”的表述，通过发展混合所有制、完善国有资产管理体制、推动国企完善现代企业制度等改革来实现这一目标。

国资委启动“四项改革”试点

国务院国资委2014年7月15日召开新闻发布会，宣布在所监管的中央企业中开展“四项改革”试点，国家开发投资公司、中粮集团等六家中央企业纳入首批试点。

这四项改革试点分别为：在国家开发投资公司、中粮集团有限公司开展改组国有资本投资公司试点；在中国医药集团总公司、中国建筑材料集团公司开展发

推 进　　新华社发　朱慧卿　作

展混合所有制经济试点；在新兴际华集团有限公司、中国节能环保公司、中国医药集团总公司、中国建筑材料集团公司开展董事会行使高级管理人员选聘、业绩考核和薪酬管理职权试点；在国资委管理主要负责人的中央企业中选择 2 到 3 家开展派驻纪检组试点。

据介绍，此番试点将因企制宜实行“一企一策”，由企业提出试点方案，牵头厅局与试点企业进行对接，确保可操作、能落实、有突破、出经验，对企业的方案经专项小组研究后，提交国资委改革领导小组审议，成熟一个，审议一个，实施一个。

国资委有关人士表示，试点将坚持顶层设计与先行先试相结合、市场化方向与问题导向相结合、大胆探索与坚守底线相结合、整体推进与重点突破相结合的主要原则；通过试点，探索以管资本为主加强国有资产监管的体制模式、发展混合所有制经济的有效路径、完善国有企业公司法人治理结构的工作机制以及对国企负责人重点监督的纪检监察方式。

“不是搞‘盆景’，也不是搞政策‘洼地’，目的是要试出新体制、新机制、新模式。”国资委有关人士表示，通过试点，发现问题、解决问题，总结经验、完善措施，努力推出一批可推广、可复制的有效做法和典型经验，为全面深化国资国企改革提供强有力的实践支撑。

为抓好试点工作，国资委已成立 4 个专项小组，由国资委改革局、产权局、改组局和国资委纪委具体负责，分管委领导担任专项小组组长，分别负责组织实施、协调推进和试点企业的指导服务。

央企试点释放改革提速信号

党的十八届三中全会召开八个月后，国资委宣布首批央企改革试点名单，这意味着国资国企改革打破僵局，也标志国资国企改革进入顶层设计与试点同步推进的阶段。外界期待，有关方面能够扎实做好相关试点工作，为国资国企改革探索出一条新路。

试点打破改革僵局

在国资委的规划中，国有资本投资公司、董事会制度、混合所有制、纪检工作四项试点同步铺开，首批试点六家央企入围。

“在当前国资改革难以达成共识情况下，‘四项改革’试点走出打破国资改革僵持局面的重要一步。”密切跟踪国企改革的中国企业研究院首席研究员李锦说。

眼下，地方国资改革方案相继出炉，一些中央企业跃跃欲试，而作为改革中心环节的央企改革方案，似乎陷入僵局。

这缘于广泛存在的分歧：企业层面，面临推动改革与“一些人希望保持现状以应对经济增长放缓，降低国企出现动荡风险”的分歧；企业外部，面临“国资改革需先做好顶层设计、稳妥推动”与“社会和民营资本迫切希望国资改革尽快推进”的分歧；此外，涉及国资改革的相关部门，由于工作角度不同，在一些问题上也难以达成共识，形成统一意见十分艰难。

以国有资本投资运营公司为例，据国资委研究中心副主任彭建国透露，有关方面在究竟学习“新加坡淡马锡模式”还是“汇金公司模式”上意见相持不下。在他看来，这两种模式都不适合，“通过试点探索一条适合国情和国有经济特点的新路”更为靠谱。

专家观点

在当前国资改革难以达成共识情况下，“四项改革”试点走出打破国资改革僵持局面的重要一步。

——中国企业研究院首席研究员　李锦

改革必须坚守制度底线

具体怎么试？国资委有关负责人提出三点原则：以实业投资为载体，实现国有资本向关系国家安全、国民经济命脉重要行业和关键领域集中；以资本运作为手段，调整优化国有经济布局结构；以市场化运作为方案，提升效率、实现国有资产保值增值、做优做强国有企业。

在此之前，国资委已召开 14 次关于全面深化改革会议，除研究审议《国有资产管理体制的总体方案》《深化国企改革指导意见》在内的 12 项改革方案、若干工作细则和意见建议外，有关负责人还对相关工作做出具体部署。

“市场化”是此次试点关键词。国资委人士向记者透露，将对中国节能、新兴际华、中国建材、国药集团进行高级管理人员选聘、业务考核、薪酬管理等三项授权，“市场起决定性作用的领域应赋予企业自主权”，监管层将适应新的形势，进行简政放权。

无论怎么试，底线必须坚守。在彭建国看来，试点的关键是要坚持市场化改革方向，同时要坚守基本经济制度的底线以及防止国有资产流失的红线，处理好简政放权和加强监管的关系，不断提高国有经济的活力、控制力和影响力。

国资委人士表示，已要求试点企业尽快上报试点方案，将遵循问题导向原则，实行“一企一策”。试点企业可根据所在行业特点和企业具体情况，探索试点办法，试点中的共性问题和个性问题，均有望通过“一企一策”来解决。

用试点为改革探新路

在接受记者采访的分析人士看来，毫无疑问，国资委此番启动央企“四项改革”试点，将为下一步国资国企改革探索新路，成功试点的央企也将发挥国企改革的标杆和引领作用。

“试点是改革落地的关键一步，也标志着国资国企改革进入顶层设计与试点同步推进的阶段。”彭建国如此解读。他认为，试点的意义在于摸着石头过河，以局部带动全局，带动更多国有企业主动改革。

实际上，首批试点企业已经在相关方面有了一定的改革实践，有的还取得了不错的效果。“这次搞试点不是搞‘盆景’，也不是搞政策‘洼地’，而是要试出新体制、新机制，新模式。”国资委有关人士说。

较为成熟的试点必然对顶层设计的出台起到助推作用。据记者了解，有关国企改革的顶层设计方案正在紧锣密鼓地推进当中，随着试点的展开，整体方案的出台将渐行渐近。

公众五问试点：怎么没有中石油、中石化？

国投、中国建材、新兴际华、国药集团……这些并非公众知名度最高的中央企业，纳入国资委首批“四项改革”企业名单，为什么是它们？怎么没有中石油、中石化？没有纳入试点的央企还改革吗？针对公众关切的问题，记者采访了国资委人士及相关专家。

一问：为何没有中石油、中石化？

2014 年上半年，中央企业中，谁的改革动作吸引眼球最多？无疑是在混合所有制改革上动作频频的中石油、中石化，不过，二者并未出现在国资委的六家试点央企名单中。

试点企业是怎么选出来的？国资委有关人士说，此番试点主要选择工作有基础、试点有条件、近年来改革力度较大、效果较好的企业；同时，也考虑每项试点在改革目标任务上的具体要求，选择没有争议的、经营状况以及行业状况好的企业。

从公布名单看，试点企业均为竞争性领域企业，没有垄断性企业。记者注意到，此前中石油、中石化有关混合所有制改革的一些动作，是通过上市公司层面一些程序推进的。

专家观点

试点是改革落地的关键一步，也标志着国资国企改革进入顶层设计与试点同步推进的阶段。

——国资委研究中心副主任　彭建国

在国资委研究中心副主任彭建国看来，垄断企业涉及垄断利益，无论是搞混合所有制试点还是搞员工持股，在没有破除垄断前，都有造成国有资产流失的风险。因此，垄断性行业企业纳入试点，“应该放在后面一点”。

二问：非试点央企还改革吗?

根据国资委要求，纳入试点的中央企业需上报试点方案，经审批后尽快实施。那么，没有纳入试点的企业能自行推进改革吗?

国资委人士说，没有纳入试点不代表就不推进改革，“只要按照十八届三中全会精神，遵守现有政策法规，都可继续推进”。不过，该人士也提醒，有些改革牵涉到体制、监管与企业关系问题，需要一步一步地做。

中国企业研究院首席研究员李锦提醒，监管部门要厘清试点企业和非试点企业关系。此前，各方在等总体改革方案出台，现在提出试点，要防止一些企业既“等文件”又“等试点”的“双等待”局面，改革不能等，不能因试点而让非试点企业改革停滞下来。

彭建国也认为，没有纳入试点的企业在不涉及违反现有法规、政策的情况下，应可以自主搞改革；他同时提议，对于试点企业，监管应允许适当突破相关法规政策。

三问：国资委会放哪些权?

此番试点中，一项重大突破即为监管部门将一些关键性权力下放到企业董事会。根据国资委的安排，将对中国节能、新兴际华、中国建材、国药集团等四家中央企业董事会授权行使高级管理人员选聘、业绩考核和薪酬管理职权。

“在市场起决定性作用的领域，应该赋予企业更多自主权，监管层需适应新的形势，简政放权。”李锦说。

国资委人士表示，试点要探索一套完善国有企业公司法人治理结构的工作机制，通过进一步落实董事会职权，减少出资人管理事项，使董事会更好发挥决策中心作用，同时理顺董事会、经理层、监事会和党组之间关系，建立法人治理结构完善、经营管理规范的现代企业制度。

国资委人士还透露，根据整体部署，7 月份晚些时候国资委还将在更大的央企范围里下放21项权力，到9月份下放权力项目的范围还将进一步扩大。

四问：为什么要搞纪检工作试点？

“国有企业腐败以及国有资金违规使用等案件频发，凸显相关纪检体制、机制存在漏洞，没有起到应有的作用。”谈及纪检工作纳入此番试点，一位国资专家如是说。

在彭建国看来，向中央企业派驻纪检组，最重要目的在于守好“国有资产流失”的红线。国资委人士表示，力求通过纪检试点加强对企业领导班子和主要负责人的重点监督，增强监督的相对独立性、权威性和有效性，推动央企反腐败体制机制创新。

国资委人士强调，国有资产属全民所有，推进国资国企改革，一方面要简政放权，给企业充分经营自主权；另一方面要强化国有资产监管，防止一些国企高管利用国有资产搞内部人控制，谋取内部人利益和个人利益，导致国有资产流失。

尽管在当天的新闻发布会上并未明确具体试点企业，但国资委人士透露，试点企业数量将在2家到3家，将会尽快制定相关方案，并与试点央企商量对接工作协调机制。

五问：试点有没有时间表？

试点有没有时间表？试点与总体改革方案又是什么关系？试点范围会否扩大？

针对这些问题，国资委人士说，试点目的是以点带面，有序推进改革。试点是改革落地的关键一步，也标志着国资国企改革进入顶层设计与试点同步推进阶段。

据介绍，此番试点不搞政策优惠，没有设定具体时间表。对于企业提出的试点方案，经国资委审议，将“成熟一个”“实施一个”。国资委人士说，鼓励各试点企业大胆试、大胆闯，在不逾越法律法规红线，不越过国有资产流失底线的前提下，将“多开绿灯，少踩刹车”。

随着试点工作推进，国资委将逐步扩大试点范围，并把试点中的好做法推广出去，发挥试点示范带头作用，“试点将会是动态过程，随着中央整体方案出台，试点工作可能会嵌入改革正常推进中”。

试点企业眼中的改革图景

国资委2014年7月15日宣布中国建材集团、国家开发投资公司、国药集团、新兴际华集团等6家央企纳入首批央企“四项改革”试点，试点领域包括改组国有资本投资公司、董事会行使三项职权、发展混合所有制以及纪检工作等。试点企业怎么看，如何试？新华社记者连线多家试点企业负责人，寻求答案。

对于被纳入混合所有制和董事会行使三项职权双项试点，中国建材集团董事长宋志平并不意外。在他看来，无论是中国建材，还是执掌过五年的国药集团，原本都是底子薄、资本金少的“草根央企”，发展混合所有制既出于生存本能，又符合市场规律。

“改革就是要解决问题，试点意义在于‘摸石头’过河，在市场倒逼中探索混合发展之路。”宋志平说。面对建材行业产能过剩等问题，中国建材一边进行行业整合，一边进行资本混合，六七年间重组上千家民营企业，形成一批典型的混合所有制企业。集团所有者权益由20多亿元升至220亿元，吸纳小股东权益440亿元，过去十余年营业收入和利润总额双双增长100倍。

“央企实力+民企活力=企业竞争力”这个等式不仅在中国建材适用，对中粮、国投、国药等多家试点企业同样成立。中粮集团负责人告诉记者，中粮充分借助国际资本和行业龙头力量打造国际化产业平台，在高度竞争的市场环境中培育出较强竞争力。

相对于发展混合所有制，向中央企业放权、赋予企业高管选聘、考核等高度自主权更是亮点。在新兴际华、国药集团、中国节能等试点企业看来，试点给董事会更大的独立性和决策空间，朝着市场化用人，建设规范化的公司治理方向迈出一大步。

新兴际华集团董事会秘书徐建华认为，此次试点是国资监管由“管资产”向“管资本”转变的积极尝试，有利于增强董事会的独立性、权威性和有效性，有利于理顺出资人、决策人和经营管理人的关系，建立市场导向机制，把内部制衡和市场效率有机结合，给投资人带来新的良好预期。作为改组国有资本投资公司试点，国投研究中心副主任尚鸣表示，未来主要通过资本手段进行资源配置，深耕全产业链战略，围绕主业加快产业整合升级，增强控制力和影响力，提高回报水平，实现国有资产保值增值。

中国建材、新兴际华等董事会试点企业也表示，将完善法人治理结构，构建符合行业和企业特点的业绩考核体系，明确薪酬策略和高管人员市场价值，薪酬水平和岗位、个人业绩相匹配，探索形成可供复制推广的制度安排和工作机制。

相关试点企业人士告诉记者，目前具体方案正在制定中，方案获批之后将及时公布。

“要做国企改革的铺路石。”徐建华说，企业将通过这次试点，打好彻底融入市场这一仗，激发更大企业活力，为混合所有制改革提供有益经验。

短评

期待试点成为撬动国企改革的杠杆

国资委2014年7月15日公布首批央企改革试点名单，这意味着国资国企改革迈出实质性步伐。作为当前经济体制改革的重头戏，国企改革整体深入推进有待试点撬动。

国企改革在当前改革中的分量和迫切性不言而喻。然而，各方期待的顶层设计却迟迟未能出台。这与改革的复杂性和艰难性不无关系。回顾过去，国企改革往往伴有国有资产流失的担忧以及一些争议。眼下的问题是：国资监管怎样才能实现真正的管资本？混合所有制国资比例占多少合适？国有资本出资人对企业的收放之度如何把握？对于这些问题，学界、企业界和各政府部门之间仍有不同的看法。

厘清国企改革的争议问题，需要牢牢把握《中共中央关于全面深化改革若干重大问题的决定》中，关于“发挥国有经济主导作用，不断增强国有经济活力、控制力、影响力”的表述，通过发展混合所有制、完善国有资产管理体制、推动国企完善现代企业制度等改革来实现这一目标。国资委启动央企改革试点正是力图从上述几个方面入手，通过试点为整体改革方案探路，在“先行先试”中凝聚共识。

国企改革的深入推进最终还需要基于广泛共识的顶层设计。尽快出台符合实际的整体改革方案，才能有序推进国企改革，更好地发挥出国企对经济和社会的贡献。

政府治理篇

中国热点问题 2015

6. 简政放权进行时

——聚焦简政放权与政府职能转变

转变职能、简政放权，被作为本届政府开门第一件大事。从一批批行政审批事项取消下放到公布“权力清单”，一剂剂政府自我改革的“苦口良药”正推动行政审批制度改革稳步推进。然而，专家指出，简政放权成效显现的同时，一些环节存在的问题影响了改革的“疗效”。

全国人大常委会专题询问
深化行政审批制度改革加快政府职能转变工作情况

十二届全国人大常委会第十次会议2014年8月30日下午在人民大会堂举行联组会议，结合审议国务院关于深化行政审批制度改革加快政府职能转变工作情况的报告进行专题询问。

2014年8月27日下午，本次常委会会议听取了国务院关于深化行政审批制度改革加快政府职能转变工作情况的报告。28日上午，会议分组审议了这个报告。审议中，大家认为，国务院按照党的十八大和十八届二中、三中全会精神和全国人大批准的《国务院机构改革和职能转变方案》，把进一步简政放权、加快政府职能转变作为本届政府的一件大事，目前已取得了重要阶段性成果。大家指出，简政放权的实效还需进一步提高，加强事中事后监管的措施要加快跟进，相关工作机制和方式要不断完善，下一步持续深化改革任务依然较重。

专题询问中，吕薇委员就如何防止简政放权改革重量不重质问题，辜胜阻委员就如何解决中小企业融资难问题，姒健敏委员就按照“于法有据”的改革原则下放的行政审批事项落实问题，任茂东委员就依照国务院的决定设立并已长期实施的行政许可项目如何处理问题，龙超云委员就如何采取措施帮助地方政府承接好下放行政审批事项的审批、监管和监督问题，彭森委员就如何进一步完善行政审批制度改革问题，冯长根委员就如何进一步提升培育社会组织能力问题，李连宁委员就职业资格许可制度发展改革的终极目标问题等发表意见、提出询问，并多次追问。委员们提问有的放矢，针对性强，有深度、有质量。

受国务院委托，国务院深化行政审批制度改革办公室负责人何建中、发展改革委主任徐绍史、工业和信息化部部长苗圩、民政部部长李立国、财政部部长楼继伟、人力资源社会保障部副部长王晓初、国土资源部部长姜大明、环境保护部副部长吴晓青、住房城乡建设部部长陈政高、商务部部长高虎城、工商总局局长张茅、质检总局局长支树平、国务院法制办副主任夏勇、银监会主席尚福林等部门负责同志到会听取意见，认真回答了询问。回答询问诚恳客观，严肃认真。

联组会议由全国人大常委会副委员长张平主持。全国人大常委会副委员长李建国、王胜俊、陈昌智、严隽琪、王晨、沈跃跃、吉炳轩、向巴平措、艾力更·依明巴海、万鄂湘、张宝文、陈竺出席会议。

哪些环节影响简政放权的“疗效”？

转变职能、简政放权，被作为本届政府开门第一件大事。从一批批行政审批

精彩论述

在减少审批的同时，要加强监管。减少事前审批，并不意味着削弱事中、事后的监督，更不意味着行政机关法定职责的弃守。必须明确“放”与“管”的各自领域和边界，才能避免一放就乱的情况出现。

——全国人大常委会委员　韩晓武

事项取消下放到公布“权力清单”，一剂剂政府自我改革的“苦口良药”正推动行政审批制度改革稳步推进。

然而，专家指出，简政放权成效显现的同时，一些环节存在的问题影响了改革的“疗效”。

取消下放数量为何与公众感受有反差?

新一届国务院组成以来，把深化行政审批制度改革作为重要抓手和突破口，提出本届政府任期内要把原有审批事项削减三分之一以上。一年多来，国务院先后取消和下放7批共632项行政审批等事项，成绩之大有目共睹。但2014年8月30日举行的十二届全国人大常委会第十次会议关于深化行政审批制度改革加快政府职能转变工作情况专题询问会上，有委员提出，审批项目数量的大幅减少和市场主体“松绑”的感受之间还有一定差距。

全国人大常委会委员吕薇提出，下放的审批权比较多，但是真正取消的权力比较少，在放权当中存在放小不放大、放责不放权、放虚不放实的问题。

国务院审改办负责人何建中表示，从目前情况看，确实还有一些“真金白银”的事项政府部门还在审批，社会各个方面还觉得不够解渴，所以必须进一步采取更加有力的措施，做到“减量、提质、增效”。

对此，中国人民大学公共管理学院院长董克用认为，当前，行政审批制度改革还在逐步深入，举措与成效的显现还有一个过程，难免在公众感受上产生“迟滞效应”。

他表示，当前在改革中进行调整的项目都是政府、企业、专家、公众等各方已经形成共识，认为的确需要取消或下放的项目，而保留的项目中很多还没有达成共识。

“一方面，有些审批的确需要保留，不能‘一放就乱’。”董克用说，另一方面，有的审批事项背后的确是一些部门和地方出于利益而不愿放权。

中国中小企业协会会长李子彬说，有些项目名义上取消了，但把审批改为前置性备案，不完成备案就不能做，还是变相审批。

“放”和“管”怎样衔接到位?

对于“放”“管”之间的关系，全国人大常委会委员韩晓武认为，不能只谈“放”，而要“放而不乱”。

“在减少审批的同时，要加强监管。减少事前审批，并不意味着削弱事中、事后的监督，更不意味着行政机关法定职责的弃守。必须明确‘放’与‘管’的各自领域和边界，才能避免一放就乱的情况出现。”韩晓武说。

简政放权实际上是在考验政府如何在市场配置资源的条件下更好发挥作用，做到放管结合，提高政府管理的科学化、法治化水平。而目前，一些行政审批项目取消后，加强和改进事中事后监管的措施跟进较慢。

“简政放权不是政府什么都不管，企业和个人可以为所欲为，这样带来的只能是市场和社会秩序的混乱。”董克用说。

他认为，要给市场腾出更大的空间，还要做好事中事后的监管，这就需要“开门搞改革”，建立一个让政府、企业、专家、公众等所有利益相关方能够展开公开、公正讨论的机制，共同确定改革目标，各方合力来“啃”简政放权的硬骨头。

此外，对于取消下放的审批事项应当做到，取消了，得管得住；下放了，要接得稳。当前取消和下放行政审批事项力度较大，短时间内下放了大量行政审批事项，但有些地方的制度建设和履职能力还跟不上。

有专家表示，提升承接下放审批权限地方政府的工作能力，是行政审批制度改革持续推进的重要一环。

行业协会应该起什么作用?

冯长根委员在专题询问时提出，目前一部分社会组织在承接政府给予职能方面的能力非常薄弱。

如何提升社会组织这方面的能力，国务院关于深化行政审批制度改革加快政府职能转变工作情况的报告中明确提出，下一步的工作当中将加快培育规范社会组织。

推 进　　新华社发　朱慧卿　作

改革中，一

些行政审批事项被取消，交由行业协会商会实行自律管理，这被普遍认为是将有关审批职能转移给行业协会商会行使。

对此，一些行业协会商会和部分企业表示赞成，认为行业协会商会更贴近企业、贴近实际，能够在政府监管下承接好相关职能，符合政府向社会放权的要求。

不过，一些部门和一些企业也认为，目前多数行业协会商会改革不到位，行政化、垄断化色彩严重，甚至被称为是“戴着市场帽子、拿着政府鞭子、坐着行业轿子、收着企业票子、给退休官员留着位子”的“二政府”，而其在人员素质、行为规范、经费保障和社会公信力等方面，又不如政府部门。

对此，董克用说，改革的方向是将更多的水平认定、资质评估等事项交给协会，但目前让协会承担这样的职能的确还显得较弱。

“在国际上，一个行业协会是自发的自律组织，而我们的行业协会过去更多是作为一个行业的附属，行政色彩浓厚。”董克用说，下一步需要推动行业协会改革，使其回归应有的运转方式、机制和组织结构，主要是减少过于浓厚的行政色彩，这个任务非常重。

简政放权要让公众感受到

简政放权是本届政府开门第一件大事，也是全面深化改革的重要内容之一。本届政府上任以来，国务院已取消和下放600多项行政审批事项，再加上此前取消的一大批行政审批，简政放权成绩斐然。

但在取消和下放行政审批事项的改革过程中出现的一些新问题也需要引起重视。

全国人大法律委员会、财政经济委员会的一份调研报告中，提到了当前简政放权过程中出现的一些新情况，包括有些部门在行政审批制度改革中存在放虚不放实，放小不放大，放利小责重“含金量”低的、留利大责轻“含金量”高的；有些已经取消的行政审批项目仅仅针对特定主体、特定行为，多数人感受不到；有些下放审批权的项目，主要是权力在各级政府间纵向调整，对市场主体的实质性影响有限，而一些涉及市场主体众多、申请频率较高的审批项目，如项目投资、工程建设、资质资格许可等，却保留较多。

除此之外，在一些地方、企业、行业协会商会和专家看来，对普通公众和市场主体而言，政府“松绑”的实际感受仍不是十分明显。

简政放权是一项长期的工作，既有改革的效果需要时间来验证，短期内公众和市场主体对“放权”感知不明显有政策滞后的原因，但也不可否认，仍有一些地方和部门没有改变传统的思维方式，无法跳脱地方利益、部门利益、眼前利益的局限：或是不愿意轻易放掉手中的权力，不愿意轻易打破靠行政权力划分的利益格局；或是明知“一管就死”却更担心“一放就乱”，对自身丢掉审批权力后的社会治理能力缺乏信心。

必须看到，简政放权是政府部门对自己的一场“革命”，目的就是要通过对自身权力格局的调整，管住那只“看得见的手”，来加快政府职能的转变；就是要使市场在资源配置中发挥决定性作用，调动各种社会资源参与到社会治理当中。

“简政”只是手段，“放权”才是目的。各级政府、职能部门应该深入领会中央、国务院的决心和意图，切实推进取消和下放行政审批事项改革，让公众和市场主体真正感受到政府的权力小了，市场的空间大了，让简政放权的效力得到切实体现。

短评

放得开接得稳，简政放权才不会“自由落体”

简政放权是本届政府久久为功的的大事。经过从中央到地方两年多来锲而不舍的努力，简政放权在减少权力寻租、激发社会活力上已经收获了红利，要不要简政放权已经不是问题，问题已经“升级”为“怎么放、放给谁、放后做什么”。

2015年3月8日，习近平总书记参加广西代表团审议时强调，简政放权“既要放也要接，‘自由落体’不行，该管的事没人管了不行”。今年的政府工作报告在部署2015年工作时也明确提出，要“加大简政放权、放管结合改革力度”。

截至2014年底，国务院已相继取消和下放9批798项行政审批事项，本届政府削减1/3行政审批项目的目标已经完成。然而，简政放权改革在实践中也存在一些问题，其突出表现是，有一些部门一夜之间由揽权的“婆婆”变成“甩手掌柜”，一些该管的事没人管了。

比如，有些部门、地方在推行简政放权之时，简单地一放了之，结果导致上面的权力下放了，下面却接空了，出现了监管真空；还有一些部门、地方以放权的名义“放责任”，不考虑基层单位是否具备监管能力，一股脑儿地将那些管理难度大、责任重的事项下放，造成一些基层部门“小马拉大车”，超负荷运转。

习总书记明确指出“自由落体”不行，为一些部门、一些地方错误理解简政放权敲响了警钟。简政放权应该是政府从管不好、不该管的领域退出，用政府权力的“减法”换取市场活力的“乘法”，充分发挥市场在资源配置中的决定性作用。要确保简政放权改革放好放活，就必须同时做到“放得开”和“接得稳”。

一些部门、地方的简政放权变成“自由落体”，导致该管的事没人管，主要有三个原因：其一，有些部门、地方挑肥拣瘦，借机推掉那些事关民生但“没有油水”的审批事项，导致该管的事没人管；其二，有些地方推行简政放权时急于“表现”却不分青红皂白，拍脑袋地将一些暂时还不能取消和下放的权力放了，造成没人管事；三是一些人因削权而心生抵触情绪，消极怠工，出现了庸政懒政造成有事没人管。

真正吃透中央对简政放权的要求，就必须明确“放”与“管”的边界。当前，全面建成小康社会、全面深化改革、全面依法治国、全面从严治党的战略部署，对治理水平提出了更高的要求，更不能将简政放权简单等同于简单地下放一批行政权力就了事，而是要通过放活，提升治理体系和治理能力的现代化。

“放”与“管”如鸟之两翼、车之两轮，协调平衡才能行稳致远。“放”，关键要放活、放好；“管”，不是滥权乱管，而是依法管权、管责。评判简政放权的效果如何，不仅要看各地取消和下放的行政权力的数量，更要看这些行政权力是否被有效承接，是否是促进了社会和经济的活力，是否提高了社会治理的水平。

在推进“四个全面”的过程中，简政放权将进一步向纵深推进，当前已经出现的一些苗头性的问题，必须及时发现和纠正，引以为戒。避免“自由落体”，做到“放好放活”，是这项改革在新常态下让中国经济顺利爬坡过坎，最终实现百姓“获得”的关键。

7. 用好监督权力运行的“紧箍咒”

——聚焦加强审计工作

长期以来，审计在监督权力运行中发挥着不可替代的作用。铁道部刘志军案、民航系统李培英案、国家开发银行王益案、邮储银行陶礼明案等重大案件，都发端于审计。以审计入手不仅可以发现权力出轨，也有利于发现制度漏洞和体制问题，进而给制度“笼子”密实围栏，从源头上遏制腐败，打造廉洁政府。

国务院印发《关于加强审计工作的意见》

2014年10月9日，国务院印发《关于加强审计工作的意见》，部署进一步发挥审计监督作用，推动国家重大决策部署和有关政策措施的贯彻落实，更好地服务改革发展，切实维护经济秩序和促进廉政建设。

《意见》指出，要坚持围绕中心、服务大局、发现问题、完善机制的原则要求，依法开展审计，秉公用好审计监督权。要加大审计力度，创新审计方式，提高审计效率；要重点围绕稳增长、促改革、调结构、惠民生、防风险等政策措施落实情况，以及公共资金、国有资产、国有资源、领导干部经济责任履行情况进行审计，实现审计监督全覆盖。

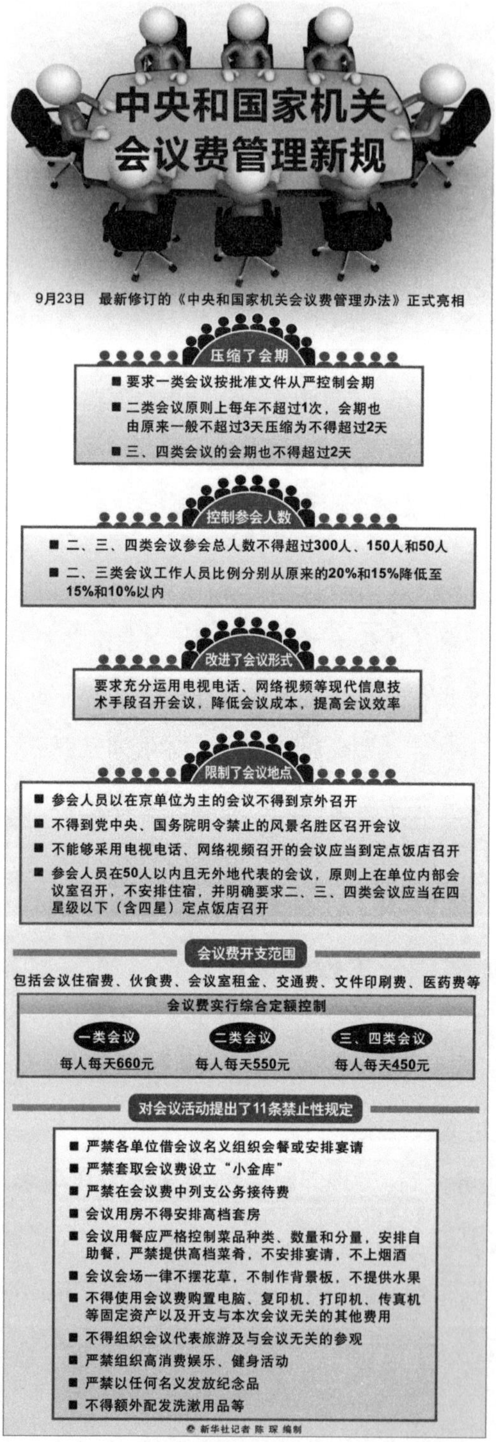

《意见》强调，要发挥审计促进国家重大决策部署落实的保障作用，推动政策措施贯彻落实，促进公共资金高效使用，维护国家经济安全，促进改善民生和生态文明建设，推动深化改革。要强化审计监督，促进依法行政、依法办事，切实维护法律尊严；对审计发现的重大违法违纪问题，要查深查透查实，推进廉政建设；不断深化领导干部经济责任审计，推动履职尽责。

《意见》要求，要完善审计工作机制，凡是涉及管理、分配、使用公共资金、国有资产、国有资源的部门、单位和个人，都要自觉接受审计、配合审计，不得设置障碍。有关部门、单位要依法、及时、全面提供审计所需的财务会计、业务和管理等资料，根据审计工作需要，依法向审计机关提供与本单位、本系统履行职责相关的电子数据信息和必要的技术文档。审计机关履行职责需要协助时，有关部门、单位要积极予以协助和支持。

《意见》指出，要狠抓审计发现问题的整改落实。被审计单位主要负责人作为整改第一责任人，要切实抓好审计发现问题的整改工作，各级政府要将整改纳入督察督办事项。各地区各部门要把审计结果及其整改情况作为考核、奖惩的重要依据，整改不力、屡审屡犯的，要严格追责问责。

《意见》强调，要加强审计队伍建设，推进审计职业化；构建国家审计数据系统，加快推进审计信息化。加大审计工作的保障力度，保证履行职责必须的力量和经费。各级政府要加强对审计工作的组织领导，主要负责人要依法直接领导本级审计机关，及时研究解决审计工作中遇到的突出问题，并把审计结果作为相关决策的重要依据。要维护审计的独立性，保障审计机关依法审计、依法查处问题、依法向社会公告审计结果。

审计署副审计长孙宝厚解读《关于加强审计工作的意见》

国务院2014年10月9日印发《关于加强审计工作的意见》，中国政府网10月27日全文公布了这份文件。新华社记者第一时间采访审计署副审计长孙宝厚，请他为公众解读这份文件的精髓。

审计“全覆盖”首次写进政府文件

孙宝厚说，党的十八大以来，中央出台了一系列稳增长、促改革、调结构、惠民生、防风险的政策措施。意见要求，审计机关要把对国家重大政策措施贯彻落实情况进行跟踪审计作为一项日常工作，对各部门各地区贯彻中央政策措施和决策部署情况进行监督检查，促进落实到位，这也是确保中央政令畅通的需要。

孙宝厚说，意见明确，审计机关要对稳增长、促改革、调结构、惠民生、防风险等政策措施落实情况，以及公共资金、国有资产、国有资源、领导干部经济责任履行情况进行审计，实现审计监督全覆盖。

意见明确提出，凡是涉及管理、分配、使用公共资金、国有资产、国有资源的部门、单位和个人，都要接受审计、配合审计。这意味着，凡涉及公共资金、国有资产和国有资源的，都要接受审计；凡涉及对这些资金、资产和资源管理、分配和使用，都要接受审计；凡涉及这些资金、资产和资源的部门、单位和人员，都要接受审计。

"审计的不仅仅是会计资料，还有业务资料，以及管理资料。这里面不仅包括了单位，也明确提到了个人。"孙宝厚说，"举个例子，一家民营企业使用了国家淘汰落后产能专项资金，那么就必须依法接受审计监督。个人使用了国家的科研资金，也必须依法接受审计。"

他同时表示，受审计力量和人员素质的限制，国家审计机关还未达到实现审计监督全覆盖的要求。因此意见也提出，有必要通过强化审计队伍建设、推进审计职业化、向社会购买审计服务、加强内部审计等措施来实现审计监督的全覆盖。

强调整改有望根治"屡查屡犯"顽疾

孙宝厚说，社会各界对屡审屡犯的问题特别关注，要求对审计查出问题的整改情况全面向社会公开。对此，意见对加大整改力度的规定有两个方面：一个是公开，就是要求被审计单位向社会公告审计发现问题的整改结果，接受社会的监督；一个就是问责，落实整改责任制，强化责任追究。

孙宝厚说，意见为督促被审计单位、其他有关部门、单位以及地方政府、有关主管部门切实整改审计发现的问题，充分运用审计成果，进一步明确了相关单位整改的责任。具体包括：

——明确了整改的责任主体，要求被审计单位主要负责人作为整改的第一责任人。整改成了"一把手"工程，单位自然更重视。

——要求被审计单位将整改结果在书面告知审计机关的同时，要向同级政府或主管部门报告，并向社会公告。

——各级政府每年要专题研究整改工作，并将整改纳入督查督办事项，有关被审计单位主管部门要及时督促整改。

——有关地区和部门要把审计结果及其整改情况作为考核、奖惩的重要依据，对整改不到位的，要与被审计单位主要负责人进行约谈，对整改不力、屡审屡犯的，要严格追责问责。

——审计机关将建立整改检查跟踪机制，必要时可提请有关部门协助落实整改意见，同时也会将有关单位反馈的整改情况向社会作出相应的公告。

推动中央重大政策措施落实到位

意见提出，审计机关要持续组织对国家重大政策措施和宏观调控部署落实情况进行跟踪审计。孙宝厚说，近年来，在审计中非常注重推动中央重大政策措施的贯彻落实。

从2014年8月份开始，按照国务院部署，审计署组织18个特派办和25个派出审计局，全面对中央稳增长、促改革、调结构、惠民生的政策措施落实情况进行跟踪审计，重点关注各地区、各部门的具体部署、执行进度、实际效果等情况，特别是重大项目落地、重点资金保障，以及简政放权推进情况。

“所谓持续，就是今年要做明年也要做，这个季度要做下个季度也要做，涉及的内容非常多。”孙宝厚说，今后，审计工作将持续组织对国家重大政策措施和宏观调控部署落实情况的跟踪审计，推动政策措施贯彻落实，加强预算执行和其他财政收支审计，密切关注资金的存量和增量，促进公共资金安全高效使用。

同时，加大对经济运行中风险隐患的审计力度，维护国家经济安全；加强对“三农”、社保、教育等重点民生资金和项目的审计，促进改善民生和生态文明建设；密切关注各项改革措施的协调配合情况，推动深化改革。

国家审计如何将权力关进制度笼子？

国务院2014年10月27日公布《关于加强审计工作的意见》，这是以国务院名义首次出台关于加强审计工作的文件。从最初广为人知的“审计风暴”，到作为国家治理体系的“免疫系统”，审计工作如何给国家权力运行戴上“紧箍咒”？这份业内人士普遍认为“含金量”很高的文件，又将如何发挥反腐“利剑”的作用？

反腐斗争“永远在路上”，给审计“加权”恰逢其时

加大审计力度，实现审计监督全覆盖，促进国家治理现代化和国民经济健康发展，是这份《意见》的总体要求。在十八届四中全会刚刚闭幕不久，国务院即发出关于加强审计工作的意见，业内人士普遍认为，这是为反腐创造更有力手段的重要举措。

专家观点

这些重点领域和关键环节是审计发现问题的‘重灾区’，一个项目审批、一笔贷款发放、一宗国有资产转让、一块土地交易，背后都可能存在巨额利益输送，加强审计监督尤为必要。

——湖南省审计厅厅长　唐会忠

党的十八届四中全会向全党提出从严治党、依规治党的明确要求，吹响了全面推进依法治国的号角。但不可否认，在不断加大加重惩治腐败的措施下，近年来，仍有一些党员干部不收敛不收手、甚至变本加厉：

——中央纪委去年对涉嫌违纪违法的中管干部已结案处理和正在立案检查的有 31 人，2014 年前 10 个月又有 32 名副部级以上干部被组织调查；

——2013 年 11 月至今年 3 月，审计署查出 30 个中央部门本级和其所属单位存在因公出国（境）、公务用车、公务接待、会议费、楼堂馆所建设、“小金库”等方面的 148 个问题，涉及金额 40294.35 万元。

——2008 年以来，通过经济责任审计，2580 多名被审计领导干部和其他人员因涉嫌以权谋私、失职渎职、贪污受贿、侵吞国有资产等问题，被移送纪检监察和司法机关，查出被审计领导负有直接责任的问题金额 1000 多亿元。

冰冻三尺，非一日之寒。正如中央纪委四次全会明确提出的，党风廉政建设和反腐败斗争永远在路上。此次国务院出台的意见明确提出，对审计发现的重大违法违纪问题，要查深查透查实，并特别强调要重点关注财政资金分配、重大投资决策和项目审批、重大物资采购和招标投标、贷款发放和证券交易、国有资产和股权转让、土地和矿产资源交易等重点领域和关键环节。

“这些重点领域和关键环节是审计发现问题的‘重灾区’，一个项目审批、一笔贷款发放、一宗国有资产转让、一块土地交易，背后都可能存在巨额利益输送，加强审计监督尤为必要。”湖南省审计厅厅长唐会忠说。

专家表示，国家审计监督覆盖所有公共资金和机构，涉及经济社会运转的各个环节，最有条件发现国家资金、资产和资源被侵害。同时，审计监督关乎国家经济安全、政府公信力，亦与百姓切身利益紧密相连，是国家利益的捍卫者、公共资金的守护者、反腐败的“利剑”。

审计力求全覆盖，确保政令畅通无阻

东北财经大学投资工程管理学院院长王立国说，我国经济发展已进入新常态，定向调控成宏观调控的新思路。此次国务院在《意见》中提出，要持续组织对国家重大政策措施和宏观调控部署落实情况的跟踪审计，这意味着将通过强调审计作用保障中央政府政策措施能够有效实施。

财政部财政科学研究所原所长贾康认为，在全面深化改革新时期，国家一系列重大部署密集出台，实现公共资金安全高效使用、维护国家经济安全、搞好民生建设和推动配套改革，都需要审计的促进和保障。“国家审计没有部门利益羁绊，将发挥好权力运行‘紧箍咒’的作用。”他说。

《意见》不仅要求对公共资金、国有资产、国有资源、领导干部经济责任履行情况等进行审计，还明确提出要发现国家政策措施执行中存在的主要问题和重大违法违纪案件线索，维护财经法纪，促进廉政建设；发现经济社会运行中的突出矛盾和风险隐患，维护国家经济安全，对稳增长、促改革、调结构、惠民生、防风险等政策落实情况进行审计，实现审钱、审人、审政策全覆盖。

专家观点

国务院在《意见》中关于强化审计发现问题的整改落实的规定，特别是关于把审计结果及其整改情况作为考核、奖惩的重要依据的规定，以及关于审计机关要建立整改检查跟踪机制、必要时可提请有关部门协助落实整改意见的规定，实际上将传统意义上的审计监督延伸到了“整改问责”，而整改问责多年来一直是审计“软肋”。

——中央财经大学财经研究院院长　王雍君

王立国认为，自1994年分税制改革以来，因为缺乏对地方政府及其官员在投资项目决策、融资和责任等方面的有效约束，“豪华办公楼”“政绩工程”“形象工程”屡禁不止。财政资金不能得到有效配置，政府投资效率低下，广受社会诟病。《意见》通过强化审计的监督作用，将有效配置财政资金，进一步提高政府投资效率。

强化整改和问责，根治“屡审屡犯”顽症

每年“审计风暴”发现的问题，多是违规转移套取资金、非法用地、违规收费、违规招投标、私设“小金库”、“三公”超标等老问题。审计署特约审计员、全国人大财经委委员欧阳昌琼对此表示，有的问题年年审年年犯，有的单位知错认错不改错，“审计风暴”一过，问题“涛声依旧”。

“特别是涉及改善民生和生态文明建设等人民群众切身利益的项目和资金，若不整改彻底，将对国家执政公信力造成重大破坏。”欧阳昌琼说。

中央财经大学财经研究院院长王雍君认为，国务院在《意见》中关于强化审计发现问题的整改落实的规定，特别是关于把审计结果及其整改情况作为考核、奖惩的重要依据的规定，以及关于审计机关要建立整改检查跟踪机制、必要时可提请有关部门协助落实整改意见的规定，实际上将传统意义上的审计监督延伸到了“整改问责”，而整改问责多年来一直是审计“软肋”。

专家观点

年度审计项目计划制定的依据主要有：党和政府的重大决策部署、涉及经济社会发展全局的重大事项、涉及人民群众切身利益的重大问题、社会关注的热点难点问题等。

——新华社评论员

全国工商联办公厅副巡视员、副研究员姜建静表示，审计监督难在我国是一个比较突出的问题，一些被审计对象依法接受审计意识欠缺，拒绝提供审计必需的资料，有的协查单位保密意识不足，甚至存在威胁恐吓审计人员的情况等。

为强化审计机关的地位、权威性和独立性，《意见》就组织领导和经费保障机制作出了4项重大规定。王雍君认为，《意见》强化了审计机关的权威和地位，可谓一大亮点。

审计机关如何确定审谁不审谁?

审计监督的对象很多，但审计机关的审计力量有限，难以做到每年对所有监督对象都进行审计，这就需要整体谋划，系统安排，区分先后顺序，科学制定审计项目计划。审计机关和审计人员依照制定的年度审计项目计划，组织实施审计。

总体来说，年度审计项目计划制定的依据主要有：党和政府的重大决策部署、涉及经济社会发展全局的重大事项、涉及人民群众切身利益的重大问题、社会关注的热点难点问题等。

为保障审而有效，年度审计项目计划的制订过程非常严谨。审计机关首先必须通过了解、掌握、研究宏观经济信息和政策动态，走访有关部门，召开专家学者咨询会，征求内部机构和下级机关意见等，广泛开展调查研究，收集对审计工作的需求，初选审计项目。

其后，对初选项目进行可行性研究并进行评估，综合确定备选项目及优先顺序。对综合项目的重要程度、项目风险水平、审计能够达到的预期效果等进行评估。

对必审项目，审计机关可以不进行可行性研究。例如，根据审计法相关规定，审计机关每年对本级政府预算执行和决算草案、重点部门单位预算执行情况和决算进行审计。2014 年 6 月 26 日，审计署公布了对 38 个中央部门 2013 年度预算执行情况和其他财政收支情况审计结果，结果显示，“三公”经费超标、违规盖楼和办公用房超标、动用财政资金发“福利”等仍是主要问题。

除预决算审计外，每年必审的项目还有本级政府行政首长和相关领导机关要求审计的项目，上级审计机关安排或者授权的审计项目等。根据工作需要，本级政府行政首长和相关领导机关每年会交办审计机关一些重要事项，审计机关应当列入年度项目计划。对上级审计机关安排以及授权审计的项目，下级审计机关也应按时完成。

近年来，全国各级审计机关在工作中不断加强对腐败案件易发多发领域、环节、手段等情况的综合分析，力求做到把握规律、突出重点、重拳出击。审计机关在查处重大违法违纪案件工作方面“围绕权力、紧扣责任、追查资金”，做到“定准位、围绕权、紧盯钱”。即：一是锁定重点领域、关键环节，二是加强对领导干部权力运行的监督，三是强化对资金流向的跟踪，做到有的放矢、精准突破，严查公共资金、国有资产、国有资源方面的重大违法违纪和经济犯罪问题。

短评

用好监督权力运行的“紧箍咒”

《国务院关于加强审计工作的若干意见》2014年10月27日公布。这是首次以国务院名义发布审计文件，彰显出中央政府更加重视审计作为监督权力运行的“紧箍咒”，加快建设法治政府的坚定决心。

长期以来，审计在监督权力运行中发挥着不可替代的作用。铁道部刘志军案、民航系统李培英案、国家开发银行王益案、邮储银行陶礼明案等重大案件，都发端于审计。以审计入手不仅可以发现权力出轨，也有利于发现制度漏洞和体制问题，进而给制度“笼子”密实围栏，从源头上遏制腐败，打造廉洁政府。

审计监督是国家监督体系的重要组成部分，是宪法规定的一项重要监督制度。然而近些年来，依法审计仍面临着审计资料难拿等问题。一些单位不配合审计工作，甚至人为制造障碍。对此，《意见》特别做出“被审计单位负有依法接受审计监督、提供完整准确真实的电子数据、积极协助审计机关工作的责任和义务”等规定，传达出行政权威不得高于审计权威的理念，对改变“进门难、看账难、取证难”将起到积极作用。

多年来，整改问责一直是审计工作的一大“软肋”。审而不改、查而不纠，严重损害着审计的严肃性。《意见》此次在强化审计发现问题整改落实的条款中，特别提出把审计结果及其整改情况作为考核、奖惩重要依据，以及审计机关必要时可提请有关部门协助落实整改意见，无疑是对传统意义上审计监督的职能向整改问责延伸。

我国依法治国已进入新阶段，切实发挥审计作为公共资金守护者、权力运行“紧箍咒”、反腐败“利剑”的积极作用，才能为稳增长、促改革、调结构、惠民生、防风险等政策措施的贯彻落实，促进经济社会持续健康发展，促进国家治理现代化提供更加有力的制度保障。

8. 修明渠，堵暗道

——聚焦政府性债务管理新规

2014年10月2日，《国务院关于加强地方政府性债务管理的意见》正式下发。这份地方债管理“新规”通篇贯穿规范地方政府举债行为，防范化解债务风险的主旨，这也意味着我国以修明渠、堵暗道方式构建的地方债体系将全面上路。

国务院首次发文全面规范地方政府性债务管理

国务院办公厅2014年10月2日对外发布《国务院关于加强地方政府性债务管理的意见》，这是国务院首次发文全面规范地方政府性债务管理，也标志着我国地方政府性债务管理的完整制度框架基本建成。

这份四千多字的意见从如何规范地方政府举债融资、如何控制地方举债规模、如何防范地方债务风险、如何完善配套制度以及如何妥善处理存量债务和在建项目后续融资等多方面做出部署。

记者从财政部了解到，早在2010年，国务院也曾发布过《国务院关于加强地方政府融资平台公司管理有关问题的通知》，但仅是针对融资平台管理中出现的问题进行规范，像此次全面发布管理意见，尚属首次。

此次国务院全面规范地方债务管理的一大亮点，是跳出了以往出台的有关地方债管理政策法规“更侧重于如何堵后门”的局限性，新规更强调“疏堵结合”。

如在基本原则中明确——“修明渠、堵暗道，赋予地方政府依法适度举债融资权限，加快建立规范的地方政府举债融资机制。同时，坚决制止地方政府违法违规举债。”这一表述与新修订的预算法实现了对接，在强调部分“开闸”地方发债的同时，严格防范债务风险的扩张。

在加强债务管理的具体内容上，新规也凸显“全面性”——并非仅仅强调如何规范地方政府举债行为，而是围绕建立“借、用、还”相统一的地方政府性债务管理机制作出规定。

如通过明确举债主体、规范举债方式、控制举债规模、严格举债程序等，主要解决“怎么借”的问题；通过限定债务用途、纳入预算管理等，主要解决“怎么用”的问题；通过划清偿债责任、建立风险预警、完善应急处置等，主要解决“怎么还”的问题。

记者对比发现，国务院地方债管理新规在多处实现了与新预算法的对接，如对地方政府性债务实行限额管理，将所有债务纳入预算管理，并限定债务用途只能用于公益性资本支出和适度归还存量债务，不得用于经常性支出等。

财政部预算司有关负责人表示，新出台的意见将对我国经济更好防风险、稳增长发挥积极作用。为更好落实新预算法和国务院意见，还将陆续出台一系列针对地方政府性债务管理的配套制度和配套措施，确保把地方政府性债务管好用好。

透析地方债新规 5 大看点

2014 年 10 月 2 日，《国务院关于加强地方政府性债务管理的意见》正式下发。这份地方债管理“新规”通篇贯穿规范地方政府举债行为，防范化解债务风险的主旨，这也意味着我国以修明渠、堵暗道方式构建的地方债体系将全面上路。

借债：只能通过政府及其部门举借

借债，首先要明确怎么借？谁来借？借多少？

根据这份意见，“经国务院批准，省、自治区、直辖市政府可以适度举借债务，市县级政府确需举借债务的由省、自治区、直辖市政府代为举借。”“政府债务只能通过政府及其部门举借，不得通过企事业单位等举借。”

意见同时明确“地方政府债务规模实行限额管理，地方政府举债不得突破批准的限额。地方政府一般债务和专项债务规模纳入限额管理，由国务院确定并报全国人大或其常委会批准”。

财政部预算司有关负责人介绍，今后中央规模控制的是地方举债的“天花板”，不是具体审批规模。在不突破“天花板”的前提下，地方举债的实际规模由本级人大决定。

中央财经大学中国公共财政与政策研究院院长乔宝云表示，以前地方政府没有举债的财政工具，现在允许举债，这本身就是赋予其一定的自主权，实行限额管理是符合国际经验的，也跟我国国债实行余额管理的做法一致。

用债：债务资金不能用于经常性支出

地方政府借来的钱，当然不是想花到哪里就花到哪里。

对于地方债务用途，意见中明令，“只能用于公益性资本支出和适度归还存量债务，不得用于经常性支出”“建立对违法违规融资和违规使用政府性债务资金的惩罚机制”。

新　规　　新华社发　程硕　作

对于使用债务，还要有硬性的监督。“地方政府要将一般债务收支纳入一般公共预算管理，将专项债务收支纳入政府性基金预算管理。”这份最新规定明确要通过预算之手来管理债务。

乔宝云表示，允许以债偿债是符合国际经验的，但注意是“适度”，把地方政府债务分门别类纳入全口径预算管理，可以实现“借、用、还”的统一。

还债：中央政府不救助

谁举债谁负责，此次出台的意见突出强调地方政府偿债的“责”，明确“地方政府对其债务负有偿还责任，中央政府实行不救助原则。”“分清政府债务和企业债务的边界，切实做到谁借谁还，风险自担。”

当然，对于债务风险防范要贯穿各个环节，“评估各地区债务风险状况，对债务高风险地区进行风险预警。列入风险预警范围的债务高风险地区，要积极采取措施，逐步降低风险。债务风险相对较低的地区，要合理控制债务余额的规模和增长速度。”意见中明确。

财政部预算司有关负责人介绍，地方政府对其举借的债务负有偿还责任，是地方政府举债应当遵守的道德准则。

平台：推广政府与社会资本合作模式

融资平台公司是原来地方政府举债搞建设的一个重要融资渠道，那么新《预算法》允许地方举债并限制举债只能通过政府及其部门发行债券之后，对以前主要通过融资平台公司融资建设的项目今后怎么办?

意见中明确三个渠道：

——对商业房地产开发等经营性项目，要与政府脱钩，完全推向市场，其债务等同于一般竞争性企业债务；

——对供水供气、垃圾处理等可以吸引社会资本参与的公益性项目，要积极推广政府与社会资本合作模式，其债务由项目公司按照市场化原则举借和偿还，政府按照事先约定，承担特许经营权给予、财政补贴、合理定价等责任，不承担偿债责任；

——对难以吸引社会资本参与、确实需要政府举债的公益性项目，由政府发行债券融资。

乔宝云认为，剥离融资平台公司政府融资职能的过程体现出市场化的思路，能走市场的走市场。

过渡：在建项目允许按原协议融资

为确保改革平稳过渡，意见中同时制定了各项过渡期措施。对项目自身收入不够偿还的债务，通过依法注入优质资产、增强盈利能力等措施，增强偿债能力。对确需政府偿还的债务，地方政府要切实履行偿债责任，必要时可以处置政府资产。

对甄别后纳入预算管理的地方政府存量债务，允许各地区申请发行地方政府债券置换，以降低利息负担，优化期限结构，腾出更多资金用于重点项目建设。

乔宝云表示，利用债券置换是一项创新之举，即引入规范透明的机制。政府利用融资平台公司融资，政府信用价值没有得到很好的体现，通过发行债券本身就是降低风险的过程，将高风险的置换成低风险，短时限的置换成长时限的，有利于平稳过渡。

这份意见还明确："地方政府要统筹各类资金，优先保障在建项目续建和收尾。对使用债务资金的在建项目，原贷款银行等要重新进行审核，凡符合国家有关规定的项目，要继续按协议提供贷款，推进项目建设；对在建项目确实没有其他建设资金来源的，应主要通过政府与社会资本合作模式和地方政府债券解决后续融资。"

地方债务治理"路线图"明晰
饱受诟病的融资平台改革启幕

继新版预算法为地方政府举债开出"明渠"后，国务院发布的地方政府性债务管理新规又清楚勾勒了地方债务治理路线图。值得关注的是，此前饱受诟病的上万家地方融资平台也将由此拉开改革大幕。

地方债务多数未纳入预算管理

将于2015年正式实施的新预算法最终允许有限放开地方发债，但设置了"八道锁"强化监管和风险防控，其中明确规定地方政府不得通过政府债券以外方式举债，由此一直作为地方政府举债搞建设"灰色通道"的地方政府融资平台何去何从备受关注。

最新审计报告显示，截至 2013 年 6 月底，地方政府负有直接偿还责任的债务为 10.88 万亿元，负有担保责任的债务 2.66 万亿元，可能承担一定救助责任的债务 4.34 万亿元。财政部测算，如果将后两类债务按近年来政府实际代偿比例折算，地方政府负有偿还责任的债务约有 12 万亿元，其中地方政府融资平台举借的政府负有偿还责任的债务超过 4 万亿元。

对此，财政部部长楼继伟明确表示，这些债务多数未纳入预算管理，脱离中央和同级人大监督，存在着主体混乱、渠道多元、成本高昂、风险集聚的趋势和特点。

“部分地方和单位违规融资、违规使用政府性债务资金的情况早已屡见不鲜。”上海一家商业银行信贷部门负责人告诉记者，“例如将市政道路、公园等公益性资产和储备土地以资本金形式违规注入融资平台公司，抑或是将债务资金投入资本市场都是常见的做法。”

业内专家普遍认为，当前我国地方政府债务风险虽总体可控，但如不及时采取综合治理措施，局部地区风险有可能成为经济社会持续发展的隐患。尤其是上万家融资平台的处置和改革，已成为理顺金融市场脉络的关键。

进一步拓宽重点领域融资渠道

在原《预算法》法律框架下，地方政府可以通过银行贷款等方式为保障性住房、公路、水利等举债，今后禁止地方政府通过银行贷款等方式举债，是否会影响这些领域发展也引发地方关注？

明 渠　　新华社发 朱慧卿 作

财政部预算司有关负责人指出，尽管新《预算法》限定了地方政府举债方式，但此次国务院意见的出台将有利于进一步拓

专家观点

要破解地方政府融资乱象，就不能让本来逐利的资金搞政府公益项目，把融资平台政府融资的功能剥离出去很重要。

——光大证券首席宏观分析师　徐高

宽上述重点领域融资渠道。

“一方面意见鼓励承担政府与社会资本合作（PPP）项目的企业积极通过银行贷款、企业债、中期票据等市场化方式融资；并对融资平台在建公益性项目，允许过渡期内继续通过银行贷款等原定融资方式筹资建设。另一方面，地方政府可以为保障性住房、公路、水利等项目建设发行专项债券，或者将一般债券资金用到这些领域，增加新的资金来源。”这位负责人说。

在中国社科院金融研究所副研究员安国俊看来：“屡屡被打破的刚性兑付表明，中央财政将不再为非系统性风险的地方债务违约埋单。未来建立健全地方政府投融资机制，推广运用政府与社会资本合作模式，鼓励社会资本通过特许经营等方式参与城市基础设施投资和运营将成为趋势。”

遵循分类处置原则着手改革

此外，国务院意见也对剥离融资平台公司政府融资职能后，以前通过融资平台公司融资建设的项目如何保障做出规定，如对商业房地产开发等经营性项目，要与政府脱钩，完全推向市场，其债务等同于一般竞争性企业债务；对供水供气、垃圾处理等可以吸引社会资本参与的公益性项目，要积极推广 PPP 合作模式，其债务由项目公司按照市场化原则举借和偿还；对没有收益、难以吸引社会资本参与的公益性项目，由政府发行债券融资。

显然，遵循分类处置原则着手地方融资平台改革的方式，已然获得市场共识。不少业内人士建议，未来对于公益性项目，可增加自上而下的转移支付；对于经营性项目收益较差的，可允许采取债务重组方式化解风险，地方政府可出售其有形和无形资产，以换取民间现金流，为民间腾出经济空间。

此外，还可通过资产管理公司或成立新的地方资产管理公司方式，对地方债务重新定价，剥离问题资产，隔离处置风险，再向私人部门在内的各类投资者出售。

“要破解地方政府融资乱象，就不能让本来逐利的资金搞政府公益项目，把融资平台政府融资的功能剥离出去很重要。”光大证券首席宏观分析师徐高说。

毋庸置疑，本轮地方融资平台的改革虽为大势所趋，但也难以一蹴而就。归根结底，地方债务风险是中国债务经济模式不可持续的表征，只有推动经济转型的改革才能最终解决问题。

“地方政府债务”和“地方政府性债务”有何不同？

仔细查阅此次出台的国务院意见，同时在文中出现了“地方政府债务”和“地方政府性债务”两种表述，这两个概念是否相同？不同表述出于何种考虑？

如意见在第一部分总则中明确提出：“对地方政府债务实行规模控制，严格限定政府举债程序和资金用途，把地方政府债务分门别类纳入全口径预算管理，实现‘借、用、还’相统一。”第三部分“对地方政府债务实行规模控制和预算管理”中也多次出现“地方政府债务”这一表述。

但无论意见名称还是总则及强调“控制和化解地方政府性债务风险”的第四部分等多个地方，意见还出现了十余次“地方政府性债务”的表述。

对此，财政部预算司有关负责人解释说，这是两个不同的概念，涉及的债务范畴并不相同。地方政府性债务的范畴，除包括政府举借的债务外，还包括事业单位、融资平台公司等举借的政府性质的债务。按照规范管理的要求，今后地方政府只能由政府及其部门通过发行政府债券的方式举借，只会保留“政府债务”，不再有通过企事业单位举借的政府性债务。

“考虑到《意见》既要规定今后的规范管理，也要兼顾存量债务的过渡处置，因而在不同的政策点采用了不同的表述。”这位负责人说。

9. 政府“家底”亮一亮

——全景透视政府综合财务报告

2014 年的最后一天，国务院批转的财政部《权责发生制政府综合财务报告制度改革方案》正式公布，预示着政府会计重大改革正式启动。

通过这一改革，2020 年前，各级政府都要向社会公开完整的政府“家底”：散布在各机关事业单位的固定资产有多少、那些隐藏起来的债务规模多大、政府日常运行成本如何、各种公共基础设施价值多少折旧了几成……这些信息生成一组崭新的报告——以政府资产负债表为主的政府财务报告体系。

2020 年前各级政府须向社会公开全部资产及负债“家底账”

政府有多少固定资产、每年收了多少钱、债务规模有多大、日常运行成本多大、有多少现金流量……所有这些关系政府完整财务状况的信息，都有望在今后的政府综合财务报告中予以反映。

2014 年 12 月 31 日，国务院近日批转的财政部《权责发生制政府综合财务报告制度改革方案》正式公布，标志着中国将正式启动政府财政报告制度改革。根据改革时间表，到 2020 年前，力争所有各级政府都要编制财务报告，全部“家底”经审计并报人大备案后，将向全社会公开。

我国目前反映政府财务状况的报告只有每年的决算报告，但决算报告只反映当年政府财政收入和支出实际情况，无法完整反映政府资产、负债以及运行成本等情况，也就是说并没有反映出政府完整的“家底”。而从国际上看，编制权责发生制政府综合财务报告已经成为趋势。

权责发生制政府综合财务报告通常也称为政府综合财务报告，是指反映各级政府整体财务状况、运行情况和财政中长期可持续性的报告。报告主要包括政府资产负债表、收入费用表等财务报表和报表附注，以及以此为基础进行的综合分析等。

相比决算报告，政府综合财务报告能更准确、完整反映政府资产负债状况和运行成本，有助于规范和监督政府管理，并为地方政府发债提供可靠的信用评级依据。

晒“家底”　　新华社发　朱慧卿　作

财政部有关负责人介绍，编制政府综合财务报告是我国加快政府会计改革、提升政府财务管理水平、推进国家治理体系和治理能力现代化的一项重要改革。主要任务是通过改革建立健全政府会计核算体系、政府财务报告体系、政府财务报告审计和公开机制、以及政府财务报告分析应用体系。

方案公布了改革路线图，将按照先试点、由易到难原则，分阶段、分步骤、分重点逐步推进，力争在2020年前建立起具有中国特色的政府会计准则体系和权责发生制政府综合财务报告制度。

2014年—2015年，重点建立健全政府会计准则体系和财务报告制度框架体系，清查核实政府资产负债信息，开展政府综合财务报告信息系统建设，为编制政府综合财务报告奠定制度、信息和技术基础。

2016年—2017年，在前期准备基础上，开展政府综合财务报告编制试点。

2018年—2020年，在试点工作基础上，全面开展政府综合财务报告编制工作，建立健全政府财务报告分析应用体系，制定发布政府财务报告审计制度、公开制度等。

一份报告如何让你看清政府“家底”？

2020年前，我国将建立起权责发生制政府综合财务报告制度，这也意味着政府将亮出全部“家底”。那么，究竟是怎样一份报告，可以全面真实地看清政府“家底”呢?

首先，需要明白的是，究竟什么是权责发生制，这实际是针对我国政府目前的记账方式——收付实现制。

举个例子说，一个政府今天从供货商处买了100箱矿泉水，开会用完了，但还没有付款。从收付实现制看，钱没花出去，预算不确认支出，也不确认负债，但权责发生制看，一方面确认支出，还确认负债。

也就是说，收付实现制，收到钱才确认收入，钱付出了才确认支出；权责发生制，是和别人权利义务关系产生的时候就确认了收入和费用。

可以说，从收付实现制到权责发生制，是一种根本性的变革，前一种制度只反映一种现金流量的收支结果，后一种反映的则是既关注流量也关注存量、着眼中长期的财务状态。

要知道，目前，上市公司中大部分采用权责发生制的会计核算方法，这一制度也是现代企业制度的重要特征，从这个层面上说，这项制度的确立将带来我国政府会计管理的变革，表明我们正在构建现代型政府。

那么，一个符合现代政府精神的政府财务报告都包含哪些内容呢？其中一个核心点，就是里面的那张资产负债表，政府发行的债券、借的款项、应付账款这些内容全面要体现在这张表格中。

要知道，我国现行编制的财政决算报告中，缺失了政府的债务信息。只看决算报告，有可能一个表面上光鲜亮丽的政府，“家底”还压着一摞欠条呢。

政府财务报告中还将全面反映一个政府的资产状况、行政成本状况。

比如报告中反映的行政事业单位固定资产，将详细公开政府有多少栋办公楼、多少辆汽车、多少台打印机、多少本图书、多少通用设备和专用设备等。政府的资产还包括救灾物资等储备物资，以及企业的国有资产等。

比如报告会反映政府的无形资产，具体包括事业单位版权、著作权、单位自己开发的软件等；也会反映政府名下的公共基础设施，如铁路、公路、给排水管道设施、地下管线等。

比如报告还会反映出更全面的政府运行成本，包括政府公车、人员工资、各种办公消耗，等等。

还有一点你要明确，折旧这个概念也会在这份报告中贯穿，也就是说，有可能一套地下管线已经运行多年了，需要频繁修理，有些地方甚至需要更换了，那么政府财务报告中不仅会反映出这些管线的折旧，还会在政府资产中扣减累计的折旧成本。

总之，你可以通过这份报告的一个个数字，基本了解到一个政府的运行状态，这些最终将向社会公开，将有效帮助你去监督政府。

让隐藏的债务曝光　让“家底”不再是本糊涂账

2014 年的最后一天，国务院批转的财政部《权责发生制政府综合财务报告制度改革方案》正式公布，预示着政府会计重大改革正式启动。

通过这一改革，2020 年前，各级政府都要向社会公开完整的政府“家底”：散布在各机关事业单位的固定资产有多少、那些隐藏起来的债务规模多大、政府日常运行成本如何、各种公共基础设施价值多少折旧了几成……这些信息生成一组崭新的报告——以政府资产负债表为主的政府财务报告体系。

为何要启动这一改革？政府财务报告有什么用？如何确保报告的真实性？改革难度几何？我们为您逐一进行解读。

摸清政府“家底”，资产、债务、行政成本一个都不能少

编制政府财务报告，在很多国家已是常事，但在我国却是新鲜事。现在我们要了解政府有多少钱，主要通过财政决算报告，里面反映政府这一年有多少财政收入，花了多少钱。但从中看不到政府完整的财务状况，如果出现极端情况，人们也不会知道一个表面运行正常的政府是否早已资不抵债濒临破产。而要掌握这些信息，就要靠未来的政府资产负债表，就跟企业资产负债表一样，从中可以判断政府财务是否安全，是否会像美国底特律政府一样宣告破产。

财政部财科所所长刘尚希说，近年来，我国各地政府大规模举借债务，财政风险不断积累。一级政府到底有多少资产，明的暗的到底欠了多少债，政府运行成本大不大，只有摸清这些家庭信息，才能知道国家财政是否安全。这正是编制政府财务报告的重要原因。

专家观点

政府财务报告能反映出政府基本建设投入、产权参股等形式的固定资产和企业国有权益等资产情况，对于加强国有资产管理、防止国有资产流失具有十分重要的意义。

——财政部财科所所长　刘尚希

而要真正摸清政府家底，政府财务报告就要尽可能完整地反映政府资产信息。记者从财政部了解到，相比现在的决算报告，政府财务报告包含三大最关键信息——政府资产信息、政府负债信息、政府行政成本信息，这三项少了哪一项都不能全面反映政府财务情况。

透明度是衡量政府治理水平的重要标准之一。近年来，一些人大代表、政协委员和很多专家学者建议对我国政府会计进行改革，编制政府财务报告也早已列入十八届三中全会的改革部署。改革已经刻不容缓，只有提高政府财务透明度，公众才能更好参与社会管理，政府才能更有公信力。

报告包含政府全部“家底”，将成信用评级重要依据

一份包含政府全部“家底”的财务报告能拿来做什么？改革方案明确指出，2018 年到 2020 年期间，在完成围绕编制政府财务报告相关制度建设后，将建立政府财务报告的分析应用体系，这意味着“大数据”时代这些信息将对国家经济安全运行产生重要作用。

“风险取决于手中有多少钱，只看收入不看资产，不掌握偿债能力，必然存在风险。摸清家底，才能全面防控财政风险。”刘尚希说。

在财政部看来，政府综合财务报告将成为地方政府信用评级的重要依据。近年来，我国逐步推进地方政府债券发行制度改革，2014 年还启动了 10 省市地方债自发自还试点。但未来投资者买不买地方债券，一个重要参考指标就是地方政府的信用评级。如果缺乏反映一级政府整体财务状况的资产负债表等，信用评级将失去有效信息支撑。

刘尚希认为，政府财务报告能反映出政府基本建设投入、产权参股等形式的固定资产和企业国有权益等资产情况，对于加强国有资产管理、防止国有资产流失具有十分重要的意义。

此外，报告能科学准确反映政府各部门、各业务活动的运行成本费用，包括政府固定资产的折旧，这些信息的公开无疑将倒逼政府加强绩效管理，树立更强的节约花钱理念，加快政府转变职能。

告别“闷葫芦” 新华社发 商海春 作

目前，我国也在准备编制国家资产负债表，其中的居民部门、金融部门以及非金融企业部门的资产负债表信息已相对较为完善，但政府资产负债表信息相对缺失。未来政府资产负债表的出现无疑将夯实国家资产负债表编制基础。

让人民监督政府，倒逼政府“自我革命”

与上市公司的年报一样，政府编制的这份财务报告要接受审计，保证报告的真实性、完整性及合规性。审计之后，这份财务报告与审计报告一同，将依法报送本级人民代表大会常务委员会备案，并按规定向社会公开，每一步都会在法律的保障下进行。

同时，这份反映着政府行为的综合财务报告，也将是考核地方政府绩效、分析政府财务状况、开展地方政府信用评级等的重要依据。也就是说，政府干得好不好、能不能发债、发多少债都会受到这份报告的影响。

中国人民大学公共管理学院副院长许光建说，数据的质量是编制这份财务报表的关键，只有搜集准确的数据，编制的政府财务报告才能反映真实情况，这需要各级财政部门投入大量人力、物力、财力，是对现有能力的考验。

对各级政府而言，编制这样一份财务报告的确是一场自我革命，这不仅体现在其对财政财务管理的规范性要求大幅提高，特别是在债务融资管理的规范性约束和透明度大幅提高，更重要的是政府要切实强化理念更新和自我规范，要勇敢面对诚信挑战。然而，改革就是“啃”硬骨头，此次改革给出了路线图与时间表，2014 年—2015 年建立制度框架，2016 年—2017 年开展试点，2018 年—2020 年全面展开。

一些专家也建议，希望尽快建立并完善相关制度法规确保编制政府财务报告制度化，不要受领导人更替而变化，同时，要加大监督，特别是社会公众监督。

短评

政府“家底”到底有多少细软和白条

“你必须明白资产和负债的区别。如果想致富，这一点你必须知道。

这就是第一号规则，也是仅有的一条规则”——这是全球通俗读物《富爸爸穷爸爸》第一紧要的一句话。对一个自然人、一个法人以及一个政府来说，莫不如此。

国务院批转财政部《权责发生制政府综合财务报告制度改革方案》，虽然财会术语很多，但核心问题就是要让各级政府明白资产和负债的区别，要各级政府编制资产负债表，而且要让公众把政府“家底”看清楚。

“家底”不仅有金银细软，还可能压着一堆账单白条，更符合资产负债表的本质。亮“家底”就要把细软和白条全晒一晒。

百姓居家过日子，心里都有一本账，其实就是家庭资产负债表。不清楚“资产＝负债＋所有者权益”这一点，一定当不好家。所以一听说政府编制资产负债表，很多人第一个反应就是“政府会不会破产”，因为财务上的破产内在于资产负债的逻辑之中。但政府编制资产负债表，恰恰有利于以及时全面的监督防止政府破产。

美欧次贷及主权债务危机以来，经济学家纷纷捡起资产负债表这一古老的财会表格，就是因为就像家庭一样，一国政府全部财务问题本质上都是资产负债问题。还不起房贷、拍卖房车的个人境况，政府同样会遇到，除非管理好资产负债表。

现代责任政府应该是一个有资产负债表可查的政府。全然不顾资产负债问题的“无限政府”，只能负债累累，而这笔债是要全体国民甚至跨代际国民来偿还。让公众把政府的“家底”看清楚，恰恰是要避免这种稀里糊涂的情况。

其实真正的问题并非大手大脚，而是政府并未分清资产和负债。正如《富爸爸穷爸爸》所说，最致命的问题是购买“看似资产的庞大负债”，就像年轻人贷款购买房、车并列入“资产”，而不区分每月带来的是“现金”还是“账单”一样，有的地方政府不计成本招商引资、圈占土地、滥上园区并以政绩列入“资产”的这些项目，很可能只是负债，既可能是下一届地方政府的债，也可能是祸害生态环境连累子孙的债。

我国地方债总体可控，但隐患不容忽视。改革的目的就是以明晰责任来防范财政金融风险。当务之急，是解决政府资产负债表“有或无”的问题。至于监督、公开等，势必要与阳光审计等法治政府建设一体化考虑。地方政府日后如果敢造假账，自有纪检监察乃至司法力量候着，让监督在深化改革的系统性工程中同步推进。

反腐倡廉篇

10. 遏制“车轮上的腐败”

——聚焦公车改革

《关于全面推进公务用车制度改革的指导意见》和《中央和国家机关公务用车制度改革方案》两个文件明确了公车改革时间表和路线图，全国范围公车改革的大幕正式开启。判断公车改革的效果，要把握三个评判标准：能否真正杜绝“车轮上的腐败”、能否有效降低行政成本、能否保证政府工作效率不受影响。其更深层的意义，是要真正管住、管好权力，让权力晒在阳光下，让权力真正为人民服务……

全国范围公车改革大幕开启

中共中央办公厅、国务院办公厅 2014 年 7 月印发的《关于全面推进公务用车制度改革的指导意见》和《中央和国家机关公务用车制度改革方案》，2014 年 7 月 16 日全文向社会公布。两个文件明确了公车改革时间表和路线图，全国范围公车改革的大幕正式开启。

《关于全面推进公务用车制度改革的指导意见》用于全面指导公车改革，阐明了公车改革的意义，明确了公车改革的指导思想、基本原则和总体目标，细化了公车改革主要任务，对健全公务用车管理和保障制度、认真做好组织实施工作提出了要求。

根据指导意见，公车改革的总体目标是力争 2014 年年底前基本完成中央和国家机关及其所属参照公务员法管理的事业单位公务用车制度改革，2015 年年底前基本完成地方党政机关公务用车制度改革，用 2 至 3 年时间全面完成公务用车制度改革。

指导意见规定了改革公务交通保障方式、合理确定党政机关公务交通补贴标准、妥善安置司勤人员、公开规范处置公务用车的具体办法。

《中央和国家机关公务用车制度改革方案》是针对中央和国家机关公车改革的具体实施方案，明确了参改范围、人员范围和车辆范围。

中央和国家机关公车改革的方式是在取消一般公务用车后，对参改的司局级及以下工作人员适度发放公务交通补贴，自行选择公务出行方式，在北京市行政区域（城区）内公务出行不再报销公务交通费用。具体为：司局级每人每月 1300 元、处级每人每月 800 元、科级及以下每人每月 500 元。适时适度调整公务交通补贴标准。

按照方案，中央和国家机关公车改革力争在 2014 年年底前完成，中央和国家机关所属非参公事业单位、中央企业和中央金融企业公车改革力争在 2015 年年底前完成。

取消・补贴・拍卖

——聚焦公车改革三个关键词

中办国办印发的两个公车改革文件 2014 年 7 月 16 日向社会公布，提出改革公务用车制度，规范公务用车运行管理，有效降低行政成本。此次面向全国的公车改革，取消、补贴、拍卖成为备受关注的焦点词汇。

关键词：取消

对于公车使用，曾有人调侃道：三分之一时间公用，三分之一时间领导私用，三分之一时间司机和他人私用。

“一些公车司机和乘车者高高在上，感觉良好，不时违反交通规则，有的还能免除高速、停车等收费，耀武扬威，群众对此深恶痛绝，怨言日重，不时以‘吃了一头牛，坐了一栋楼’来加以讽刺。”中央党校教授周天勇对记者说。

“取消”正是这次公车改革的核心。指导意见提出，取消党政机关一般公务用车，行政区域内普通公务出行方式由公务人员自行选择，实行社会化提供。

有人提出，取消公车会降低公务活动效率。周天勇指出，“这种担心毫无必要，如今驾车技术已经普及化，党政干部完全可以自己驾车。”

而在公车改革专家、湖北省统计局副局长叶青看来，车改就是要改变“官”念。他说，如果一个干部遵循“3510”准则，也就是3公里内走路，5公里内骑车，10公里内地铁或公交，不仅车补能有盈余，身体还得到了锻炼。

关键词：补贴

取消公车后，各级党政机关将发放公务交通补贴。中央国家机关改革方案中明确了补贴标准，即司局级每人每月 1300 元，处级每人每月 800 元，科级及以下每人每月 500 元。

国家发改委负责人表示，这一标准的确定，综合考虑了公务出行成本、经济发展水平、社会承受能力、公务出行次数和距离等因素，仅是为了满足保障基本公务出行需求，并非职工福利。

那么，发放补贴是不是比养车省钱呢？据统计，中央本级 2013 年“三公”经费财政拨款预算执行数为 71.54 亿元。其中公务用车购置及运行费 42.53 亿元，占总数的近六成。

财政部财政科学研究所所长贾康认为，车改后首先减少的是车辆购置、运营方面的经费开支，包括与公车相关的司勤人员薪酬开支。其次，将减除今后陆续达到更新年限的公车更新成本。此外，还能减少因油价上涨、停车费增加、司勤人员工资福利开支增加引起的行政成本。

值得注意的是，指导意见提出了补贴标准的上限，即地方公务交通补贴标准不得高于中央和国家机关补贴标准的 130%，边疆民族地区和其他边远地区标准不得高于 150%。

此前，一些地方特别是经济发达地区，发放较高的车补，如杭州市每月最高达到 3100 元，广州市天河区最高为 2800 元，均高于指导意见规定的上限。按照新规定，这些地方的车补将会减少，而改革后政策能否真正落地，人们将拭目以待。

关键词：拍卖

近年来，先行改革的地方在公车拍卖中暴露出一些问题，主要集中在暗箱操作上。有的单位内部人员在拍卖时提前打招呼，甚至通过幕后操作使公车以极低价格落入有关系的人手中，或让公车变为曾经的使用人或司机所有。拍卖过程中的甩卖和贱卖，造成了国有资产流失。

专家观点

车改后首先减少的是车辆购置、运营方面的经费开支，包括与公车相关的司勤人员薪酬开支。其次，将减除今后陆续达到更新年限的公车更新成本。此外，还能减少因油价上涨、停车费增加、司勤人员工资福利开支增加引起的行政成本。

——财政部财政科学研究所所长　贾康

公车拍卖的公平公开是决定改革成败的重要一环。指导意见明确规定：公开招标评估、拍卖机构，通过公开拍卖等方式公开处置。党政机关公务用车处置收入，扣除有关税费后全部上缴国库。

专家提出，实际操作中还要细化封存停驶、鉴定评估、集中处置等步骤，由鉴定评估机构评估基准价后，车辆实际成交价格不低于基准价。

中国社科院中国廉政研究中心副秘书长高波说："阳光是最好的防腐剂，公车拍卖除了要有细化的流程、精密的安排，最重要的是公开拍卖结果及拍卖所得的流向，让公众看得清楚，看得明白。"

指导意见还提出，各地可根据实际情况，设立过渡性车辆服务中心提供有偿出行服务。对此，中国政法大学教授方流芳指出，实施拍卖的公车大多为中高档车，车况良好，大量二手车在短期内进入市场，会给租车、出租车行业和个人购车带来机遇。

他同时认为，为确保公务出行便捷，不因取消一般公务用车而有所滞碍，可借拍卖公车之际发展租车、代驾业务，以应不时之需。

公车改革能否遏制"车轮上的腐败"？

公车改革指导意见和中央和国家机关公车制度改革方案2014年7月16日正式公布。此次改革方案措施和力度之大前所未有，也让民众对狠刹公车腐败寄予厚望。这次改革能否遏制住"车轮上的腐败"，记者就此采访了相关部门和专家。

“公车私用”现象如何扭转？——“从我做起”

“公车私用”长期以来是党政机关存在的一个“顽疾”。中央纪委监察部网站公布数据显示，仅2014年1月，全国查处违规配备使用公务用车就有442起。

中国社科院法学研究所民法室主任孙宪忠说，长期以来百姓对公车的意见，主要集中在公车超标和超范围使用方面，有些国家公职人员争坐高级车，有的官员甚至把司机视作自己公款雇佣的“家庭服务员”，包括送孩子上学、家属上街买东西都用公车。

此次出台的改革方案提出，在两到三年时间内取消各级党政机关一般公务用车，合理补贴公务交通费用，妥善安置司勤人员，规范处置公车。

中国行政管理学会副秘书长沈荣华认为，此次公车改革实现了从长期议论到具体实施的跨越，“是巨大的历史性进步”，表明了党中央国务院从自身改革做起，加强廉政建设，勇于担当，推进改革的力度和勇气。

“公车照坐、补贴照拿”改革过程中腐败如何防止？——标准明确

各地实际上已经开展了公车改革的探索和试点，但在这个过程中，也出现了部分地区公务用车减少，但采购汽车数量仍在增加的问题。个别干部在照样坐公车的情况下，还拿到了相当于工资水平的交通补贴。

全国人大代表高亚飞认为，取消公车发放车补是一大创新，但由于各地制定的标准不尽相同，与公交车、出租车的价格相比，有的地方车补过高，难免被质疑为“创薪”。但如果补贴过低，又容易减少公务人员下基层的积极性。

此次中央和国家机关车改方案明确，司局级干部每人每月补贴1300元，处级每人每月800元，科级及以下每人每月500元。对于地方补贴标准，指导意见指出由地方决定，但各地差异不宜过大。改革方案也同时明确：不得以特殊用途等理由变相超编制、超标准配备公务用车；不得以任何方式换用、借用、占用下属单位或者其他单位和个人的车辆；不得接受企事业单位和个人赠送的车辆；不得以任何理由违反用途使用或固定给个人使用执法执勤、机要通信等公务用车；不得以交通补贴名义变相发放福利；公务人员不得既领取公务交通补贴又违规乘坐公务用车。对违反上述规定的，要依法依纪严肃处理。

沈荣华认为，如同以前通讯费补贴从实报实销到“包干”形式一样，这种补贴方式简单易于操作。实际中也许会有小矛盾，比如有的工作外出比较多，可能费用不够，有的出门少，费用也许结余，但应该是控制在一定幅度内的。

“监管漏洞”如何堵住？——公开执行

2013年，湖南省岳阳市给全市4200多辆公车装上了GPS，对公务用车实施全程监控。而此前，广东、云南等省份也出台了类似的管理措施。然而从实际效果看，百姓认为他们依然无法看到安装GPS公车的运行轨迹数据。

全国人大代表张育彪说，解决公车私用的问题，最好的办法是让公车运行公开透明，让公车接受最广泛的社会监督。

此次公车改革指导意见明确：公开规范处置公务用车。对取消的一般公务用车要制定处置办法，公开招标评估、拍卖机构，通过公开拍卖等方式公开处置。党政机关公务用车处置收入，扣除有关税费后全部上缴国库。

对此，牵头此次改革的国家机关事务管理局有关负责人承诺，为保证公开公平公正，加强对车辆处置工作的审计监督，欢迎社会各界参与监督；加大公车处置中违规行为的惩处力度，对造成国有资产流失的，依法追究相关人员责任。

全国公车改革能省出多少财政钱？

酝酿已久的公务用车改革方案2014年7月16日正式出台。在厉行节约反对浪费的大背景下，这场覆盖全国的公车改革能否刹住“车轮上的铺张之风”，究竟能降低多少行政成本？

按照中央和国家机关公车改革方案，此次改革的一大看点是所有司局级以下公职人员的原一般公务用车要取消，代之以发放有三档具体标准的公务交通补贴，富余的司勤人员要安置。

改革方案明确：中央和国家机关司局级每人每月1300元，处级每人每月800元，科级及以下每人每月500元。地方补贴标准不得高于上述标准的130%，边疆民族地区和其他边远地区标准不得高于150%。

以现金补贴取代实物养车，公车改革这笔“减支账”是否划算？财政部财科所所长贾康16日在接受记者采访时表示，公车改革方案实施后，可望较为明显地减少我国财政支出中的相关开支，明显降低公车使用的行政成本。

在贾康看来，公车改革在减少行政开支方面具有“N次减支”效应。最直接的就是减少了今后在车辆购置、运营方面的经费开支，包括与公车相关的司勤人员薪酬开支。

据贾康测算，本轮公车改革将涉及约80万辆全国公务用车、近6400辆中央国家机关本级公车。如以涉改车辆上一年在中央级的实际运营经费支出及相关人员经费支出总额为基数，以今后仅需于年度内开支的所有公职人员的交通补贴发放数来对冲，可算出相对应的实际支出总规模将从基数水平下降约7%。

不过，“上述费用形成了车改降低相关行政成本的第一大项，但并不是减少未来支出的最大影响因子。”贾康说，车改减支的第二个效应是将降低今后陆续达到更新年限的涉改公务用车的更新成本。

他指出，按中央国家机关层级的实际情况测算，按照改革方案，今后在达到符合规定更新年限车辆不予更新的情况下，将使一年间减少相关行政经费开支的幅度从前项的7%提升为27%左右。

不过，对于车改减支的上述双重效应，贾康认为这仍不是改革降低相关成本

全面启动　　新华社发　徐骏　作

的全部情况。“我们还需估算车改将减少的其他行政开支，如参改车辆处置预计产生的收入减去司勤人员安置成本支出后的净值，以及车改减少的每年公车新建停车泊位的建设费用。”

贾康认为，如考虑这些因素，可使此次车改带来的综合节支率进一步提升到50%左右。“车改后我国财政支出中的公车支出，综合考虑将有望缩减一半左右。”

在此基础上，贾康认为，如不车改，未来我国公车开支可能会进一步增加。这也是车改带来的又一重减支效应。

“车改后可以避免因油价上升、停车费增加、司勤人员工资福利开支增加引起的行政成本，以及司勤人员养老、医疗、住房等方面的未来潜在支出，还有车辆配备数量增加等因素引起的行政成本。”他说。

值得关注的是，为保障节约行政开支效果，方案要求财政部严格交通费用预算管理，各单位也要加强财务管理，其中包括严格公务交通补贴发放，不得以公务交通补贴名义变相发放福利，公务人员不得既领取公务交通补贴、又违规乘坐公务用车等规定。

对此，贾康表示，公车改革的推进，配之以财政深化改革将带来的预算约束硬化，将会明显地降低公共财政支出中的相关经费支出与未来行政成本压力。

“如果把全国年度公车耗费的综合成本以若干年传闻中所说的 3000 亿元作为假设的具体数量依据，那么车改到位之后，每年因车改减少的支出将达到 1500 亿元以上。这无疑是一件利国利民、降低政府行政成本、提升公共财政支出绩效水平的大好事。”贾康说。

公车改革的地方样本

公车改革相关指导意见和方案 2014 年 7 月 16 日发布，公车改革迈出关键步伐。事实上，不少地方此前已在公车改革上进行有益尝试，新华社记者选取沈阳浑南新区、杭州、昆明三地作为样本，梳理公车改革的探索和经验。

沈阳浑南新区：政府向企业“购买服务”

从 2011 年 7 月开始，沈阳浑南新区启动公车改革，将原有公务用车从 422

台减少到 71 台，减下来的公务用车通过社会公开拍卖等方式处理。车改后对机关干部和工作人员发放少量的交通补贴。

公务用车方式则采取向国资企业购买服务方式解决。剩余的 71 台公务车，由浑南新区成立国资企业统一运营，实施 GPS 全程监控、计时计价收费，为政府提供公务用车服务。国资企业独立核算、自负盈亏，实现政府公务用车服务企业化运营、市场化管理。

浑南新区国有资产监督管理局相关负责人告诉记者，使用车辆的部门需购买充值卡，财政将按各部门工作性质统筹划拨充值卡金额。国资公司按照出租车八折收费标准（等时费五折收取），刷卡计费，再按计费金额统一与财政定期结算。自 2011 年车改以来，全区每年公车费用支出比车改前减少了 1000 万元以上。

杭州：单轨制、货币化、市场化

杭州市自 2009 年 5 月起推行市级机关公车改革，除杭州市级四套班子，公、检、法及 3 个驻外办事处以外，其他党政机关、参公单位、民主党派、群众团体均在车改之内。

杭州市也成为全国首个全部实施车改的副省级城市，所有局级（副厅级）领导用车都需要自行解决。第三批车改结束后，杭州市公车数量将从车改前约 1200 辆缩减到 400 辆左右，总量减少三分之二。

杭州市公车改革基本思路是：单轨制、货币化、市场化。

单轨制就是车改单位的公车一律向社会公开拍卖，拍卖所得上缴市财政。

货币化是指向公务员发放“车贴”，车贴标准分为 9 个档次，上限为每人每月 2600 元，下限为 300 元。车贴全部打入“市民卡”中，车贴金额只能用于与公务交通有关的支出。

市场化是指成立公车服务中心，将留用车辆进行市场化管理。与此同时，杭州市配套出台了《市级机关公务用车制度改革纪律规定》，严禁公职人员向社会“借车”或转嫁费用等行为。

杭州市市级机关事务管理局副局长何青告诉记者，公车服务中心的车辆只为单位或领导本人提供公务服务，不接送领导上下班，不替领导干“私活”，不接受指派司机或者车辆的要求。

昆明：实行非货币化改革

昆明市的公车改革自2009年12月开始，实行非货币化改革——实行公务用车专用卡定额包干管理制度。试点选择了经济比较发达、公共交通资源比较完善的五华、盘龙、官渡、西山四个主城区。

改革共将221个单位（含9个办事处）5344人列入试点对象。试点单位各类公务车920辆全部收缴，其中车况较好的258辆预留为公共交通服务车队用车，66辆按车辆编制和工作要求划拨执法部门使用，执法部门不再另行购买新的公务用车。对较为陈旧的134辆作了报废，其余462辆向社会公开拍卖。

利用留用的258辆车，分别组成了四区的机关公务交通服务车队，承担改革单位必需的公务交通保障服务。根据各区近三年的车辆购置及运行费支出平均数，测算出定额包干管理经费为每人每月400元。经费由区财政核拨至各试点单位，不分配到个人，由各单位根据工作需要安排使用，使用情况按季度公示。

短评

公车改革在落实中不能走样

中央全面推进公务用车制度改革大幕正式拉开。这项改革涉及面广，利益调整深刻，推进难度和压力巨大，因此要从改革落实的细节和制度设计入手，保障公车改革落实中不变形不走样。

首先，要防止公车改革“翻烧饼”，杜绝“既拿钱又坐车”现象。为此新旧制度要做好衔接，建立公开的监督渠道尤为必要。其次，在处置现有公车过程中，防止公车甩卖贱卖造成国有资产流失。公车处置要向社会公开拍卖，确保过程公开、透明和有效监督，避免给特权渔利留下空间。再次，实行市场化车改后，避免车贴进了自家腰包、下基层工作却大幅减少。对此必须进行周密制度设计，有效保障政府工作效率。最后,要妥善处理公车改革涉及的司勤人员安置问题,确保改革稳妥推进。

由此可见，判断公车改革的效果，要把握三个评判标准：能否真正杜绝“车轮上的腐败”、能否有效降低行政成本、能否保证政府工作效率不受影响。其更深层的意义，是要真正管住、管好权力，让权力晒在阳光下，让权力真正为人民服务。

11. 扎紧依规治党的“制度之笼”

——聚焦中央党内法规和规范性文件集中清理工作

日前，中共中央决定，再废止和宣布失效一批党内法规和规范性文件，标志着我们党历史上第一次中央党内法规和规范性文件集中清理工作全部完成。犹如治水先固坝、导流先通渠，在党的十八大对加强党的建设作出全面部署、党的十八届三中全会要求深化党的建设制度改革、党的十八届四中全会将党内法规体系纳入全面推进依法治国范畴后，中央党内法规和规范性文件集中清理在加强党内法规制度建设、推进依规治党方面迈出重要一步，意义重大而深远。

中央党内法规和规范性文件集中清理工作全部完成

《中共中央关于再废止和宣布失效一批党内法规和规范性文件的决定》2014年11月17日发布。根据《决定》，纳入第二阶段清理范围的新中国成立至1977年期间中共中央制定的411件党内法规和规范性文件中，160件被废止，231件宣布失效，20件继续有效。《决定》的发布，标志着中央党内法规和规范性文件集中清理工作全部完成。

2012年6月，中共中央部署开展了党的历史上第一次党内法规和规范性文件集中清理工作。清理工作分两个阶段进行，第一阶段清理1978年至2012年6月出台的中央党内法规和规范性文件，第二阶段清理新中国成立至1977年出台的中央党内法规和规范性文件。2013年7月，中央发布了第一阶段清理决定。这次中央又发布《决定》，标志着第二阶段清理工作顺利结束。

据介绍，目前各地区各有关部门正在按照中央要求开展本地区本部门制定的党内法规和规范性文件清理工作，预计今年底明年初全部完成。

这次集中清理工作由中央办公厅牵头组织实施，中央纪委机关、中央组织部、中央宣传部、中央统战部等50多个中央和国家机关共同参与，前后历时两年。通过对新中国成立至2012年6月期间出台的23000多件中央文件进行全面筛查，共梳理出规范党组织工作、活动和党员行为的党内法规和规范性文件1178件。经过清理，废止322件，宣布失效369件，二者共占58.7%；继续有效的487件，其中42件需适时进行修改。通过清理，摸清了中

央党内法规制度的家底，一揽子解决了党内法规制度中存在的不适应、不协调、不衔接、不一致问题，有力维护了党内法规制度的协调统一，有利于党内法规制度的遵守和执行。

专家观点

党执政65年来，形势不断变化，党内法规体系的问题已明显暴露出来，全党对健全和完善党内法规体系的呼声越来越高，中央全面推进依法治国总体部署也对党内法规制度建设提出了新的要求，对党规进行集中清理势在必行。

——中央党校党建部教授　戴焰军

中央要求，凡废止、宣布失效的党内法规和规范性文件，自《决定》发布之日起一律停止执行，不再作为规范党组织工作、活动和党员行为的依据，但是要按照档案、保密管理有关规定，做好相关文件的存档、查档利用等工作，发挥好这些文件的历史资料价值和资政育人作用。对继续有效的党内法规和规范性文件，要着力抓好贯彻落实。各地区各有关部门要对照《决定》，及时清理本地区本部门出台的党内法规和规范性文件，作出废止、宣布失效等处理。

中央强调，这次集中清理工作结束后，各地区各有关部门要将即时清理作为制定或者修改党内法规和规范性文件的一个必经环节，健全工作制度和工作程序，在党内法规建设过程中同步维护党内法规制度的协调统一。继续有效的党内法规和规范性文件要及时汇编成册，以便各级党组织和广大党员遵守执行。对不涉密或者可作解密处理且适宜公开的继续有效文件，按规定程序审批后向社会公布。

中央要求，将党内法规纳入党员、干部教育培训教材，将党章、廉政准则、中央八项规定及其他重要党内法规执行情况作为党员领导干部述职、考核和各级党委（党组）民主生活会的重要内容，进一步在全党形成尊重、学习、遵守、维护党内法规的良好氛围。

中央强调，各地区各有关部门要按照党的十八届四中全会要求，加强对党内法规制度建设的组织领导，健全工作机构，完善工作机制，积极推进党内法规和规范性文件的立改废释，不断夯实党内法规制度基础，为到建党100周年时全面建成内容科学、程序严密、配套完备、运行有效的党内法规制度体系作出贡献。

扎紧依规治党的“制度之笼”

一整套党内法规制度体系，为8600多万中国共产党党员确立了行为规范，其完善与否关系着从严治党、依规治党的大局。

刚刚结束的首次中央党内法规和规范性文件集中清理工作，在摸清党内法规制度“家底”的同时，一揽子解决了党内法规制度中长期存在的不适应、不协调、不衔接、不一致问题，为形成完善的党内法规体系奠定了基础，扎紧了依规治党的“制度之笼”。

清理党规势在必行

中国共产党执政60多年，一共出台了多少“红头文件”和规章制度？一直没有一个底数。与此同时，由于从未开展过集中清理工作，党内法规制度体系当中也存在着不适应、不协调、不衔接、不一致的问题。

“就数量来讲，我们的党内法规并不少，但现实中的落实情况却不理想。其原因之一就在于有些法规不科学，有些制度不切合现实。”中央党校党建部教授戴焰军说。

2010年1月，中共中央印发了《中国共产党党员领导干部廉洁从政若干准则》，被认为是新时期加强党员领导干部廉洁自律工作的一部重要党内法规。

然而，有心人却发现，准则规定，禁止党员领导干部私自从事营利性活动，不准个人或借他人名义经商办企业。而此前1984年出台的关于严禁党政机关和党政干部经商办企业的文件却规定，党政机关在职干部在不保留原来职务的前提下可以保留公职经商办企业。文件规定与准则规定明显不一致。

类似这样的问题，在党内法规制度体系中一度普遍存在——

20世纪五六十年代，中央出台了关于“三反”运动、肃反运动、整风运动，以及干部轮训、干部审查、干部下放劳动等的规定，时过境迁，事实上早已不再执行；

1985年至2011年间，中央曾先后出台多个关于防止机构编制膨胀的文件，新旧文件并存造成执行困扰；

……

“这些问题的存在，有损于党内法规制度的严肃性和权威性，有碍于党内法规制度的贯彻执行。”中央党校党建部教授叶笃初说。

专家观点

就数量来讲，我们的党内法规并不少，但现实中的落实情况却不理想。其原因之一就在于有些法规不科学，有些制度不切合现实。

——中央党校党建部教授　戴焰军

同时，着眼于加强党内法规制度建设、形成完善的党内法规体系，也急需通过清理工作系统总结我们党历史上法规制度建设的经验得失，探索党的制度建设的内在规律，为深化党的建设制度改革提供科学指导。

“党执政65年来，形势不断变化，党内法规体系的问题已明显暴露出来，全党对健全和完善党内法规体系的呼声越来越高，中央全面推进依法治国总体部署也对党内法规制度建设提出了新的要求，对党规进行集中清理势在必行。”戴焰军说。

既是“体检”更是“健身”

从2012年6月起，中共中央部署开展了我们党历史上首次党内法规和规范性文件集中清理工作，历时两年终于摸清了“家底”：自新中国成立至2012年6月，中央出台的文件总计超过2.3万件，其中，规范党组织工作、活动和党员行为的党内法规和规范性文件共1178件。

对于清理出来的党内法规和规范性文件，中央统一采取了废止、宣布失效、继续有效等三种处理方式：

——凡文件主要内容同党章和党的理论路线方针政策相抵触，或同宪法和法律不一致的，文件已明显不适应现实需要的，文件已被新的规定涵盖或替代的，一律废止。

例如，20 世纪五六十年代一些中央文件关于刑事案件处理程序的规定，与目前刑事诉讼法的规定相抵触。这类文件都在此次被废止之列。

——凡调整对象已消失、文件事实上已不再执行的，文件适用期已过的，有关事项或任务已完成、文件不需要继续执行的，一律宣布失效。

例如，20 世纪 50 年代中央出台了一系列关于党内监察委员会的规定，由于目前党内不再设立监察委员会，这些文件事实上已失效。

——凡文件内容不存在问题的，或者虽存在一些问题但不影响继续执行的，或者目前尚无其他文件可以替代、废止时机条件还不成熟的，继续有效。文件内容存在一些问题，需作修改，但修改前也继续有效。

例如，1959 年《中央关于统一管理党、政档案工作的通知》、1965 年《中

央关于党内同志之间的称呼问题的通知》等，虽有一定历史痕迹，但主要内容和精神仍然适用，对当前工作仍具有重要指导意义，在这次清理过程中被保留了下来。

这次清理，不仅摸清了党内法规制度的“家底”，还给整个党内法规制度体系进行了一次全面“体检”和“健身”，使其变得“身轻体健”——1178 件党内

法规和规范性文件中322件被废止、369件被宣布失效，二者合计占到58.7%。

“清理工作一揽子解决了党内法规制度中存在的不适应、不协调、不衔接、不一致问题，为下一步形成完善的党内法规体系奠定了良好基础。”叶笃初说。

记者从中央办公厅法规局了解到，清理后继续有效的中央党内法规和规范性文件，将汇编成册，以便各地区各部门遵守执行；废止和宣布失效的中央党内法规和规范性文件，将按有关规定做好存档、查档利用等工作，发挥好这些文件的历史资料价值和资政育人作用。

与此同时，各地区各部门也正按照中央要求开展本地区本部门制定的党内法规和规范性文件清理工作，预计今年底明年初全部完成。

“良法之治”重在执行

党内法规制度建设是一个不断向前推进的过程。集中清理党内法规和规范性文件虽然迈出了依规治党的重要一步，但未来还有很长的路要走。

目前，党内法规制度体系仍然存在着缺失、“碎片化”、“老化”等问题，有的规定不够科学，有的规定脱离实际、没有可行性，有的规定过于原则、可操作性不强，有的规定有要求没有问责、刚性约束力不够，造成这些规定在实践中流于形式。

比如，中央2003年印发的《中国共产党党内监督条例（试行）》，有些规定比较原则，操作性不强，约束力不够，在这次清理过程中虽然保留下来，但亟待修改。目前继续有效的487件中央党内法规和规范性文件中，像这样的有42件。

去年出台的《中央党内法规制定工作五年规划纲要（2013—2017年）》明确提出，到建党100周年时全面建成内容科学、程序严密、配套完备、运行有效的党内法规制度体系。刚刚出台的《中共中央关于全面推进依法治国若干重大问题的决定》明确提出，要形成完善的党内法规体系，依据党内法规管党治党。

“要确保党内法规制度体系建设目标如期实现，还有很多工作要做。”中央党校政法部教授肖立辉指出，这次集中清理明确了党内法规制度体系的基本框架和主要构成，下一步，要研究制定一批基础主干性党内法规，整合形成一批综合性党内法规，抓紧制定一批实践亟须的党内法规，及时修订一批不适应现实需要的党内法规。

古人云，令在必信，法在必行；有法不行，与无法同。党内法规制度建设，既要实现有规可依，更要保证有规必依、执规必严、违规必究。

当前，一些地方和部门在党内法规的执行上存在着重制定、轻执行问题，有的先紧后松，有的上紧下松，有的外紧内松，有的违反后未得到及时惩处，使党内法规成了“纸老虎”“稻草人”，形成了“破窗效应”。

专家建议，今后，要把强化党内法规制度执行力摆到更加突出位置，重点抓好领导干部的带头执行，充分发挥党员监督和社会监督的作用，切实加大督查惩处力度，始终保持对违纪违规行为的高压态势，确保各项制度规定真正成为刚性约束。

“要加大党内法规的公开和宣传力度，让广大党员最大限度了解党内法规的内容，使每个党员知规、懂规、敬规、守规。”肖立辉说。

清党规需“过五关”

中央党内法规和规范性文件集中清理工作日前结束。过去两年间，中央办公厅等 50 多个部门对 2.3 万多件中央文件进行了全面筛查，清理后继续有效的党内法规和规范性文件只有 487 件。

记者日前从中央办公厅法规局了解到，在这次集中清理过程中，先后经过五道关。

第一关：确定清理范围。中央办公厅会同国家档案局，对新中国成立至 2012 年 6 月期间出台的 2.3 万多件中央文件进行全面梳理，将其中规范党组织工作、活动和党员行为的 1178 件党内法规和规范性文件纳入清理范围。

第二关：部门审核。根据“谁起草谁提出清理意见”的原则，综合考虑文件调整事项目前的主管权属，中央办公厅将清理文件分送 50 多个中央有关部委和单位，对相关文件进行审核，研究提出初步清理意见。

第三关：集中审核。中央办公厅会同中央纪委机关、中央组织部、中央宣传部、中央统战部等成立集中审核工作组，对有关部委和单位提出的初步清理意见进行研究论证，对清理文件逐件进行审核，形成拟废止、宣布失效、继续有效 3 个文件目录。

第四关：征求意见。中央办公厅将上述 3 个文件目录分送有关部委和单位征求意见，形成一致的文件清理处理意见。

第五关：审批发布。中央办公厅起草清理决定稿，按程序报请中央审批通过，以中共中央文件形式发布。

经过清理，1178 件中央党内法规和规范性文件中，322 件被废止、369 件被宣布失效、487 件继续有效。

短评

清理党规迈出依规治党重要一步

2014 年 11 月 17 日，中共中央决定，再废止和宣布失效一批党内法规和规范性文件，标志着我们党历史上第一次中央党内法规和规范性文件集中清理工作全部完成。

犹如治水先固坝、导流先通渠，在党的十八大对加强党的建设作出全面部署、党的十八届三中全会要求深化党的建设制度改革、党的十八届四中全会将党内法规体系纳入全面推进依法治国范畴后，中央党内法规和规范性文件集中清理在加强党内法规制度建设、推进依规治党方面迈出重要一步，意义重大而深远。

依规治党，先要打造好制度的笼子，既要扎紧扎牢，还要设计好形状大小。徒具形式，“牛栏关猫”不行；疏于打理，松懈乏力不行；不起作用，沦为“稻草人”也不行。同时，制度的设计还要科学合理，适应党的建设和党的工作需要。

新中国成立60多年来形成的大量党内法规和规范性文件，存在着不适应、不协调、不衔接、不一致等问题。集中清理，就是要对党内法规制度开展全面“体检”，在“瘦身”的同时实现“健身”，摸清党内法规制度“家底”，找出尚存的不足，解决存在的问题达到协调统一、有效管用。这不仅将为进一步健全完善党内法规制度体系打下坚实基础，也将有力促进党内法规制度的遵守与执行。

清理工作结束，标志着党内法规制度建设进入一个新阶段。下一步，只有运用好取得的成果，一方面及时修订不适应现实需要的党内法规制度，解决制度建设中存在的缺失、“碎片化”、“老化”等问题，另一方面，提高党内法规制定质量，确保出台的党内法规制度立得住、行得通、管得了，“到建党100周年时全面建成内容科学、程序严密、配套完备、运行有效的党内法规制度体系”这个宏伟目标，才能如期实现。

令在必信，法在必行。实现了有规可依，还要保证有规必依、执规必严、违规必究。党内法规执行中存在重制定、轻执行，先紧后松、上紧下松、外紧内松等现象，导致“破窗效应”，严重损害党的权威和形象。

只有把强化党内法规制度执行力摆到更突出位置，以抓铁有痕、踏石留印的精神落实好各项党内法规制度，抓好领导干部的带头执行，强化各方面监督作用，加大对违规违纪行为惩处力度，才能维护党内法规制度的权威，使从严治党、依规治党落到实处，以依法执政带动和促进依法治国，为依法治国提供可靠政治保证和有力制度保障。

12. 为防范权力寻租筑起坚实防火墙

——聚焦党政主要领导干部经济责任审计

2014 年 7 月 28 日公布的《党政主要领导干部和国有企业领导人员经济责任审计规定实施细则》，进一步明确了领导干部经济责任审计的重点等内容，尤其提到要将审计结果作为干部考核、任免和奖惩的重要依据，将为推动建立权力清单制度添一把火，为推动权力入笼加把锁。

党政主要领导干部经济责任审计细则首次明确六大内容

中国政府网 2014 年 7 月 28 日公布的《党政主要领导干部和国有企业领导人员经济责任审计规定实施细则》，在审计对象、审计内容、审计评价、责任界定、审计结果运用以及组织领导和审计实施等方面，首次进行了明确、细化和完善。

据中央经济责任审计工作联席会议办公室主任、审计署党组成员张通 2014 年 7 月 28 日介绍，这一实施细则由中央纪委机关、中组部、中央编办、监察部、审计署、人力资源和社会保障部、国资委等 7 个中央经济责任审计工作联席会议成员单位联合印发，是经济责任审计的又一重要法规制度，也是我国审计法制化规范化建设的重要成果。

实施细则首次明确，建立重点地区（部门、单位）、关键岗位领导干部轮审制度，即审计机关对重点审计对象任期内至少审计一次。根据党委和政府、干部管理监督部门的要求，审计机关可以对上述企业中不担任法定代表人但实际行使相应职权的董事长、总经理、党委书记等企业主要领导人员进行经济责任审计。根据地方党委、政府的要求，审计机关可以对村党组织和村民委员会、社区党组织和社区居民委员会的主要负责人进行经济责任审计。

细则还明确了地方各级党委主要领导干部的审计监督重点。审计评价应当重点关注经济、社会、事业发展的质量、效益和可持续性，关注与领导干部履行经济责任有关的管理和决策等活动的经济效益、社会效益和环境效益，关注任期内举借债务、自然资源资产管理、环境保护、民生改善、科技创新等重要事项，关注领导干部应承担直接责任的问题。

同时，审计机关可以对地方党委与政府的主要领导干部，党政工作部门、高等院校等单位的党委与行政主要领导干部，企业法定代表人与不担任法定代表人的董事长、总经理、党委书记等企业主要负责人进行同步经济责任审计。

此外，根据细则，审计机关按照有关规定，在一定范围内通报或以适当方式向社会公告审计结果。各地应当建立健全领导小组或联席会议制度，领导本地区经济责任审计工作。

中央有关部门负责人谈经济责任审计

在 2014 年 7 月 28 日召开的全国经济责任审计工作电视电话会议上，中央纪委、中组部、中央编办、审计署、人力资源和社会保障部、国务院国资委等中央经济责任审计联席会议成员单位的负责人，总结了近年经济责任审计工作情况，就贯彻落实刚公布的《党政主要领导干部和国有企业领导人员经济责任审计规定实施细则》进行了部署。

经责审计 6 年，890 多名领导干部被降职或免职

审计署审计长刘家义说，党的十八大提出，要健全质询、问责、经济责任审计、引咎辞职、罢免等制度。十八届三中全会提出，要加强和改进对主要领导干部行使权力的制约和监督，加强行政监察和审计监督，健全改进作风常态化制度。

数据显示，2008 年以来，全国审计机关共审计领导干部 22 万多人次，其中省部级 160 多人次、地厅级 4600 多人次、县处级 5 万多人次、乡科级 17 万多人次，查出领导干部负有直接责任的问题金额 1000 多亿元，被审计领导干部及其他人员有 2580 多人被移送纪检监察和司法机关处理。

各级党委和组织人事等部门根据审计结果，对 890 多名领导干部给予免职、降职等组织处理以及撤职等其他处分；根据审计建议，有关方面健全完善制度 2 万多项。

据国务院国资委副主任孟建民介绍，国资委管理的企业主要负责人已实现了“离任必审”，任中审计力度逐年加大，建立了 5 年轮审制度安排；各地国资委对所监管企业基本实现离任审计全覆盖，一些地方还探索了对监管企业副职的经济责任审计；中央企业普遍建立了子企业和重要职能部门负责人经济责任审计制度。

机构编制管理纳入经责审计，推动实现“财政供养人员只减不增”目标

《党政主要领导干部和国有企业领导人员经济责任审计规定实施细则》确定，将机构设置、编制使用以及有关规定的执行情况纳入各级各部门主要领导干部经济责任审计内容。中央编办副主任何建中对此表示，这是一项新的制度规范和工作任务，有利于保障财政供养人员只减不增任务的完成。

何建中说，党中央、国务院决定，在本届政府内做到财政供养人员只减不增。经过半年多工作，各省（区、市）按照现有行政编制数和 2012 年底事业编制数为控制总量的要求，报送了减编控编方案。目前中央编办正在抓紧进行分析、研究和审核。方案经中央编委批准后，将会同审计、监察等部门对方案落实情况进行督促检查。

何建中表示，目前一些地区和部门仍不同程度地存在超编进人、擅自设立机构、超职数配备领导干部等问题。这些问题相对在市、县两级和事业单位更突出。

开展这项审计工作，对执行机构编制规定和纪律提出了更刚性、更具体的措施和要求，能进一步规范机构编制管理，增强机构编制的约束力。

今后经责审计重点：反腐、改革、发展

中央经济责任审计联席会议确定，把贯彻落实中央八项规定精神、厉行节约反对浪费、国务院“约法三章”和廉洁从政相关要求作为重要审计内容，严肃揭露和查处重大违法违纪案件线索、重大失职渎职行为、重大决策失当和损失浪费、重大管理漏洞以及不作为、假作为、乱作为等事项。

掀 新华社发 商海春 作

刘家义说，尤其是在当前，要紧紧围绕中央关于稳增长、促改革、调结构、惠民生的政策目标，加强对重点地区、重点部门和关键岗位主要领导干部履行经济责任的审计监督，促进各级领导干部结合本地实际，落实中央关于改革、发展和稳定的各项任务要求，主动作为、有效作为，切实履职尽责。

人力资源和社会保障部副部长、国家公务员局党组书记杨士秋提出，各级行政机关公务员管理部门要加强同组织、监察、审计等部门的沟通协调，形成纪律惩戒工作协调配合机制；积极探索健全干部监督体制、从严管理监督干部同经济责任审计的内在联系，使公务员考核、任免、奖惩等工作同经济责任审计工作有效衔接。

孟建民表示，针对一些屡查屡犯问题，国资委将积极推动长效机制建设，重点是建立适应市场化、国际化要求的薪酬管理制度、投资决策管理制度、内部控制制度和经营投资责任追究制度，提高制度执行力，加强监督检查。

审计署党组成员张通解读经济责任审计实施细则

中国政府网 2014 年 7 月 28 日公布了《党政主要领导干部和国有企业领导人员经济责任审计规定实施细则》。这份细则对经济责任审计评价作了哪些规定？经济责任审计结果运用情况如何？经济责任审计突破点在哪？中央经济责任审计工作联席会议办公室主任、审计署党组成员张通对此进行了全面解读。

审计评价瞄准“经济”和“责任”

“随着我国经济体制改革的深入和经济发展方式的转变，领导干部所承担经济责任的内涵和外延也在发展变化。”张通说，“对领导干部经济责任的审计评价，要围绕‘经济’、‘责任’四个字。”

清白做官　　新华社发　朱慧卿　作

根据实施细则，审计评价应当有充分的审计证据支持，与审计内容相统一。一般包括领导干部任职期间履行经济责任的业绩、主要问题以及应当承担的责任。

“审计什么就评价什么，重点是领导干部任职期间该干什么、干了什么、干的效果如何，是否存在违法违规问题。”张通说。

他表示，审计评价应重点关注经济、社会、事业发展的质量、效益和可持续性，与领导干部履行经济责任有关的管理和决策等活动的经济效益、社会效益和环境效益，任期内举借债务、自然资源资产管理、环境保护、民生改善、科技创新等重要事项，以及领导干部应承担直接责任的问题。

审计评价又该用怎样的方法？细则规定，审计评价可综合运用多种方法，包括进行纵向和横向的业绩比较、运用与领导干部履行经济责任有关的指标量化分析、将领导干部履行经济责任的行为或事项置于相关经济社会环境中加以分析等。

审计结果让领导权力“晒在阳光下”

张通说，审计结果运用是经济责任审计的重要环节，关系到审计作用的发挥和审计目标的实现，是发挥经济责任审计职能作用和威慑力的最终体现。

红牌罚下　　新华社发　朱慧卿　作

据张通介绍，2008 年以来，全国各级审计机关审计领导干部共计 22.91 万多人，其中党政领导干部 22.35 万多人、国有企业领导人员 0.56 万多人。

审计查出领导

干部以权谋私、失职渎职、贪污受贿、侵吞国有资产等个人经济问题金额5亿多元；移送纪检监察机关和司法机关2580多人；各级党委和干部管理监督部门参考审计结果，共免职、降职、降级、撤职和其他处分890多名。

目前，全国已经建立起包括诫勉谈话、问责和责任追究、将经济责任审计结果纳入干部人事档案等审计结果运用制度。一些地方积极探索和推动经济责任审计结果通报、公告等审计结果公开制度，取得了很好的效果。

张通表示，实施细则对各有关方面如何运用经济责任审计结果作了明确规定，下一步各级党委要将经济责任审计结果作为干部考核、任免和奖惩的重要依据，要加强督促落实整改、警示谈话、问责及责任追究等工作，建立健全经济责任审计情况通报、审计整改以及责任追究等审计结果运用制度，切实发挥审计监督的作用。

经济责任审计亟待三大突破

张通认为，要更好地发挥经济责任审计在防范权力寻租、完善国家治理上的作用，须在审计覆盖面、审计重点、审计深度和力度上有所突破。

一是实现审计监督全覆盖。逐步建立任期内轮审制度，对党政及企事业单位领导任期内至少审计一次。同时，加强对经济活动复杂、资金资产量大的重点地区、部门和单位领导干部的审计，加强对掌握重要经济决策权、执行权、管理权和监督权等关键岗位领导干部的审计，加强对管理重点项目、分配及使用重点资金的领导干部的审计。

二是要深化审计内容。对党政领导干部，着力关注政府性债务、财政管理、土地管理、资源环境保护、民生改善等情况，政府机构调整和职能转变中取消、下放审批事项的落实以及审批事项的职责履行情况；对国有企业领导人员，重点关注国有资产安全、重大决策、招标采购、自主创新和内部管理等情况。

三是要加大审计力度。以权力运行和责任落实为核心，严肃揭露和查处重大违法违规案件、重大失职渎职行为、重大决策失误、重大损失浪费、重大管理漏洞等事项。同时要注重对在同一类别或同一行业领导干部履行经济职责过程中的共性问题，或负债、环境、资源、土地等经济运行和管理中的重要审计内容进行对比分析，从体制、机制、制度层面发现突出问题，提出审计意见和建议。

短评

为权力入笼加把锁

2014年7月28日公布的《党政主要领导干部和国有企业领导人员经济责任审计规定实施细则》，进一步明确了领导干部经济责任审计的重点等内容，尤其提到要将审计结果作为干部考核、任免和奖惩的重要依据，将为推动建立权力清单制度添一把火，为推动权力入笼加把锁。

根据实施细则，经济责任审计对象就是地方各级党委、政府和审判机关、检察机关，中央和地方党政部门、企事业单位的“一把手”，看看他们在任职期间干了什么、怎么干的、效果如何、是否存在违法违规问题。审计密切关注权力运行的轨迹和关键节点，不仅关注权力运行过程，还关注权力运行结果，不仅关注什么该做，还关注什么不该做。

《中共中央关于全面深化改革若干重大问题的决定》提出，推行地方各级政府及其工作部门权力清单制度，依法公开权力运行流程。建立权力清单制度，就是要明确界定每个职能部门、每个岗位的职责与权力边界，让社会群众都能摸清“权力家底”。

推行权力清单，公开权力运行流程，要努力编织好“制度的笼子”，让党委政府树立起权力边界意识，让权力在公开、透明的环境中运行，更有利于监管部门和群众进行监督，有效防范“猛虎”出笼。从7月公布的今年中央巡视组首轮巡视反馈汇总情况看，党政机关和国有企业“一把手”违纪违法的案件不仅数量多、危害大，而且呈现上升趋势。权力运行不透明、对“一把手”缺乏有效的监督机制无疑是一个重要原因。

实施细则列举了领导干部对审计发现的问题应当承担直接责任、主管责任的情形，对领导干部问责的规定更加明确。目前，全国各级审计机关对各级次、各类别领导干部的经济责任审计已经全面展开。未来，通过经济责任审计的威慑力，可以使各级领导干部树立起权力的边界意识，从而避免权力缺位、越位和胡乱作为。

13. 根治官商勾结刻不容缓

——聚焦中央巡视“整改清单”

“社会上各种各样的诱惑缠绕着党员、干部，‘温水煮青蛙’现象就会产生，一些人不知不觉就被人家请君入瓮了……”党的群众路线教育实践活动总结大会上，习近平总书记在重要讲话中，用了这个形象的比喻，提醒全党要对不止之风防微杜渐，领导干部一定要守住官商交往“底线”。正常的官商交往在所难免，但不正常的官商交往，却易于滋生黑色利益链，成为腐败的“加速器”。

中央巡视亮“整改清单” 官商勾结成治理重点

领导干部超出正常工作范围和一些不法企业家勾肩搭背，搞钱权交易，是当前腐败问题的重灾区。从已公布的2014年中央巡视组首轮巡视整改情况看，官商勾结成为各地各部门治理整顿的重中之重。

根据中央统一部署，2014年3月至5月，中央巡视组对北京、天津、辽宁、福建、山东、河南、海南、甘肃、宁夏、新疆、新疆生产建设兵团、科技部、中粮集团、复旦大学进行了巡视，并于2014年7月向上述地区、单位反馈了巡视意见。

中央巡视组在向福建反馈情况时指出，一些领导干部和商人交往过密。为此，福建将“领导干部和商人交往过密”问题列入干部廉政谈话提醒的重要内容，对一些领导干部存在“政商勾结”的苗头性问题及时进行了提醒和批评教育。

公职人员、领导干部亲属违规经商办企业，为官商勾结创造了机会。中央巡视组在向甘肃、海南、新疆等地方和单位反馈意见时明确指出，一些领导干部本人及其亲属子女参与经营活动、插手工程项目和土地开发。

针对这类问题，各地各单位进行了认真整改：甘肃对存在个人违规经商办企业问题的169人给予党纪政纪处分117人、诫勉谈话51人；海南对领导干部本人及其亲属子女违规参与经营活动、插手工程项目和土地开发等情况进行调查摸底；新疆清理出近5年来领导干部违规向有关企业输送利益的问题线索12件、领导干部亲属利用其职权和职务影响谋取不正当利益的问题线索56件；科技部开展了干部在企业兼职清理规范工作，2名退休中管干部已全部办理完在企业兼职的辞职手续。

矿产资源、土地出让、工程建设等是官商勾结、权钱交易的高发领域，根据中央巡视组的意见，被巡视地区从这些领域深挖腐败问题：宁夏对领导干部违规插手干预公共资源交易、工程招投标以权谋私情况进行专项检查，对违纪违规典型严肃处理并公开通报；山东严肃查处领导干部为他人谋取征地拆迁、工程承揽等利益的违纪违法问题。

“幌子”　　新华社发　徐骏　作

会所、培训中心往往是产生官商勾结问题“温床”。根据中央巡视组的意见，北京严查“会所中的歪风”和“培训中心腐败浪费行为”。目前，37 家经营场所中 16 家已关停、21 家转型；对 5 个单位在培训中心的腐败浪费行为立案调查。

中央巡视“整改清单”发出的警示

公职人员违规经商或在企业兼职，领导干部与商人交往过密，甚至违规插手商业活动、向企业输送利益……2014 年中央首轮巡视“整改清单”暴露出一系列官商勾结、以权谋私问题，为党风廉政建设和反腐败斗争敲响了警钟。

官商勾结自古有之，至今仍是一大顽疾。专家指出，对领导干部权力缺乏有效制约和监督是产生问题的根源，必须切实规范权力运行，才能根治这一顽疾。

“滋生腐败”是恶果

“一些领导干部和商人交往过密”——在 2014 年首轮中央巡视结束后，巡视组向福建等地发出这样的警告。

官商之间交往过密，往往不只是勾肩搭背、称兄道弟那么简单。从本轮巡视和近年来查处的腐败案件看，官商结成利益共同体后，滋生的无外乎腐败。

在中央巡视组的指导下，福建省纪委先后立案调查了 7 件省管干部案件，全部为贪污贿赂案件；根据巡视组移交的线索，立案查处了省地税局副局长施维雄、省广电集团原董事长舒展、三明市梅列区区长刘振兴等人，不同程度存在权钱交易问题。

官商勾结问题并非个别现象。纵观党的十八大以来历次中央巡视组反馈的情况和被巡视地方单位的整改报告，以及近年来各级纪检监察机关查处的腐败案件，官商勾结问题不仅十分普遍，而且呈现出一些新的特点——

从领域看，官商勾结在矿产开发、土地出让、工程建设、药品采购等多个领域均不同程度存在，特别是资金量大、利润丰厚的工程建设领域更是“重灾区”。

2014 年首轮中央巡视发现，甘肃一些领导干部插手工程建设，重大工程项目违规操作损失巨大；复旦大学江湾校区基建工程严重违规，存在安全和腐败隐患；河南一些领导干部插手土地转让、工程招投标等收受贿赂问题比较严重。

从手段看，一些领导干部不再直接从老板手中拿钱，而是通过亲属子女输送利益，或在自己“关照”的企业中入“干股”、当“顾问”。

在这次整改过程中，仅新疆一地就查出地厅级干部亲属中31人经商办企业，县处级以下干部中28人经商办企业，县处级以下干部亲属中有849人经商办企业；清理出领导干部违规向企业输送利益问题线索12件、领导干部亲属利用其职权和职务影响谋取不正当利益的问题线索56件。其他地方也不同程度存在类似问题。

波及范围更广，手段更加隐秘，根治官商勾结已刻不容缓。国家行政学院教授汪玉凯指出，要反腐就必须尽快摧毁官商勾结这条利益链。

“贿随权集”是病根

对症方能施治。导致官商勾结、权钱交易的“总病根”还是权力过分集中，突出表现为“一把手”频频成为贪腐案件的主角。

在这次整改过程中，海南共查处“一把手”违纪违法案件77件，涉及县处级以上“一把手”25人，占立案数的近两成；天津共查处领导班子“一把手”违纪违法案件33件，其中局级6人、处级27人；山东共查处涉及厅级“一把手”案件16件，同比上升近80%……

细数近期各级纪检监察机关查办的腐败案件，当事人相当一部分也都是政府部门、企事业单位的“一把手”，这些“书记”“市长”“董事长”“总经理”手握大权，不法商人则趋之若鹜，想方设法以利相诱。

与此同时，由于我国市场体系尚不完善，政府主导经济发展的模式也没有根本转变，官员手中的资源配置权、项目审批权等确实能给商人“办事”。而这些权力一旦失去有效监督和制约，也就为一些希望“走捷径”的商人打开了“方便之门”。

“客观上有了机会，主观上有了坏的氛围，社会上又缺乏纠错的舆论氛围，对官商勾结形成了一种宽容忍，导致这个问题日积月累、屡治不除，终于成为顽疾。”中国社科院中国廉政研究中心副秘书长高波评价说。

“权力制约”是良药

从巡视“整改清单”看，目前一些地方和单位正在对领导干部本人及其亲属违规经商办企业、违规插手干预工程招投标、超出正常工作范围和一些不法企业家密切交往等进行治理整顿，一批涉嫌官商勾结、权钱交易的官员被查处。

专家普遍认为，要根治官商勾结顽疾，除了采取上述治标的办法外，关键还是要健全民主决策机制，加强对权力的有效制约，铲除滋生腐败的土壤。

礼“弹” 新华社发 徐骏 作

“要把权力关进‘笼子’里。”中央党校教授辛鸣建议，用制度管权、管钱，念好约束权力的“紧箍咒”，把工程建设项目招投标等公共资源交易，纳入规范化、法制化轨道，形成“不能腐”“不愿腐”的机制。

高波认为，反腐败既要高举高打、动真碰硬，又要标本兼治，机关企业并重，不但要对党政机关工作人员的“紧箍咒”越念越紧，而且要严肃查办国有企业腐败和跨国公司“洋贿”，对商业贿赂和官商勾结等现象形成强大震慑。

2014 年 6 月 30 日中共中央政治局审议通过的《党的纪律检查体制改革实施方案》，围绕四方面改革任务提出了 26 项重点举措。方案强调，深化党的纪律检查体制改革，关键在落实党风廉政建设主体责任和监督责任。党委（党组）书记是第一责任人，其他成员对职责范围内的党风廉政建设负领导责任，要一级抓一级，层层传导压力。这传递出一个鲜明的信号：领导干部承担的反腐职责不能“空对空”，一旦失职，必须追责。

汪玉凯表示，目前，大力反腐与深化党的制度建设改革相结合，正是“标本兼治”的好药方。

专家观点

反腐败既要高举高打、动真碰硬，又要标本兼治，机关企业并重，不但要对党政机关工作人员的“紧箍咒”越念越紧，而且要严肃查办国有企业腐败和跨国公司“洋贿”，对商业贿赂和官商勾结等现象形成强大震慑。

——中国社科院中国廉政研究中心副秘书长　高波

短评

为官者须防被请“入瓮”

“社会上各种各样的诱惑缠绕着党员、干部，‘温水煮青蛙’现象就会产生，一些人不知不觉就被人家请君入瓮了……”

党的群众路线教育实践活动总结大会上，习近平总书记在重要讲话中，用了这个形象的比喻，提醒全党要对不正之风防微杜渐，领导干部一定要守住官商交往“底线”。

正常的官商交往在所难免，但不正常的官商交往，却易于滋生黑色利益链，成为腐败的“加速器”。

不少腐败案例中，官员都是在与商人的交往攀比中产生心理落差，导致私欲膨胀；不法商人则看中官员手中权力，想方设法对官员进行拉拢利诱。出事之前，官员们往往把包藏“贿赂之心”的糖衣炮弹当成“珍贵的友情”，把“潜规则”当成“应得的回报”；而在被绳之以法之后，又后悔当初结交商人。

与其事后悔恨不已，不如在官商交往之初就划出界线，做到相敬如宾而非勾肩搭背。

十八大以来，党中央多措并举、综合施治，正在不断为官商交往创造更健康的外部环境：反腐败重拳出击，正形成强大震慑和高压态势；治理“会所歪风”，整治“天价培训”等，正一点点铲除滋生官商病态“朋友圈”的土壤；调整考核“指挥棒”，正抑制官员对招商引资的盲目冲动；深化改革、简政放权，正给权力列出清单、划出边界；织密织牢制度之笼，正给权力套上“紧箍”……

政商生态的逐渐好转是有利的外因，官员只有主动发挥内因的作用，才能更好地守住官商交往底线。作为党的领导干部，必须不断自觉增强党性观念，坚定理想信念，坚守共产党人精神追求；还要以发生的腐败案例为警示，在思想上划出红线、在行为上明确底线，真正敬法畏纪、遵规守矩。

为官者，只有想清楚“入党为什么，当官干什么，身后留什么”，才能避免“入瓮”。

14. 科研经费不能成“唐僧肉”

——聚焦科研经费反腐

科技经费分配和监管政出多门、九龙治水，是导致经费虚报冒领以及贪污、侵占、挪用科研经费的重要原因。几十个部门掌握科技项目立项、资金分配、使用大权，各部门之间事权界定不清晰，职能交叉重叠现象突出，立项、使用、分配等环节信息不公开，管理上失之于软、失之于宽，造成监管空白，使得腐败分子有机可乘。

院士被捕教授判刑　反腐剑指科研经费“乱象”

从“象牙塔尖”落入法网，贪念让优秀科技人才的人生轨迹发生重大转变。中国农业大学李宁院士被依法批捕，承担“水体污染控制与治理”重大专项有关课题的浙江大学教授陈英旭和承担“核心电子器件、高端通用芯片及基础软件产品”重大专项有关课题的北京邮电大学教授宋茂强被依法判处刑罚。

中央纪委监察部网站 2014 年 10 月 10 日公布的科技部党组巡视整改通报中披露的这一消息，成为社会关注的热门话题。不少网友评价：反腐利剑正在指向科研经费“乱象”。

审计署 2012 年 4 月审计发现 5 所大学 7 名教授弄虚作假套取国家科技重大

专项资金2500多万元。目前，相关部门共依法依纪查处了8人，除李宁、陈英旭、宋茂强外，还有3人被依法批捕、1人暂不起诉、1人被行政处分。

近年来，我国科技投入持续大幅增长。其中，中央财政科技支出保持了年均18%的高速增长。一方面，这些投入支撑了我国科技事业的长足发展，微子振荡模式、量子科学、生命科学、载人航天等领域取得了一批世界级成果。另一方面，科技资源配置效率不高，资金使用违规违纪现象屡禁不止。

全国人大的一份调研报告指出，2010年以来，审计署在科技支撑计划、科技重大专项等审计或调查中，查处课题单位和科研人员未经批准调整预算、扩大开支范围、挤占挪用科研经费等违反财经制度的问题时有发生。

目前，我国正逐步加强科研项目的管理与科研经费的管控。2014年3月，国务院印发《关于改进加强中央财政科研项目和资金管理的若干意见》，对改进加强科研项目和资金管理作出全面部署，进一步规范了科研经费的使用。

科技部表示，将积极会同财政部、国家发展改革委等有关部门，进一步加强国家科技重大专项的统筹协调，加强监督检查，进一步督促国家科技重大专项牵头组织实施部门认真履行职责，健全制度，严格管理。对在科研项目和经费管理使用方面发生的违纪违法问题，坚决采取零容忍的态度，发现一起，查处一起，通报一起，进行警示教育。

中国农业大学教授李宁涉嫌将国家科技重大专项经费转至其名下公司被批

精彩论述

只有对现有的科技体制动“大手术”，改变科技经费政出多门、九龙治水现状，才能堵住科技资金“黑洞”，让腐败分子难觅缝隙。统筹科技资源，建立公开统一的国家科技管理平台，构建新型科技专项、资金管理体系，避免重复申报和重复资助，势在必行。

——新华社评论员

捕；浙江大学水环境学院院长陈英旭，因将巨额科研经费转到自己所开的两家皮包公司获刑 10 年……中纪委网站日前披露 8 名科研人员因弄虚作假套取国家科技重大专项资金被依法依纪查处。

科研经费如何不再成为"唐僧肉"

科研领域的诸多不端、违法行为如何禁止？如何让科研经费不再成为唐僧肉？再次引发科技界和全社会的思考。

曾几何时，科研资金"谁跑谁得"成了学术界的潜规则。一些"谋人不谋事"的科研人员把主要精力放在项目"公关"上，取得大笔科研经费，成了科技"老板"。一些科研人员为了争取经费"八仙过海，各显神通"，其中一些行为超越了法律底线。

不　配　　　新华社发　朱慧卿　作

一位科研人员告诉记者，只要"跑"得勤，一个项目可以在科技部拿到一笔钱，在自然科学基金委又拿到一笔钱，到农业部再拿一笔钱。这些"重复申报、多头套取"来的经费，成了一些人眼中的肥肉。

科技部发展战略研究院院长王元表示，学者为"要经费"争抢课题，项目组为"花经费"巧立名目，管理者则靠"批经费"以权谋私……以课题组为中心的科研立项模式弊端明显，亟须改革。

科技界有句流行语。"吃喝拉撒睡，都能靠经费"。当前我国科研经费管理仍存在不少制度漏洞，科研经费"扩大用途""挤占挪用""弄虚作假"等现象在一些高校和科研单位司空见惯，套取科研经费的手段"五花八门"。

环境领域专家、浙江大学教授陈英旭案是科研经费“跑冒滴漏”问题的典型案例。2014 年初，陈英旭案宣判，其采用编制虚假预算、虚假发票冲账，编制虚假账目等手段，冲账套取国拨科研经费 900 余万元。

宋茂强是“核高基专项”的专家组成员之一。2012 年年初，审计署发现，宋茂强同其妻借用亲戚、老乡身份证以“校外劳务人员”的身份冒领 68 万元科研经费，并签订虚假劳务合同应对财务审计。

近年来曝光的数起科研经费贪腐案件中，通过开具虚假发票、编造虚假合同、编制虚假账目和虚构科研项目支出等手段套现，以及挪用科研项目经费，是科研经费贪腐最为常见的几种手段。

经费管理粗放、责任追究机制不健全，是科研经费申请环节“潜规则”盛行，使用环节贪腐案件频发的一个重要因素。

专家认为，应尽快改革项目评审专家遴选和管理机制，推动建立公开透明的项目形成机制，加快建设统一的国家科技管理信息系统，加强权力制约和监督，强化对项目审批权及管理权的社会监督。

日前，国务院出台了中央财政科研项目和资金管理意见，对加强科研项目和资金监管作出明确规定，要求建立完善覆盖项目决策、管理、实施主体的逐级考核问责机制，实行全过程的科研信用记录制度和责任倒查制度，对违规行为加大处罚力度。

科技部近期研究制定了“一案双查”，对科研经费和项目出现重大问题的，倒查科技部存在漏洞的相关单位及人员的管理责任，以及是否存在利益输送、权钱交易、失职渎职的行为，若有则严格追责惩处，并进一步完善制度，加强管理。

科技部党组关于巡视整改情况的通报称，今后国家将进一步加强对验收项目的抽查，对于验收文件、资料、数据、成果不真实，弄虚作假的，要依规依法严肃处理，并建立“黑名单”制度，对逾期未进行结题验收的项目要建立清单。

“惩处力度不足、弹性空间大使得违法成本低，是问题科研经费屡有发生的原因之一。”山东舜达律师事务所律师潘昌新说，要遏制“只管拨钱，而对效果不闻不问”的做法，整合科技、财政、审计等部门力量，确保经费公开、透明、高效使用。对课题经费的管理和使用，应建立全程监管机制。

为严防科研腐败“黑洞”，对承担国家科技计划（专项）任务较多、专项经费资金量较大、经费管理较薄弱的项目（课题）承担单位，科技部将加强巡查。

对巡查中发现利用虚假项目骗取专项经费的行为；利用虚假或不实合同、协议套取专项经费的行为；使用虚假不实票据骗取专项经费或以大量虚假不实票据列支专项经费的行为等 11 种违规行为的，巡查部门将详细记录、收集相关证据，并向科技部有关部门报告。

“阳光是最好的防腐剂。”日前，科技部在官网上通报了近期发现的北京惠众实科技有限公司等 4 起违反科研经费管理规定的典型问题。科技部上网点名通报科研经费的问题，近年来尚属首次。这些单位目前均已被查处。

不光要公布查处通报。广州市科信局局长马正勇表示，科技项目从指南发布到申报、专家评审、确定项目、项目中期检查、项目验收全流程公开，都要把工作拿出来晒晒太阳。

专家认为，在科研领域里，中国目前还没有一部关于科研项目立项、审批、经费使用、监管责任的系统法律。立法的缺失，直接导致科研项目管理的混乱。只有科研经费财权和审批权分离，建立科研投入基金制度，引入公正、公平、公开的专家评审制度，才能有效遏止这些乱象。

短评

科技体制须动“大手术”

科研经费被“贪”“吞”“挪”“骗”屡见不鲜。中纪委网站信息显示，名校教授陈英旭、宋茂强 2 人被依法判处刑罚，中国工程院院士李宁等 4 人被依法批捕。科技反腐风暴令科技界为之一震，也让各界意识到，科技体制须动“大手术”，才能彻底堵住科技资金“黑洞”。

科技经费分配和监管政出多门、九龙治水，是导致经费虚报冒领以及贪污、侵占、挪用科研经费的重要原因。几十个部门掌握科技项目立项、资金分配、使用大权，各部门之间事权界定不清晰，职能交叉重叠现象突出，立项、使用、分配等环节信息不公开，管理上失之于软、失之于宽，造成监管空白，使得腐败分子有机可乘。

只有对现有的科技体制动“大手术”，改变科技经费政出多门、九龙治水现状，才能堵住科技资金“黑洞”，让腐败分子难觅缝隙。统筹科技资源，建立公开统一的国家科技管理平台，构建新型科技专项、资金管理体系，避免重复申报和重复资助，势在必行。

知名院士、顶尖专家出了问题，令人痛心疾首。国家耗费大量人力财力培养出来顶尖科技人才不容易。亡羊应补牢，对科技资金加大监管力度，是阻止贪欲，挽救科技人才走入歧途的必要举措。

不久前，科技部在官网“点名”通报了违反科研经费管理规定的典型问题，这在过去并不多见，但未来将成为常态。对于查处的违法违纪行为，必须增大曝光力度，并加大科技体制改革的力度，尽快形成“不能腐”“不想腐”的有效机制。

15. 海外难逃“法外”

——聚焦海外追逃追赃

“第一女巨贪”杨秀珠隐姓埋名出逃荷兰、“金融裸官”高山东窗事发潜逃加拿大、“逃跑书记”杨湘洪借考察滞留法国不归……近年来，一些拥有公职身份的“贪官”外逃事件频频触动公众神经。与此同时，相关部门海外追逃的力度不断加大，2014 年 7 月，公安部又启动“猎狐 2014”境外追逃专项行动，截至目前，已有 88 名在逃境外经济犯罪嫌疑人被缉捕回国。

公安部海外“猎狐”两月　88 名嫌犯落网

记者 2014 年 9 月 20 日从公安部获悉，自 7 月公安部“猎狐 2014”海外追逃专项行动启动至目前，已抓获在逃境外经济犯罪嫌疑人 88 名，超过去年全年抓获总数的一半，其中 10 年以上犯罪嫌疑人 11 名。

两个月来，公安部协调国际刑警组织发布红色通报 28 个，先后派出境外缉捕行动组 32 个，涉及 40 多个国家和地区，取得不少国家和地区执法部门的支持配合，并实现在非洲、南太平洋、西欧等地的新突破。

专项行动坚持缉捕与劝返同步开展。对外逃嫌疑人较多的国家和地区，公安部组织缉捕行动组赴境外集中抓捕，同时全力开展劝返工作，现已相继从美国、加拿大、比利时等国家和地区规劝35名在逃境外经济犯罪嫌疑人回国自首。

无处可逃　　新华社发　朱慧卿　作

专项行动在国内掀起一场“境外追捕”风暴。浙江、上海、福建、山东4省市公安机关分别成功缉捕和劝返在逃境外经济犯罪嫌疑人15名、11名、9名、9名；安徽省公安机关在泰国执法部门的大力协助下，成功将涉嫌非法吸收公众存款8亿余元的张某、何某和涉嫌合同诈骗逾亿元的王某等犯罪嫌疑人缉捕回国；重庆市公安机关经过艰苦努力，将潜逃加拿大14年、利用职务挪用6000余万元的犯罪嫌疑人王某成功抓获。

公安部“猎狐2014”专项行动办公室负责人表示，对待缉捕外逃经济犯罪嫌疑人，公安机关将始终秉持“天涯海角、有逃必追”的理念，坚决打赢境外追逃这场硬仗。公安部将充分发挥我国与有关国家和地区广泛建立执法安全合作机制的优势，充分运用引渡、遣返、异地追诉等手段，进一步深化国际警务合作，创新合作方式，并继续派出境外行动组全力开展缉捕工作。该负责人同时表示，境外不是“法外之地”，更不是“避罪天堂”，敦促境外在逃犯罪嫌疑人回国投案自首，也希望广大群众积极举报线索，形成境外追逃工作的强大合力。

多方详解公安部境外追逃“风暴”

“第一女巨贪”杨秀珠隐姓埋名出逃荷兰、“金融裸官”高山东窗事发潜逃加拿大、“逃跑书记”杨湘洪借考察滞留法国不归……近年来，一些拥有公职身份的“贪官”外逃事件频频触动公众神经。与此同时，相关部门海外追逃的力度不断加大，2014年7月，公安部又启动“猎狐2014”境外追逃专项行动，截至目前，已有88名在逃境外经济犯罪嫌疑人被缉捕回国。

强大的“追逃风暴”能否堵住人员外逃之路？记者就此走访了公安部境外追逃专项行动相关负责人及专家。

追逃：掌握外逃路线　织就天罗地网

北京师范大学刑事法律科学研究院教授黄风说，外逃人员大致分为两类，一类是发案后仓皇出逃，一类是经过精心谋划后伺机出逃。前一类以经济犯罪居多，比如“美女高管”陈怡。后一类则主要是政府官员和企事业单位领导，比如“金融裸官”高山等。

据公安部统计，外逃人员的目的地非常分散，既有美国、加拿大、比利时等欧美国家，也有尼日利亚、泰国等国家。在策划外逃时，伪造身份、转移财产、亲属移民等是其主要手段，而频繁的出国记录、账户资金异动等就是明显信号。

曾在国外参与执法的中国人民公安大学国际警务执法学院副院长赵宇表示，发现人员出逃后我国有关部门会竭尽全力进行追捕，这些在逃亡过程中留下蛛丝马迹的人员想要完全消失并不容易。尤其是我国通过国际刑警组织发出“红色通缉令”后，很快就能对外逃人员定位，让其无处藏身。

被称为“最美高管”的上海泛鑫保险代理有限公司总经理陈怡被捕是海外追逃的经典案例。2013 年 7 月，在策划寿险产品变造为固定收益理财产品大肆销售“庞氏骗局”暴露后，陈怡精心设计了自以为隐秘的出境逃亡路线：先从上海飞至香港，在港短暂停留后飞往韩国，紧接着便飞往斐济。

她没想到的是，公安机关在接到报案后，很快就摸清了她的出逃轨迹，并向 190 个国际刑警成员发布“红色通缉令”。仅仅 60 小时之后，陈怡就被中国公安机关在斐济机场出入境关口拘捕。见到民警时，陈怡表现得难以置信：“从上海到斐济远隔万里，没想到这么快就找到了。”

抓逃：密切国际合作　加强政策“攻心”

出境了，并不是逃亡的终点。随着我国对外逃人员追逃力度的加大，国际联合执法能力的不断提高，外逃人员不但要逃得出，还要藏得住，能生存。于是很多外逃人员就东奔西跑、东躲西藏，有的还改头换面以躲避追捕。

公安部经济犯罪侦查局副局长刘冬告诉记者，很多出逃人员学历不高语言不好，难以融入当地生活圈，就是有华人圈也不敢露面，有的人还受到当地黑社会组织的敲诈。“我们曾经缉捕回来一位基层银行的行长，在国内时春风得意，受人尊敬，出逃国外后以最底层的职业谋生，见到抓捕民警的第一句话是‘你们总算来了’。”他说。

被称为“中国第一女巨贪”的温州市原副市长杨秀珠，出逃后辗转新加坡、美国、荷兰等多个国家，最后藏身于鹿特丹市一个阴暗潮湿的地下室里惶惶不可终日。被捕前，她时常一个人绝望地哭泣。当荷兰警察宣布对其实施拘捕后，她的情绪反而平静下来。

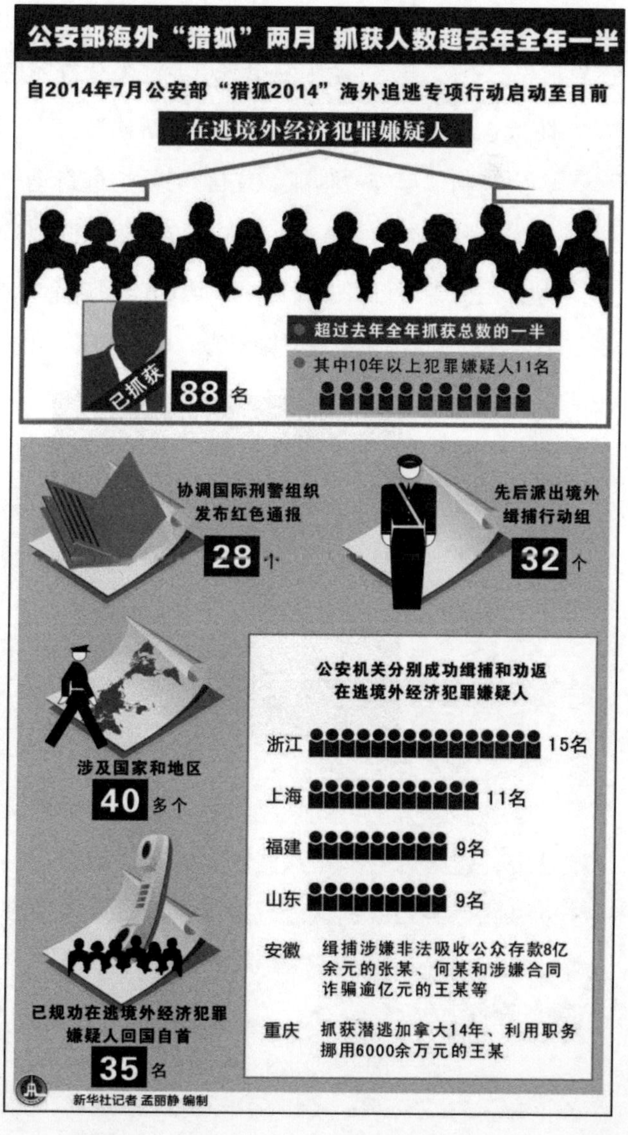

正是这样在国外生活的窘境，让缉捕行动组对外逃人员的劝返工作变得容易一些。在“猎狐”行动中缉捕归案的88名外逃人员中，有40%是通过劝返回国的。

2007年1月，云南省交通厅原副厅长胡星因腐败问题东窗事发，持弟弟胡波护照仓皇出逃到新加坡。当时新加坡没有加入国际刑警组织，与我国也没有签署引渡条约，如要实施拘捕困难重重。专案组细致地分析了胡星的心理状态，在新加坡警察在场的情况下，在胡星入住的酒店房间外展开了耐心的“攻心战”表明只要他离开房门，就会因为非法持有他人护照被新加坡警察逮捕；而如果愿意回国，就可以不再追究，终于成功说服胡星签下《自愿回国申请书》，于2月18日凌晨将其缉拿归案。

刘冬表示，除了劝返，移民法遣返、引渡、借助国外司法力量异地追溯等方式也是追逃的重要方式，并且随着我国国际执法能力的增强，实际上追逃追赃的成功案例越来越多。近几年跨国追捕行动带回的，有潜逃境外14年的某银行重庆九龙坡支行原行长余国蓉、中国海运（集团）韩国釜山公司原财务经理李克江，还有引起舆论广泛关注的中国银行黑龙江省分行河松街支行原主任高山等。

防逃：还有那些难点和漏洞亟待解决？

专家指出，尽管“猎狐2014”海外追逃行动已经取得重大成果，但仍然有一些追逃难点及现行的法律法规和制度设置的漏洞亟待突破。

办案民警告诉记者，目前境外追逃还存在不少难点，首先在境外办案，难免受制于当地的政治制度、法律制度、工作程序乃至风土人情。大多数逃往境外的犯罪嫌疑人都有一定的经济实力，有境外生存的条件，出逃行为有预谋，出境后变换身份，出逃地点没有规律可循，这就给办案人员的抓捕工作带来很多未知困难。其次，境外缉捕不同于常规出国考察，缉捕人员需要在发现线索的第一时间开展追捕，因此建立一条缉捕人员出国出境工作的快速通道是非常必要的。

在制度设计上，现行法律体系还存在一些制度“漏洞”需要填补。中国人民公安大学国际警务执法学院副教授张惠德表示，按照规定，官员职位越高，出国审批手续越严格，很多地方官员因公、因私护照都要求上交。但在

专家观点

一些外逃人员得以长期躲藏在美国、加拿大等地逍遥法外，是因为中国和这些国家要么没有签订刑事司法协助条约，要么就是这些国家对中国的司法存在偏见而难以落实，应该逐渐补齐国际反腐败合作机制中的短板，借此理顺相关机制。

——中国人民公安大学法学院副教授　陈志军

许多外逃案例中，“一人多证”的情况较多，主要就是躲避“国家工作人员因私出国（境） 报备制度”。此外，“裸官”问题也曾经在我国较为突出，许多人一有风吹草动随时就可以外逃。中共中央不久前通过的《深化党的建设制度改革实施方案》，要求完善从严管理干部队伍制度体系，强化领导干部个人有关事项报告抽查核实、治理“裸官”，在这方面迈出了重要一步。

专家还指出，我国还亟待建立更顺畅的国际司法合作机制。中国人民公安大学法学院副教授陈志军表示，一些外逃人员得以长期躲藏在美国、加拿大等地逍遥法外，是因为中国和这些国家要么没有签订刑事司法协助条约，要么就是这些国家对中国的司法存在偏见而难以落实，应该逐渐补齐国际反腐败合作机制中的短板，借此理顺相关机制。

短评

加强国际合作，让犯罪分子无处可逃

两个月来，公安部“猎狐2014”专项行动抓获在逃境外经济犯罪嫌疑人88名。这一阶段性成果令人振奋，体现出有关部门坚定不移严打腐败的坚定决心。

追逃追赃是反腐败工作的一项重点任务，也是遏制腐败、打击经济犯罪蔓延的重要手段。此前，一些犯罪分子外逃不能受到应有惩处，引起社会上不少人议论。想方设法惩处这些犯罪分子，减少财产损失，维护司法公正，是摆在全社会面前的一项现实难题。

为了防堵犯罪分子外逃，中国与其他国家地区的国际合作进一步加强。截至2013年5月，中国已与49个国家签订了有关司法协助类条约，与36个国家签订了引渡条约，修改后的刑事诉讼法也新增了“犯罪嫌疑人、被告人逃匿、死亡案件违法所得的没收程序”。

可以看到，严格制度规定，追逃犯罪分子已经取得实质性进展。随着中外司法协作进一步增强，追逃追赃的相关机制必然会更加健全。这也警示那些不良企图者，不要再做“国内犯罪国外躲避”的美梦，只要违法犯罪，无论跑到天涯海角，都终究逃不脱被绳之以法的命运。

16. 让贪官“不敢收”，还要让行贿人“不敢送”

——聚焦反腐法条首次大修

首次提请全国人大常委会审议的刑法修正案（九）草案中，修改贪污贿赂犯罪定罪量刑标准，织严了惩治行贿犯罪的法网。立法机关旨在通过修改刑法反腐条款，针对受贿人、行贿人、领导干部近亲属等“亲缘腐败”编织起更加严密的法网。制度反腐的治本之策有望向前迈出重要一步。

我国首次大修反腐刑罚条款扎牢制度“笼子”

刑法修正案（九）草案2014年10月27日首次提请全国人大常委会审议，其中对涉及贪污贿赂犯罪的法条修改引人瞩目。

我国刑法分则中，用专章15个条款规定了贪污贿赂罪的定罪处罚。专家表示，刑法前八个修正案中，只改动了15个条款中的2条，而这次修正案一揽子修改其中6个条款可谓“大修”，修改主要针对贪污贿赂定罪量刑标准和加大行贿犯罪打击力度两个方面。

刑法修正案（九）草案根据各方意见，拟删去对贪污贿赂犯罪规定的五千、五万、十万等具体定罪量刑数额标准，原则规定数额较大或者情节较重、数额巨大或者情节严重、数额特别巨大或者情节特别严重三种情况，相应规定三档刑罚，并保留适用死刑。

中国刑法学研究会会长、北师大刑事法律科学研究院院长赵秉志介绍，1997年刑法典把贪污受贿罪的定罪量刑标准规定为具体数额标准，是为了增强司法操作性。但经过多年司法实践，具体数额标准逐渐难以适应经济社会发展带来的情况变化。

“草案把贪污受贿罪定罪量刑标准拟修改为概括模式，且纳入了犯罪情节和后果的考量，具体数额和情节标准可由最高司法机关通过制定司法解释予以确定，或由最高司法机关授权地方司法机关根据具体情况掌握，更为科学合理。”赵秉志说。

此外，草案从三方面加大了对行贿犯罪的处罚力度，一是对多类行贿犯罪增设了罚金刑；二是严格了对行贿罪从宽处罚的条件；三是增加了向国家工作人员近亲属等关系密切人员行贿的犯罪处罚规定，在打击行贿的同时，约束领导干部身边人。

行贿犯罪是滋生腐败的直接根源之一，行贿往往是受贿犯罪的始作俑者。最高人民法院刑三庭法官张向东认为，“对行贿犯罪惩处力度偏弱，会影响遏制腐败犯罪的效果。加大对行贿犯罪的打击力度，是这次刑法修改的亮点之一，必将对从源头上遏制腐败行为产生积极作用。”

中国拟修改刑法 “全环节”惩治腐败

2014年10月27日，刑法修正案（九）草案首次提交全国人大常委会审议。值得关注的是，此次修正案草案对行贿犯罪加大了处罚力度，新增了行贿犯罪条款，修改了贪污受贿犯罪的定罪量刑标准。

法学专家认为，此次对刑法中腐败犯罪相关条款进行修改，进一步完善了惩治腐败的相关法律规定，将腐败犯罪的“全环节”纳入惩治范围，体现了国家打击腐败犯罪的决心。

拟增加“财产刑”让行贿人“吐出”不当获利

行贿人通过贿赂官员获得了巨大利益，而在查处贿赂案件过程中，由于立法缺失，很难对行贿人进行经济处罚，使其“吐出”不当获利。

浙江温州市一位检察官说：“行贿、受贿犯罪的最终目的，很多情况下是为了金钱。以前我们在查处腐败案件的过程中，往往忽视了对行贿人通过贿赂非法获取的经济利益进行查处。最终案件办理的社会效果不好。因为受贿者判刑了，可获益更大的行贿人却仍然赚到了钱。”

刑法修正案（九）草案在涉及对行贿犯罪的处罚条款中，多处增加了处以罚金的内容。而此前在刑法对行贿人的处罚条款中，都没有涉及罚金。

“通过完善对腐败犯罪财产刑的规定，使犯罪分子在受到人身处罚的同时，在经济上也得不到好处。”中国人民大学法学院教授黄京平说。

中国政法大学刑事司法学院教授曲新久认为，因为行贿、受贿大多是财产性犯罪，以前没有设置罚金不够合理，所以这次修法，在对单位行贿罪、介绍贿赂罪等多个罪名中都添加了罚金刑。如果能够通过财产刑这一法律手段加大对行贿人的惩治力度，无疑将大大增加行贿犯罪的法律成本。

加强对行贿人的惩处令其难以逃脱刑罚

浙江金道律师事务所副主任王全明说，人们一般痛恨索贿受贿行为，却认为行贿人多是“被动”一方，属于“弱势群体”。这种社会认知导致了一种恶性循环，形成一条衍生权力腐败的“犯罪链”，使腐败现象屡禁不绝。

专家观点

对行贿犯罪惩处力度偏弱，会影响遏制腐败犯罪的效果。加大对行贿犯罪的打击力度，是这次刑法修改的亮点之一，必将对从源头上遏制腐败行为产生积极作用。

——最高人民法院刑三庭法官　张向东

“过去，刑法对行贿犯罪的处罚力度明显轻于受贿罪，导致司法实践中普遍存在‘重受贿、轻行贿’现象，惩治贿赂犯罪时‘一手硬、一手软’，若不及时加以纠正，势必不利于惩治腐败犯罪。”王全明说。

刑法修正案（九）草案拟将“行贿人在被追诉前主动交代行贿行为的，可以减轻处罚或者免除处罚”的规定，修改为“行贿人在被追诉前主动交代行贿行为的，可以从轻或者减轻处罚。其中犯罪较轻的，检举揭发行为对侦破重大案件起关键作用，或者有其他重大立功表现的，可以免除处罚。”

近年来，葛兰素史克行贿案等引起社会的高度关注，让人们看到了行贿犯罪的“主动性”以及腐蚀公权力的严重社会危害性。最高人民检察院统计显示，今年上半年，全国检察机关立案侦查行贿犯罪 4397 人，比去年同比上升 37.6%。

清华大学法学院教授周光权认为，草案加大了对行贿人员的处罚力度，规定即便行贿人在被追诉前主动交代行贿行为也应受到处罚，对免除处罚给予了严格限制，这意味着有更多的行贿人将被追究法律责任。

扩大反腐范围拟处罚“朋友圈”“身边人”犯罪

刑法修正案（九）草案增加规定，为利用国家工作人员的影响力谋取不正当利益，向其亲属等关系密切人员行贿的犯罪。

华东政法大学教授卢勤忠认为，此次在刑法修正案中增加向关系密切人行贿，扩大了对行贿犯罪的打击范围，原来刑法修正案（七）中增加了关系密切人受贿罪，但是行贿方没有相应的处罚条款，此次将其列入，体现了从严打击腐败的决心。

但在记者采访过程中也有基层检察官表示担心，如果对行贿者打击过于严厉，很容易让行贿者和受贿者形成利益共同体，给查处腐败犯罪造成困难。案发前，行贿人还会不会主动检举受贿犯罪？案发后，行贿人还能不能积极配合查处受贿事实？

多数被采访专家认为，本次修法加大了对行贿犯罪的处罚力度，这在一定程度上对行贿人是一个震慑，更加有利于从源头上减少行贿受贿犯罪的发生。

删去对贪污受贿犯罪规定具体数额增加情节考量

周光权说："现行的刑法是按照贪污受贿的数额来定罪，分为四个档次来进行判罚。但这毕竟是10多年前制定的，数额规定过死，有时难以根据案件的不同情况做到罪刑相适应。造成不少犯罪数额相差悬殊的案件，在量刑上难以拉开档次。"

一位长期从事刑事审判的法官认为，将贪污数额标准规定为一个具体的数额，难以与经济社会发展相适应，导致实践中一些依法本应入罪或者本应重判的案件，因受数额标准的限制，无法入罪或者难以重判，损害了法律权威。

刑法修正案（九）草案中删去了对贪污受贿犯罪规定的具体数额，原则规定数额较大或者情节严重，数额巨大或者情节严重，数额特别巨大或者情节特别严重三种情况。

专家表示，本次修改，将刚性的数额标准修改为更有弹性的"数额＋情节"模式，将更有利于做到罪刑相

专家观点

行贿、受贿大多是财产性犯罪，以前没有设置罚金不够合理，所以这次修法，在对单位行贿罪、介绍贿赂罪等多个罪名中都添加了罚金刑。如果能够通过财产刑这一法律手段加大对行贿人的惩治力度，无疑将大大增加行贿犯罪的法律成本。

——中国政法大学刑事司法学院教授　曲新久

当。对于具体定罪标准，可以通过司法解释明确相应标准，使反腐败的司法程序更加符合实际、更加科学合理。

短评

织严反腐法网

首次提请全国人大常委会审议的刑法修正案（九）草案中，修改贪污贿赂犯罪定罪量刑标准，织严了惩治行贿犯罪的法网。立法机关旨在通过修改刑法反腐条款，针对受贿人、行贿人、领导干部近亲属等“亲缘腐败”编织起更加严密的法网。制度反腐的治本之策有望向前迈出重要一步。

一网打尽　　新华社发　徐骏　作

光盯防领导干部自身的“朋友圈”，把其拖下水的密切关系人的“朋友圈”也要追责。2009年通过的刑法修正案（七）中规定，在职或者离职领导干部的“家里人”“身边人”利用领导干部影响力索贿受贿的，要被追究刑责。这次修法又进一步剑指对领导干部“家里人”“身边人”行贿的人员，也拟追究刑责。打击行贿受贿的链条进一步延伸。

刑罚是“最后的防线”。修改刑法条款也映射出国家反腐败机制从立法上正在逐步完善。对多类行贿罪规定处以罚金刑，大大提高犯罪成本；进一步严格对行贿罪从宽处罚的条件，避免行贿逃脱处罚；删除具体数额标准，以概括性数额和情节为贪污贿赂定罪量刑，让反腐败的司法实践更加科学……一系列法条的修改意图，是剪断衍生权力腐败的“犯罪链”，把反腐败的制度牢笼扎牢扎紧。

当前，在惩治腐败的高压态势下，一批“老虎”“苍蝇”被打，初步形成了“不敢腐”的局面。只有按照全面推进依法治国的要求，不断加大治本力度，加强制度建设、形成有效机制，党纪国法一起发力，才能使领导干部“不能腐”“不想腐”。

依法治国篇

17. 重温敬畏和权利

——聚焦首个国家宪法日

“法律的生命力在于实施，法律的权威也在于实施。”作为国家的根本法、治国安邦的总章程，宪法更是如此。然而，现实中“违法可怕、违宪不可怕”“宪法是闲法”等观念并不鲜见，以权代法、以权压法、徇私枉法等违反宪法法律的现象时有发生。人民期盼，以国家宪法日为新的起点，全面贯彻实施宪法，切实维护宪法权威。

我国迎来首个国家宪法日

2014年12月4日是我国首个国家宪法日。国家宪法日的设立，意味着宪法在中国政治生活中的地位进一步凸显。

宪法是国家的根本法，是治国安邦的总章程，具有最高的法律地位、法律权威、法律效力。全面贯彻实施宪法，是全面推进依法治国、建设社会主义法治国家的首要任务和基础性工作。

党的十八届四中全会通过的《中共中央关于全面推进依法治国若干重大问题的决定》提出，将每年12月4日定为国家宪法日。十二届全国人大常委会第十一次会议表决通过决定，将12月4日设立为国家宪法日，国家通过多种形式开展宪法宣传教育活动。决定明确，全国各族人民、一切国家机关和武装力量、各政党和各社会团体、各企业事业组织，都必须以宪法为根本的活动准则，并且负有维护宪法尊严、保证宪法实施的职责。任何组织或者个人都不得有超越宪法和法律的特权，一切违反宪法和法律的行为都必须予以追究。

设立国家宪法日，在全社会普遍开展宪法宣传教育，大力宣传宪法所确立的国家根本制度、根本任务、基本原则、活动准则，大力弘扬宪法精神，将有助于教育引导各级组织和全体公民牢固树立宪法意识、增强宪法观念，自觉履行维护宪法尊严、保障宪法实施的职责。

四中全会决定·摘要

《中共中央关于全面推进依法治国若干重大问题的决定》
和习近平所作的
《关于〈中共中央关于全面推进依法治国若干重大问题的决定〉的说明》
摘要

决定约1.7万字，分七部分：

- 坚持走中国特色社会主义法治道路，建设中国特色社会主义法治体系
- 完善以宪法为核心的中国特色社会主义法律体系，加强宪法实施
- 深入推进依法行政，加快建设法治政府
- 保证公正司法，提高司法公信力
- 增强全民法治观念，推进法治社会建设
- 加强法治工作队伍建设
- 加强和改进党对全面推进依法治国的领导

决定指出

全面推进依法治国，总目标是
建设中国特色社会主义法治体系，建设社会主义法治国家

决定强调

实现这个总目标，必须坚持中国共产党的领导，
坚持人民主体地位，坚持法律面前人人平等，
坚持依法治国和以德治国相结合，坚持从中国实际出发

习近平所作的说明约1万字，分三部分：

- 关于全会决定起草背景和过程
- 关于全会决定的总体框架和主要内容
- 关于需要说明的几个问题

说明指出，全会决定起草突出了5个方面的考虑

- 一是贯彻党的十八大和十八届三中全会精神，贯彻党的十八大以来党中央工作部署，体现全面建成小康社会、全面深化改革、全面推进依法治国这“三个全面”的逻辑联系
- 二是围绕中国特色社会主义事业总体布局，体现推进各领域改革发展对提高法治水平的要求，而不是就法治论法治
- 三是反映目前法治工作基本格局，从立法、执法、司法、守法4个方面作出工作部署
- 四是坚持改革方向、问题导向，适应推进国家治理体系和治理能力现代化要求，直面法治建设领域突出问题，回应人民群众期待，力争提出对依法治国具有重要意义的改革举措
- 五是立足我国国情，从实际出发，坚持走中国特色社会主义法治道路，既与时俱进、体现时代精神，又不照抄照搬别国模式

新华社发（大巢制图）

“数”说根本大法

现行《中华人民共和国宪法》于1982年12月4日第五届全国人民代表大会第五次会议通过，1982年12月4日全国人民代表大会公告公布施行。

——新中国第4部宪法

现行的《中华人民共和国宪法》是新中国成立以来的第4部宪法。这4部宪法因其实施的年代分别被称为“五四宪法”“七五宪法”“七八宪法”和“八二宪法”。

——现行宪法历经4次修正

1988年4月12日第七届全国人民代表大会第一次会议、1993年3月29日第八届全国人民代表大会第一次会议、1999年3月15日第九届全国人民代表大会第二次会议和2004年3月14日第十届全国人民代表大会第二次会议分别通过《中华人民共和国宪法修正案》，共对“八二宪法”进行了4次修正。

——正文共1.6万余字

现行《中华人民共和国宪法》共4章138条，共计1.6万余字，分为目录，序言，第一章总纲，第二章公民的基本权利和义务，第三章国家机构，第四章国旗、国歌、国徽、首都。

——序言部分共1700余字

序言中提出：“本宪法以法律的形式确认了中国各族人民奋斗的成果，规定了国家的根本制度和根本任务，是国家的根本法，具有最高的法律效力。全国各族人民、一切国家机关和武装力量、各政党和各社会团体、各企业事业组织，都必须以宪法为根本的活动准则，并且负有维护宪法尊严、保证宪法实施的职责。”

与普通法律相比，宪法规定的是国家的根本制度和根本任务，是关系到国家和社会生活各个方面最重要、最基本的问题，宪法的制定与修改必须采取比普通法律更为慎重的态度和更为严格的程序。

——正文出现“人民”300余次

宪法确定了人民主权原则，核心就是指国家主权这一最高权力来源于人民，同时永远属于人民，人民有权参与国家事务的管理。

——正文出现“权利”29 次

宪法规定我国公民的基本权利包括：在法律面前一律平等；政治权利和自由，包括选举权和被选举权，监督权，议论、出版、集会、结社、游行、示威的自由等；宗教信仰自由；人身自由，包括人身自由不受侵犯，人格尊严不受侵犯，住宅不受侵犯，通信自由和通信秘密受法律保护；监督权，包括对国家机关及其工作人员有批评、建议、申诉、控告、检举并依法取得赔偿的权利；社会经济权利和文化教育权利。保障妇女的权利，保护婚姻、家庭、母亲、儿童和老人，保护华侨、归侨、侨眷的合法正当权利等。

——出现“义务”14 次

宪法规定我国公民的基本义务包括：维护国家的统一和各民族团结；遵守宪法和法律，保守国家秘密，爱护公共财产，遵守劳动纪律，遵守公共秩序，尊重社会公德；维护祖国的安全、荣誉和利益；保卫祖国，依法服兵役和参加民兵组织；依法纳税；夫妻双方有实行计划生育的义务，“父母有抚养教育未成年子女的义务，成年子女有赡养扶助父母的义务，公民有劳动的义务和受教育的义务。

——“国家机构”占最大篇幅，共 8000 余字

这一部分共 7 节，分别是“全国人民代表大会”“中华人民共和国主席”“国务院”“中央军事委员会”“地方各级人民代表大会和地方各级人民政府”“民族自治地方的自治机关”“人民法院和人民检察院”。主要是赋予立法、行政、司法等国家机关公共权力，使国家权力在宪法设定的轨道上有序运行，避免国家权力缺位、越位和错位。

宪法的权威来自何处？

2014 年 12 月 4 日，我国将迎来第一个国家宪法日。在党的十八届四中全会作出全面推进依法治国重大战略决策的今天，以这样一种特殊的形式凸显宪法的

崇高地位，具有现实而深远的意义。

“法律的生命力在于实施，法律的权威也在于实施。”作为国家的根本法、治国安邦的总章程，宪法更是如此。然而，现实中“违法可怕、违宪不可怕”“宪法是闲法”等观念并不鲜见，以权代法、以权压法、徇私枉法等违反宪法法律的现象时有发生。人民期盼，以国家宪法日为新的起点，全面贯彻实施宪法，切实维护宪法权威。

宪法修改：最为严格的修法程序

党的十八届四中全会决定提出：“党中央向全国人大提出宪法修改建议，依照宪法规定的程序进行宪法修改。”

“宪法规定的程序”是什么样的?

宪法第六十四条规定：宪法的修改，由全国人民代表大会常务委员会或者五分之一以上的全国人民代表大会代表提议，并由全国人民代表大会以全体代表的三分之二以上的多数通过。

“宪法之外，由全国人民代表大会审议的法律和其他议案，则以全体代表的过半数通过。”北京大学法学院教授、中国宪法学研究会副会长王磊介绍，可见宪法修改审议要求更高更严。

专家观点

宪法规定的全国人大及其常委会监督宪法实施的职权，应该说还没有被激活。因此，四中全会决定提出这一点，抓住了推进依法治国的关键，为未来推进依法治国、依宪治国设立了具体目标。

——中国人民大学法学院教授　张翔

在提议宪法修改的主体方面规定得最为严格。王磊说：“根据宪法，提议宪法修改的有两个主体，全国人大常委会或者五分之一以上的全国人大代表。”

那么，如何理解“党中央向全国人大提出宪法修改建议”与“由全国人民代表大会常务委员会或者五分之一以上的全国人民代表大会代表提议”之间的关系?

北京大学法学院副院长王锡锌、最高人民检察院检察理论研究所研究员但伟表示，宪法修改有建议程序和启动程序。任何公民、组织都可以提出修改宪法的建议，中共中央当然可以提出修改宪法的建议。提出修宪建议并不意味着启动宪法修改程序。作为立法主体，全国人民代表大会行使修改宪法的职权，依照宪法规定的程序进行宪法修改。

备案审查：一切法律法规都不得同宪法相抵触

党的十八届四中全会决定提出：“加强备案审查制度和能力建设，把所有规范性文件纳入备案审查范围，依法撤销和纠正违宪违法的规范性文件，禁止地方制发带有立法性质的文件。”

多位专家认为，这充分彰显了法治精神，完全契合宪法中“一切法律、行政法规和地方性法规都不得同宪法相抵触”的规定。

“备案审查是保证宪法实施的重要制度，加强备案审查工作是加强宪法实施的一个重要抓手。”全国人大常委会法制工作委员会主任李适时说。法制统一是宪法规定的社会主义法制的重大原则，任何法律、法规及其他规范性文件都不得同宪法相抵触，下位法不得与上位法相抵触。

现实生活中，人们经常看到具体执行行为对法律法规的歪曲，但很少关注到一些地方性法规、地方政府规章、国务院部门规章对法律法规的歪曲。国务院法制办有关负责人认为，后者对国家法制统一和权威的危害性更大。

专家观点

在社会主义法律体系中，宪法具有最高的法律地位，法治首先是“宪法之治”，“普法”的核心首先在于“普宪”。

——中国人民大学法学院院长、
中国宪法学研究会会长　韩大元

李适时表示，下一步工作中将完善备案审查制度，健全备案审查工作机制，积极开展主动审查，加强各有关机构和部门沟通协调，建立备案审查联动机制，形成工作合力，增强备案审查实效；畅通社会组织和公民提出审查建议渠道，积极回应审查建议。还将推动建立健全县级以上地方人大常委会备案审查工作机构，充实备案审查干部队伍，提升备案审查能力。

当前，地方各级政府已经普遍建立了规范性文件备案审查制度，对政府和部门发布的“红头文件”进行监督，初步建立起了地方“四级政府、三级备案”的监督体系。

国务院法制办副主任袁曙宏介绍，国务院法制办将提前研究在依法赋予设区的市立法权后，新增大量设区的市的地方性法规和地方政府规章备案审查工作问题。

宪法监督：最重要的“制度的笼子”

党的十八届四中全会决定提出，“完善全国人大及其常委会宪法监督制度，健全宪法解释程序机制。”

中国人民大学法学院教授张翔认为，宪法规定的全国人大及其常委会监督宪法实施的职权，应该说还没有被激活。因此，四中全会决定提出这一点，抓住了推进依法治国的关键，为未来推进依法治国、依宪治国设立了具体目标。

按照宪法规定，我国目前采取的是由国家最高权力机关进行宪法监督的制度，即全国人大及其常委会监督宪法的实施。

“对于官员而言，宪法监督和宪法解释制度的重要功能在于，明确他们所掌握的国家权力的边界，明确‘我能不能行使这项权力’‘这项权力到底是这个机关的还是那个机关的’等。”张翔说，宪法监督本质上是对国家公权力进行的监督。要把权力关进制度的笼子里，宪法监督就是最重要的“制度的笼子”。

王锡锌表示，宪法监督制度要以现实的法治背景、环境、条件与实践为基础，分期分步骤稳步推进。要进一步明确全国人大及其常委会进行宪法监督的对象、范围、方式等，将原则性要求具体化、程序化。

“可以考虑设立宪法监督的专门机构，整合并加强监督工作队伍，明确职权及程序机制和保障机制。”中国政法大学法学院副院长焦洪昌建议。

宪法宣誓：权力属于人民，权力服从宪法

党的十八届四中全会决定提出，“建立宪法宣誓制度，凡经人大及其常委会选举或者决定任命的国家工作人员正式就职时公开向宪法宣誓。”

庄严宣誓 新华社发 大巢 作

专家建议，宪法宣誓制度作为一项国家层面的重要制度，涉及的宣誓主体、具体程序、誓词内容和宣誓方式等，都要经过缜密的设计，形成统一的规范；宣誓制度的具体办法应提请全国人民代表大会审议通过，以彰显权威性、严肃性。

中国人民大学法学院院长、中国宪法学研究会会长韩大元表示，在社会主义法律体系中，宪法具有最高的法律地位，法治首先是“宪法之治”，“普法”的核心首先在于“普宪”。

“目前，公务员特别是一些领导干部的宪法理念脆弱、宪法意识淡薄，在关系国家核心价值观与利益问题上缺乏宪法自信，导致社会价值观混乱、宪法权威受损害，社会上不按照宪法办事的现象大量存在。”韩大元说。

多位专家认为，宪法宣誓通过具体仪式营造出庄严感，让国家工作人员产生对宪法的敬畏感，让宪法思维内化于所有国家公职人员心中，牢记“权力属于人民，权力服从宪法”。公职人员只有为人民服务的义务，没有凌驾于人民之上的特权。

18. 不能再任性圆“规”

——聚焦立法法草案

立法是国家的重要政治活动，立法法则是规范国家立法活动的重要法律，是“管法的法”。作为十二届全国人大三次会议的重要议程之一，立法法修正案草案8日提请大会审议。这是立法法颁布15年来的首次修改，对于完善我国立法体制，提高立法质量和立法效率，建设社会主义法治国家，具有重要的现实意义和长远意义。

15年来首次修改
立法法修正案草案提请十二届全国人大三次会议审议

立法是国家的重要政治活动，立法法则是规范国家立法活动的重要法律，是“管法的法”。作为十二届全国人大三次会议的重要议程之一，立法法修正案草案8日提请大会审议。

这是立法法颁布15年来的首次修改，对于完善我国立法体制，提高立法质量和立法效率，建设社会主义法治国家，具有重要的现实意义和长远意义。

“短板”制约立法提质增效

自2000年颁布施行以来，立法法对规范立法活动发挥了重要作用。但随着

圆“规” 新华社发 商海春 作

经济社会的发展和改革的不断深化，立法逐步从过去总结经验为主，发展到“引领改革、推动发展”为主，立法任务、立法方式也在发生着重大变化。而我国立法体系、能力上还存在诸多不足，立法工作还面临不少新情况、新问题。

部门主导痼疾难消、“立法不作为”露出苗头、资源分配不科学、公众参与实效不足、立法监督难落实处、立法队伍人才紧缺……这些“短板”制约着立法提质增效发挥引领、推动、保障作用。

“为了适应立法工作新形势新任务的需要，贯彻落实党的十八大和十八届三中、四中全会精神，总结立法法施行以来推进科学立法、民主立法的实践经验，适时修改立法法，是十分必要的。”全国人大常委会副委员长李建国 8 日向十二届全国人大三次会议作立法法修正案草案说明时指出。

“这次修改包括发挥立法引领推动、人大立法主导这两个作用，着力提高立法质量，拓展公众有序参与立法的途径和方式，中央和地方立法权限的划分和调整等很多方面，绝不是一个简单的法律的修改。”全国人大常委会法工委研究室主任梁鹰说。

注重公民权益保障　厘清政府权力边界

在去年全国人大常委会两次审议立法法修正案草案之后，草案再次提请全国人代会审议凸显了这部法律修改的重要性。根据草案说明，这次修改主要体现在六个方面，其中一个重要方面就是关于立法体制的完善。

我国实行统一而又分层次的立法体制。党的十八届四中全会对完善立法体制提出了明确要求。在立法体制上，草案体现了立法和改革决策相衔接，赋予设区的市地方立法权，落实税收法定原则，对部门规章和地方政府规章权限进行规范。

例如，针对现行授权立法规定比较原则，以往有些授权范围过于笼统、缺乏时限要求等问题，草案增加规定，授权决定不仅应当明确授权的目的、范围，还要明确授权的事项、期限和被授权机关实施授权决定应当遵循的原则等；被授权机关应当在授权期限届满的六个月以前，向授权机关报告授权决定实施的情况。

专家观点

为了适应立法工作新形势新任务的需要，贯彻落实党的十八大和十八届三中、四中全会精神，总结立法法施行以来推进科学立法、民主立法的实践经验，适时修改立法法，是十分必要的。

——全国人大常委会副委员长　李建国

根据一些常委会组成人员和地方的建议，草案将“税收”专设一项作为第六项，明确“税种的开征、停征和税收征收管理的基本制度”只能由法律规定。

为进一步明确规章的制定权限范围，推进依法行政，草案规定，制定部门规章，没有法律或者国务院的行政法规、决定、命令依据，不得设定减损公民、法人和其他组织权利或者增加其义务的规范，不得增加本部门的权力、减少本部门的法定职责等等。

不难看出，这些修改更加注重对公民权益的保障，也进一步厘清地方政府权力的边界，明确了宪法、法律、法规、规章严格按照一定的层级关系，体现了对法律的尊重。

发挥人大主导作用　避免地方部门掣肘

立法是一项综合性很强的工作，历经立项、起草、审议、修改等多个环节，需要各相关方面共同配合，也不可避免地会受到各方利益的影响。

法律起草过程中，有的部门对规定自身责任和义务的立法积极性不高，导致一些重要立法迟迟不能出台；有的地方领导“拍脑袋”决策，搞立法上的“形象工程”“政绩工程”，一些不该立的法也仓促上马……

“要切实解决这些问题，必然要求在党的领导下发挥好人大及其常委会在立法中的主导作用。”北京大学教授姜明安说。

草案加强和改进了法律起草机制，规定全国人大有关的专门委员会、常委会工作机构可以提前参与有关方面的法律草案起草工作；涉及综合性、全局性、基础性等事项的法律草案，可以由全国人大有关的专门委员会或者常委会工作机构组织起草。

草案还更多地发挥人大代表在立法中的作用，要求全国人大常委会审议法律案，应当通过多种形式征求代表的意见；立法调研可以邀请有关的代表参加。

推进科学立法、民主立法

深入推进科学立法、民主立法是提高立法质量的根本途径。党的十八届三中、四中全会对深入推进科学立法、民主立法提出了一系列要求，全国人大常委会组成人员、全国人大代表、专家学者和社会公众也提出了许多好的意见建议。

据此，草案拓宽公民有序参与立法的途径，开展立法协商，完善立法论证、听证、法律草案公开征求意见等制度；健全审议和表决机制；增加法律通过前评估、法律清理、制定配套规定、立法后评估等一系列推进科学立法的措施。

“科学立法就是要实事求是，不能拍脑袋做决策；民主立法就是要多听方方面面的意见，多吸取社会智慧。”十二届全国人大三次会议发言人傅莹强调，法律是对社会共识的凝结，所以制定的每一部法律都要切实地反映人民群众的意愿，反映人民的利益，要跟上社会前进的步伐。

草案还对制定行政法规的程序作出进一步完善，加强了规范性文件的备案审查，并加强了对司法解释的规范和监督。

四个关键词帮你读懂立法法修正案

2015年3月8日，十二届全国人大三次会议举行第二次全体会议，听取全国人大常委会副委员长李建国关于中华人民共和国立法法修正案草案的说明。

李建国指出，立法是国家的重要政治活动，而立法法是关于国家立法制度的重要法律。随着中国经济社会的发展和改革的不断深化，立法工作面临不少新情况、新问题，适时修改立法法具有重要的现实意义和长远意义。

如果你不是法律专业人士，很可能会对立法法感到有些陌生。不过，读完从立法法修正案草案中梳理出的以下四个关键词，你会感到这部法律与我们每个人的生活距离并不遥远。

关键词——立法质量

此次立法法修正案草案的第一个变化出现在第一章第一条，在关于立法法制定宗旨的表述中增加了“提高立法质量”、“发挥立法的引领和推动作用”等表述。

现行立法法于2000年3月15日在第九届全国人民代表大会第三次会议上审议通过，同年7月1日开始施行。

作为一部管法的法，立法法是规定国家整个立法活动的根本依据。通俗地说，它决定着需要制定哪些法律，由谁来制定法律和怎样制定法律这几个基本的问题。

规 矩　　新华社发　朱慧卿　作

2014年8月，在施行14年后，立法法修正案草案首次提交全国人大常委会审议，拉开了新形势下中国立法改革的序幕。鉴于今年是中央提出全面推进依法治国的第一年，这部法律的修正具有格外重要的意义。

许多业内人士认为，立法法的修正意味着经历了数十年“加速式”立法后，中国开启了精细化立法的新纪元。

关键词——地方立法权

目前，中国共有284个设区的市，其中只有49个享有地方立法权。

随着经济社会的发展，地方自主管理事务的范围越来越广泛，在城市建设、城市管理、环境保护等方面遇到的许多问题都迫切需要用法律来规范。在这种情况下，很多城市一方面千方百计申请成为“较大的市”以获得地方立法权，另一方面出台了不少“红头文件”等相应规定。

党的十八届三中全会通过的《中共中央关于全面深化改革若干重大问题的决定》明确提出，要“逐步增加有地方立法权的较大的市数量”。

十二届全国人大三次会议大会新闻发言人傅莹在回答记者提问时透露，立法法修正案草案进一步明确了中央和地方立法权限的划分，赋予所有设区的市人大地方立法权。

扩大地方立法权的范围，有利于规范地方政府的政策制定，提升政府的管理水平。与此同时，专家也呼吁加强对地方立法人员的专业培训，提高立法质量，防止立法权被地方滥用。

关键词——不得减损权利

修正案草案规定：国务院各部、委员会、中国人民银行、审计署和具有行政管理职能的直属机构在制定部门规章时，如果没有法律或者国务院的行政法规、决定、命令作为依据，部门规章不得设定减损公民、法人和其他组织权利或者增加其义务的规范。与此相似，地方政府在制定相应规章时，如果没有法律、行政法规、地方性法规作为依据，不得减损公民、法人和其他组织权利或者增加其义务。

近年来，一些地方的政府频频使用限行、限购、限贷等限制性行政手段，其合法性与公平性引发不少争议。支持者认为，政府部门使用“限字诀”有利于果断处置那些迫在眉睫的问题，可以收到立竿见影的功效；反对者则认为，某些政府部门的做法涉及公民的权利义务，其政策出台是否合法，颁布实行程序是否合理，都有待商榷。

此次的立法法修正案草案在对政府部门行为进行规范的同时，也给地方政府行政留下了必要的空间。修正案草案规定，在出现因行政管理迫切需要而制定地方性法规条件尚不成熟的情况时，可以先制定地方政府规章。但规章实施满两年需要继续实施的，应提请本级人民代表大会或者其常务委员会制定地方性法规。

通过对立法法进行修正，为地方政府行使权力设定了明确的边界和期限，将推动政府行为杜绝任性和随意，切实走上依法行政的轨道。

关键词——税收法定

关于燃油税上调，引发社会热议。

1985 年，六届全国人大三次会议作出决定，把税收立法权授予国务院以适应改革开放的需要。由此，“条例”或“暂行条例”成为大多数税收的征收依据。因为历史的原因，目前全国 18 个税种中只有个人所得税、企业所得税、车船税这三种是经过人大立法的。

随着国家政治经济的发展，党的十八届三中全会明确提出，要落实税收法定原则。

税收法定，简而言之就是政府收什么税、向谁收、收多少、怎么收，都要通过人大立法决定，也就是此次立法法修正案草案所提出的，有关税种的开征、停征和税收征收管理基本制度的事项都要通过制定法律的方式来作出决定。百姓的钱包将受到法律的“精心呵护”。

傅莹在回答记者提问时就这个问题给出了更加明确的解读和具体的时间表：今后凡是开征新税的，都要由全国人大及其常委会制定税收法律；凡是要对现行税收条例进行修改的，一般都要上升为法律；其他的税收条例，则要区别轻重缓急，逐步地上升为法律。总的目标是要在 2020 年之前，全面落实税收法定原则。

短评

管住权力“任性”　守护法规“边界”

立法，是国家的重要政治活动。而立法法，是关于国家立法制度的重要法律。修改立法法意味着法律从制定伊始将有新的规范和要求。备受关注的立法法修改之所以被社会各界寄予厚望，就是期盼它能从源头上夯实全面依法治国的立法基础。

立法法虽然专业性较强，却和每个公民的生活息息相关。近年来，一些地方政府仓促之间出台地方性限制措施。这些带有法律效力的限制措施，大多以红头文件示人，引发广泛争议。而此次立法法修正案草案中，明确没有法律、行政法规、地方性法规依据，地方政府规章不得设定减损公民、法人和其他组织权利或者增加其义务的规范。事实上，修改立法法意义远不止终结说限就限，而是对立法行为本身进一步规范。要求这些限制措施必须在法律框架内，不能逾越"边界"，而且程序必须合法。这正是此次修改立法法相关条款所要解决的问题。

立法法修正案草案还提出在制定部门规章过程中，不得增加本部门的权力、减少本部门的法定职责。这无疑是针对我国长期以来部门规章制定工作中，部门利益规章化，以规谋权、以规谋私、关门立法等顽疾。

全面依法治国，立法工作是关键一环。管住权力"任性"，守护法规"边界"，厘清程序正义，实现立法有据、科学立法、民主立法，方能制定出高质量的法律法规。这是修改立法法的重要现实意义，也是群众的诉求和全面依法治国的基本要求。

19. 织密预算约束的制度笼子

——聚焦预算法修法

年底“突击花钱”与制度规定存在着密切关联，也必须从制度着眼寻求破解之道。由于中央财政资金通常需要经过层层审批才会到达地方，这客观上缩短了地方一年内“花钱”的有效时间，这就要求地方就如何用好财政资金制定出更加科学、更为细致的进度表，这无疑是遏制“突击花钱”的有力抓手。

预算法20年来首次大修进入四审

2014年8月25日，20岁的预算法迎来首次大修的第四次审议。

党的十八大和十八届三中全会部署了新时期深化财税体制改革的蓝图，日前中共中央政治局会议审议通过的深化财税体制改革总体方案，又开启了新一轮财税改革的大幕。

北京大学法学院教授刘剑文认为，新一轮财税体制改革以预算管理制度改革为突破口和抓手，预算法无疑是整个财税改革的“龙头法”。新一轮改革启动在即，亟须尽早出台新预算法配套。

而从法案本身看，历经前三次审议，全国人大常委会组成人员普遍认为，草案三审稿体现了党的十八大和十八届三中全会精神，回应了社会关切，已基本成熟。在此基础上，25日公布的四审稿草案，补充完善多处规定，又往前迈进一步。

例如，将“强化预算约束”补充入立法宗旨；对全口径预算的界定和管理更

送 审 新华社发 徐骏 作

严谨；将举债情况列入预算公开内容；更严格限制专项转移支付的地方配套；新增人大审查预算草案前，应“听取选民和社会各界的意见”规定；为杜绝收“过头税”，将“各级政府不得向预算收入征收部门和单位下达收入指标”补充入法……

武汉大学法学院教授熊伟认为，四审稿在技术层面有更多推进，要求预算编制更细化、公开的内容更全面、对国库管理更严格、预算审批环节更规范、违法预算的追责条款更严谨，这些都有助于更好发挥预算法规范政府收支行为的作用。

刘剑文表示，总体看，四审草案已比较成熟，既符合中国社会的现实需要，也兼顾国际惯例。预算法牵一发而动全身，涉及中央和地方关系、立法和行政机关的关系、政府和百姓的关系，是一部事关民生福祉的经济宪法，尽早出台是适应国家财税体制总体改革和财税法制建设的需要。

严控债务风险成预算法草案四审稿一大焦点

一边是地方卖地收入锐减，一边是地方债进入偿债高峰，双重压力之下如何防控地方债务风险成为预算法修改的一大焦点。

25日公布的预算法修正案草案四审稿，在此前三审稿已架起五道防控地方债务风险“防火墙”基础上，又从完善机制建设的层面以更大力度严控风险的扩张。

中国社科院财经战略研究院研究员杨志勇认为，四审稿中关于地方债的表述更加细化，也更强调可操作性。在允许地方政府适度发债的同时，更强调偿还责任和风险控制。

我国现行预算法第 28 条规定，“地方各级预算按照量入为出、收支平衡的原则编制，不列赤字。除法律和国务院另有规定外，地方政府不得发行地方政府债券。”

这一规定给地方政府合法发债设立了闸门，但却没挡住地方政府变相举债的脚步。过去几年，地方政府债务规模迅速上升。中国会否在法律上打开地方政府发债的“闸门”？中国又该如何防范债务风险？成为海内外关注的焦点。

此次草案四审稿修改为：“地方各级预算按照量入为出、收支平衡的原则编制，除本法另有规定外，不列赤字。”

同时规定，“经国务院批准的省、自治区、直辖市的预算中必需的建设投资的部分资金，可以在国务院确定的限额内，通过发行地方政府债券举借债务的方式筹措。”

杨志勇认为，“除本法另有规定外，不列赤字”的新表述更严谨，也更符合现实情况。

“虽然现行预算法规定不列赤字，但实际操作中已屡遭突破。”财政部财科所副所长白景明说，为适应地方经济社会发展的需要，应在法律上明确地方可以发债。不过，不是没有限制，是有管理、有控制、有监督的发债。

四审稿以多于现行法数倍的篇幅对地方政府发债做出了诸多具体规定，在部分“开闸”地方发债的同时，严格防范债务风险的扩张。

在三审稿限定举债主体、方式和规模的基础上，四审稿明确规定，举债的用途应当是“预算中必需的建设投资的部分资金”，“只能用于公益性资本支出，不得用于经常性支出。”

白景明指出，地方政府举债得来的钱具体花到哪里，要有严格的监督。法律明确规定了资金的用途，也就是说可以用在如保障房建设、水利设施、博物馆建设等公益性资本支出方面，但不能拿它来买公车、盖办公楼、发工资。

四审稿中还新增了一条规定，“国务院建立地方政府债务风险评估和预警机

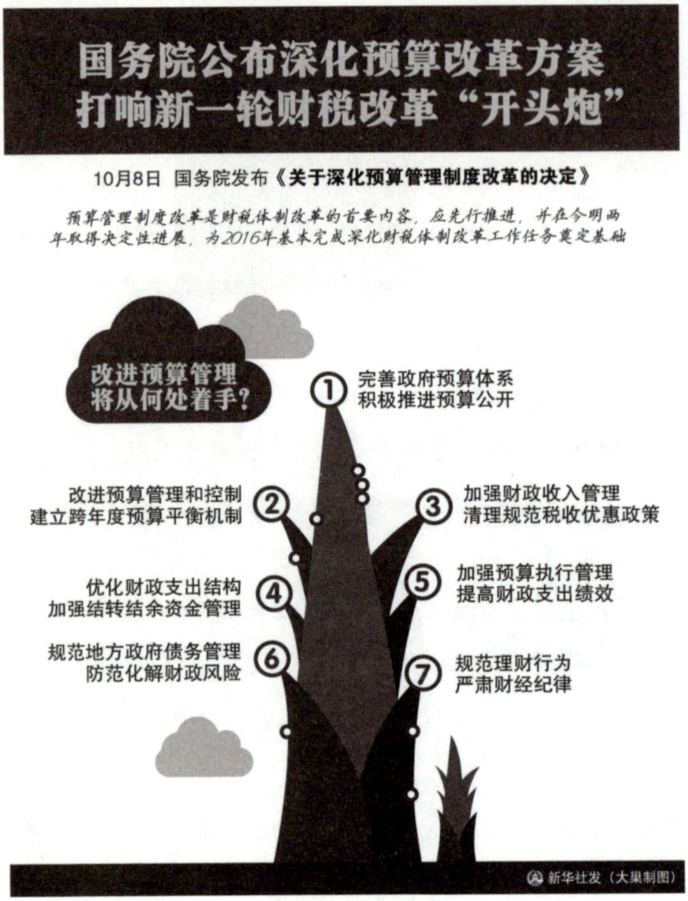

制、应急处置机制以及责任追究制度。国务院财政部门对地方政府债务实施监督。”

杨志勇表示，在当前地方举债有总量控制的前提下，风险评估和预警机制的重要性还不那么明显。但如果是在完全市场化的融资环境下，这一机制就会成为防范风险非常重要的环节。

加大公开力度、促进债务阳光透明，也是地方债亟待解决的重要问题。此次四审稿在第 14 条新增了一句话，要求“对本级政府举借债务的情况等重要事项作出说明。”

“这句话非常重要，是打造阳光财政的重要内容。”白景明说，只有打造阳光财政，才能确保公民对政府行政活动的知情权和监督权，这是政府应尽的职责。

如何织密约束预算的制度笼子

——预算法四审稿回应五大社会关切

财政预算是一个国家的账本，收入与支出连着千家万户。作为规范政府收支行为的法律，预算法修改的一举一动备受关注。

2014年8月25日，20年来首次大修的预算法进入四审。与现行预算法相比，它做了哪些修改？从哪些方面回应了社会关切？记者采访了权威专家解读草案背后的制度安排。

政府全部收支是否都纳入监管？

被认为是腐败温床的“小金库”经过多轮清理仍然普遍存在于一些党政机关之中，近期有媒体曝光一省会城市的科级单位就私开了11个账户，将近10亿元收入公款私存。据了解，“小金库”的形成就源于现行的预算法未将政府全部收入纳入预算之中，让体外循环的财政资金有了可乘之机。

“政府的全部收入和支出都应当纳入预算”“政府的全部收入应当上缴国家金库，任何部门、单位和个人不得截留、占用、挪用或者拖欠。”“各级政府、各部门、各单位的支出必须按照预算执行，不得虚假列支。”……相对于现行预算法，四审稿中的这些表述让人眼前一亮。

权力入“笼” 新华社发 徐骏 作

北京大学法学院教授刘剑文说，四审稿最大亮点是对立法宗旨的完善，在现行法强调“健全国家对预算的管理”基础上，增加“规范政府收支行为，强化预算约束”内容。政府由管理主体变为管理对象，用法律约束行政权力，让人民监督政府花钱。

预算编制能否避免“拍脑袋”？

长官意志、拍脑袋工程、花钱大手大脚、新官不理旧事……长期以来由于预算编制缺乏刚性约束，预算调整随意性大，造成了财政资金的巨额损失和浪费，一些拆了建、建了拆的工程屡屡引发群众不满。

专家观点

四审稿最大亮点是对立法宗旨的完善，在现行法强调“健全国家对预算的管理”基础上，增加“规范政府收支行为，强化预算约束”内容。政府由管理主体变为管理对象，用法律约束行政权力，让人民监督政府花钱。

——江苏省人大代表、盐城市委书记　朱克江

修改后的预算法规定，编制预算依据，除现行法要求的“上年预算执行情况”和“本年度收支预测”，还增列“有关支出绩效评价结果”作为依据；新增条款限制预算调整行为，并详细规定如何编制预算调整方案；对未按规定编制、调整预算等行为，引入“追究行政责任”的惩戒规定。

“预算编制不准确、调整不规范，就无法从源头卡住花钱漏洞，后面监管再详细都是徒劳。”武汉大学法学院教授熊伟建议，应进一步限制政府部门随意调整预算的权力，并在审查预算时引入百姓监督。

约束转移支付能否刹住“跑部钱进”？

中央对地方财政转移支付看似离百姓很远，实际关系百姓福祉的教育、医疗、社保等很多民生资金都出自转移支付。专项转移支付过多会助长地方“跑部钱进”风气，引发腐败浪费的同时，又加重地方配套负担，成为改革难题。

四审稿释放出转移支付制度改革的重要信号，鼓励一般性转移支付、限制专项转移支付。如要求建立健全专项转移支付的“定期评估和退出机制”，凡市场竞争机制能有效调节事项，“不得设立专项转移支付”。除上下级政府共同承担事项外，上级安排专项转移支付不得要求下级配套。

“修改后的预算法首次明确了转移支付的法律地位，为未来制定财政转移支

付法打下基础。”刘剑文说，目前我国每年转移支付和税收返还资金超过 4 万亿元，但资金管理一直缺少法律规范，只有一部财政临时性规定。近年来一系列套取、挪用资金违规现象与制度不健全有直接关系。

预算公开是否真正透明易懂？

近年来预算公开力度不断加大，但仍有不够细化的“模糊信息”，甚至一些部门地方以各种理由不公开某些内容，使得公众、人大代表看起预算来“云里雾里”。

与现行预算法“只字未提”预算公开相比，修改后的预算法可谓迈出一大步。不仅将“预算公开”入法，还规定公开的时效和内容。尤其规定要向社会公开预决算中包含“三公经费”在内的机关运行经费安排、社会高度关注的政府采购情况，并要对本级政府举债情况作出说明。

上海财经大学教授蒋洪肯定了这一进步，并指出草案提出一般公共预算支出中的基本支出可按经济性质分类编列到款，体现预算最大限度细化公开要求。

“如果按经济分类公开预算等细化公开规定能得到有效落实，公众就会直观了解钱是怎么花出去的，更容易判断钱花得是否合理。”蒋洪说。

人大监督如何有效落地？

每年两会时，都有人大代表反映，“预算报告草案看不懂，又没时间看完，表决器就随便按了。”人大代表是代表人民行使监督权，如果人大对预算的审查监督流于形式，就会影响公众监督的效能，让腐败有机可乘。

四审稿在强化人大对预算审查监督方面亮点很多：如将两会前全国人大财经委初审中央预算草案时间由现行的会前 30 天，提前到会前 45 天；为确保预算的科学民主，新增条款要求县级及以下人大审查预算前要多形式听取选民和社会各界意见；明确人大审查重点内容，确保监督更有针对性。

“不受监督的权力，必然导致腐败。”熊伟建议，只有人大监督更细化、可操作，才能确保监督权真正有效落地。

预算法修改历程

我国现行预算法于1994年在第八届全国人大二次会议上通过，1995年1月1日正式实施，迄今已20年。随着经济社会发展，预算法逐渐暴露出一些不完善的地方，如预算编制不够细化、预算透明度不足、地方政府举借债务存争议等。

2004年，我国启动预算法修订。然而，修订工作由于种种原因而延后。直到2011年11月，国务院第181次常务会议讨论通过了预算法修正案草案，并于12月提交全国人大常委会进行了初审。此时距2004年启动预算法修订已有七年之久。

2012年6月，预算法草案迎来二审。随后，草案通过全国人大网向社会公开征求意见，吸引了1.9万人参与，征集到33万条意见，其中3.4万条提出了具体修改意见，足见社会各界对这一法案的关注。

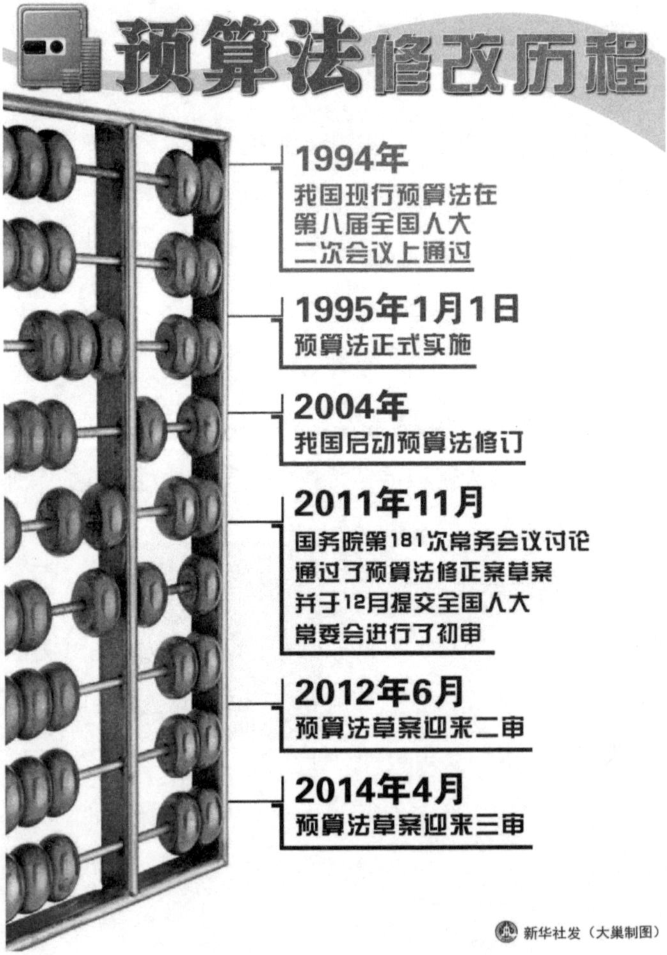

二审稿公开征求意见之后，由于社会各界对预算法如何修改争论不休，修改工作曾有两年杳无音信。直到2013年底，中共十八届三中全会对全面深化改革做出总体部署，人们看到了重启这一法案修改的重要契机。

短评

遏制"突击花钱"需织密制度"笼子"

年底"突击花钱"的老问题，今年又被关注。最新数据显示，2014年前11个月，全国财政支出126308亿元，距离全年预算还差17.5%的进度。如果预算都要花掉，就意味着有超过2.6万亿元的支出预算将在剩下的一个月时间里完成。"突击花钱"反复发生，的确让很多人耿耿于怀。

年底"突击花钱"与制度规定存在着密切关联，也必须从制度着眼寻求破解之道。由于中央财政资金通常需要经过层层审批才会到达地方，这客观上缩短了地方一年内"花钱"的有效时间，这就要求地方就如何用好财政资金制定出更加科学、更为细致的进度表，这无疑是遏制"突击花钱"的有力抓手。

不少业内人士指出，一些地方的预算编制不够细化，不少项目拿到财政资金之后才开始做准备。如果在财政资金拨付之前，就有较为科学的规划，就能据此对一些重要建设项目提前准备，从而有效减少年底花钱扎堆现象。

人们更为关注的，其实是一些地方在没有明确具体的支出用途之前，就先期从财政资金中切分出一些款项，交由各部门自行决定这块开支。一些部门拿到钱之后"不知道往哪儿花"，拖到年底了又不想被财政收回，于是想方设法花出去，这是年底"突击花钱"中社会反映最为强烈的方面。

织密加强财政精细化管理的"笼子"，科学合理确定财政资金的用途，真正把有限的财政资金用到更值得花的地方，"好钢用到刀刃上"，减少不合理开支，杜绝浪费行为，使财政资金更好发挥出推动经济社会发展的支撑作用，真正造福于民。

20. 让“民告官”更畅通

——聚焦行政诉讼法大修

十二届全国人大常委会第十一次会议表决通过了关于修改行政诉讼法的决定。这是行政诉讼法实施20多年来的第一次修改，在全面推进依法治国的当下，对于推动政府依法行政、加快建设法治政府具有现实而深远的意义。值得注意的是，针对“立案难、审理难、执行难”等行政诉讼领域被诟病已久的问题，此次修法从扩大受案范围、畅通诉讼渠道、增加对行政机关负责人的责任等方面进行了更完善的制度设计，以保障“民告官”更为顺畅地进行。这体现了立法机关进一步限制公权力、保护私权利的坚定决心，值得点赞和期待。

行政诉讼法25年后完成首次大修　让“民告官”更畅通

十二届全国人大常委会第十一次会议表决通过了修改行政诉讼法的决定，国家主席习近平签署第15号主席令予以公布。新华社受权播发了这一决定。

这是行政诉讼法自1989年制定后作出的首次修改。

行政诉讼法是一部“民告官”的法律，自实施以来发挥了积极作用。但随着公民权利意识、法律意识的增强，行政诉讼案件逐渐增多。一些行政机关千方百计不当被告，导致很多应当通过诉讼解决的纠纷进入了信访渠道，一些地方甚至出现了“信访不信法”的情况。统计显示，近年来全国法院年均受理行政案件仅有十几万件，占全部案件总量的比例很低。

为此，修改后的行政诉讼法进一步拓宽了“民告官”的法律渠道，完善了依法维权和化解行政纠纷的机制。同时，通过对现行行诉法起诉、审理、判决、执行等机制的改进和完善，扩大了可诉行政行为的范围，强化对行政机关依法行政的监督。

专家表示，这些修改将有助于解决我国行政诉讼制度长期存在的“起诉难、审理难、执行难”问题，推进人民法院行政审判权的相对独立行使，加强和保障司法公正和司法权威，推进法治政府建设。

全国人大常委会关于修改行政诉讼法的决定将于2015年5月1日起实施。

十大看点告诉你行政诉讼法做了哪些重要修改

2014年11月1日，全国人大常委会表决通过了关于修改行政诉讼法的决定，对这部和百姓息息相关的“民告官”法做出了重要修改。

看点一：受案范围扩大

【修改】将行政机关滥用行政权力排除或者限制竞争的，违法集资、摊派费用的，没有依法支付最低生活保障待遇或者社会保险待遇的等行政行为纳入了受案范围。

【点评】经过20多年的实践，对公民权利的保护已经不仅仅限于人身权和财产权，权利范围在单行法中不断扩大。“这是这部法在制度建设上的一个进步。”中国政法大学教授王敬波认为，扩大受案范围是总体趋势，进一步明确列举可诉具体行政行为的情形，可以避免法院借口法律没有明确规定而不予受理。

看点二：行政机关不得干预、阻碍法院立案

【修改】行政机关及其工作人员不得干预、阻碍人民法院受理行政案件。

【点评】北京市第一中级人民法院行政庭副庭长龙非认为，虽然这是一个

十大看点
告诉你行政诉讼法做了哪些重要修改

▶ 看点一：受案范围扩大

修改 将行政机关滥用行政权力排除或者限制竞争的，违法集资、摊派费用的，没有依法支付最低生活保障待遇或者社会保险待遇的等行政行为纳入了受案范围

▶ 看点二：行政机关不得干预、阻碍法院立案

修改 行政机关及其工作人员不得干预、阻碍人民法院受理行政案件

▶ 看点三：可口头起诉

修改 起诉应当向法院递交起诉状，书写起诉状确有困难的，可以口头起诉

▶ 看点四：应当登记立案

修改 法院在接到起诉状时对符合规定的起诉条件的，应当登记立案。不能当场判定的，应接收起诉状，出具书面凭证，七日内决定是否立案

▶ 看点五：起诉期限延长到“六个月”

修改 直接向法院提起诉讼的，应当自知道或者应当知道作出行政行为之日起六个月内提出

▶ 看点六：行政首长出庭

修改 被诉行政机关负责人应当出庭应诉。不能出庭的，应当委托行政机关相应的工作人员出庭

▶ 看点七：可跨区域管辖

修改 经最高人民法院批准，高级人民法院可以根据审判工作的实际情况，确定若干人民法院跨行政区域管辖行政案件

▶ 看点八：不执行可拘留行政机关直接责任人

修改 行政机关拒绝履行判决、裁定、调解书的，增加规定“社会影响恶劣的，可以对该行政机关直接负责的主管人员和其他直接责任人员予以拘留”

▶ 看点九：复议机关是共同被告

修改 经复议的案件，复议机关决定维持原行政行为的，作出原行政行为的行政机关和复议机关是共同被告；复议机关改变原行政行为的，复议机关是被告

▶ 看点十：明确提出要解决行政争议

修改 修改后的法律在立法目的中增加“解决行政争议”的表述

新华社记者 崔莹 编制

宣示性的条款，但把这个要求写进来，体现了在行政诉讼中对法院独立行使审判权的保障。这是四中全会精神在行政诉讼法修改中的一个重要体现和具体化。

“当然，要让这一规定得到真正的落实，我们期待下一步还会有更具体的制度来配套完善，使之具体化。”龙非说。

看点三：可口头起诉

【修改】起诉应当向法院递交起诉状，书写起诉状确有困难的，可以口头起诉。

【点评】北京大学法学院教授沈岿认为，这一规定方便了当事人行使诉权。“很多文化程度不高的老百姓更希望采用口头方式起诉。这种做法在实践中操作性较强。但不论是口头还是书面，起诉都要符合条件，如有明确被告、基本事实等。”沈岿说。

看点四：应当登记立案

【修改】法院在接到起诉状时对符合规定的起诉条件的，应当登记立案。不能当场判定的，应接收起诉状，出具书面凭证，七日内决定是否立案。

【点评】“这样做减少了对原告起诉的阻碍。”龙非说，以前立案很大程度上是实体审查，以后法院立案主要是对原告的起诉是否符合形式要件要求进行判断。新规定同时要求法院要对当事人不清楚的地方进行释明，给予指导。虽然会给法院增加工作量，但这是对当事人诉权的一种保护。

看点五：起诉期限延长到“六个月”

【修改】直接向法院提起诉讼的，应当自知道或者应当知道作出行政行为之日起六个月内提出。

【点评】“修改后的行政诉讼法延长了公民、法人和其他组织作为原告的起诉期限，由现行的行政诉讼法当中的三个月延长到了六个月，并且对一些特殊情况，都做了比较明确的规定。这样就可以给原告更多的时间来提起诉讼。”王敬波说。

看点六：行政首长出庭

【修改】被诉行政机关负责人应当出庭应诉。不能出庭的，应当委托行政机关相应的工作人员出庭。

【点评】“修改后的法律把行政机关负责人应当出庭应诉，放到了非常重要的位置。这也是特别强调，老百姓告官要见官。”王敬波说，虽然由谁到法院去应诉，并不是一个非常核心的问题，但是通过这种行政首长出庭应诉的方式，一方面可以缓解官民矛盾，另一方面也有利于案件的解决。

看点七：可跨区域管辖

【修改】经最高人民法院批准，高级人民法院可以根据审判工作的实际情况，确定若干人民法院跨行政区域管辖行政案件。

【点评】龙非说，行政审判面临的症结性问题就是行政的干预。一些基层法院人、财、物受制于地方和行政机关，导致一些案子不能判、不好判、不敢判。这次修改在很大程度上可以解决法院的“地方化”问题对公正审判造成的影响，从体制层面给行政审判注入了一剂十分有效的“强心针”。

看点八：不执行可拘留行政机关直接责任人

【修改】行政机关拒绝履行判决、裁定、调解书的，增加规定“社会影响恶劣的，可以对该行政机关直接负责的主管人员和其他直接责任人员予以拘留”。

【点评】“这一规定对于促进执行还是比较有力度的，虽然有‘社会影响恶劣’的限制，实践中可能会慎重使用这个手段，但是拘留还是有一定威慑力的。”王敬波说。

看点九：复议机关是共同被告

【修改】经复议的案件，复议机关决定维持原行政行为的，作出原行政行为的行政机关和复议机关是共同被告；复议机关改变原行政行为的，复议机关是被告。

【点评】实践中复议机关为了不当被告，维持原行政行为的现象比较普遍，导致行政复议制度未能很好发挥作用。“这一修改有利于改变长期以来行政复议因许多地方和部门复议机关做‘维持会’而导致复议公信力严重下降的现实困境。”北京大学法学院教授姜明安说。

看点十：明确提出要解决行政争议

【修改】修改后的法律在立法目的中增加“解决行政争议”的表述。

【点评】“行政诉讼本来有三大功能：监督行政机关依法行政、保护行政相对人合法权益和解决行政争议，即监督、救济、解纷。”姜明安指出，过去仅注重行政诉讼的监督和救济功能，而忽视了它的解纷功能。

“把解决争议纳入行政诉讼目的是对行政诉讼性质、功能正确认识的结果，为扩大行政诉讼调解的适用范围提供了立法目的依据。”姜明安说。

“民告官”为啥难？

全国人大常委会2014年11月1日表决通过了修改行政诉讼法的决定。新修改的行诉法诸多新规剑指“民告官”三大“顽疾”——立案难、审理难、执行难。

“民告官”究竟难在哪？为啥难？

——立案有多难？全国立案数连年下降，北京平均立案率仅30%。

清 障 新华社发 朱慧卿 作

行政诉讼立案难可以从一组数据看出：最高人民法院司法改革办公室主任贺小荣透露，2013年，“民告官”的行政诉讼案件立案数在近几年连续下降的情况下，又比2012年下降5%。而北京市人大内务司法委员会日前发布的一项调研报告则显示，近三年北京市行政诉讼立案率连续下降，平均立案率仅为30%左右。

北京德润律师事务所合伙人刘家辉律师告诉记者，她曾经代理过一起诉某部委的行政诉讼案，当她将诉状送到法院，负责立案的工作人员翻完材料，很干脆告诉她“立不了”，既没有讲任何理由也没有给她任何文书。当她再次向法院递诉状时，法院一个负责人把她“请”到会议室，坦言“不是我们不愿立，是我们真立不了”。

贺小荣表示，行政诉讼是三大诉讼中受地方因素影响最大的诉讼。在行政诉讼中，为了地方利益、部门利益，打招呼、批条子、递材料干预司法个案的现象比较突出。而受访的多位基层法院行政庭法官也表示，很多行政诉讼案件原告诉状还没递到法院，政府部门“打招呼”的电话就已经过来了。

——审理有多难？

行政机关败诉率仅10%。

北京市人大内务司法委员会的上述调研报告显示，在仅有的约30%的立案里，一审判决行政机关败诉的仅约10%。

与行政诉讼案件低立案率、被告低败诉率相对应的却是高上诉率、信访申诉量大。贺小荣介绍，2013 年，全国行政诉讼案件上诉率高达 72.7%。

一位已离开法院系统的前行政庭法官说，行政机关败诉率低是行政诉讼中的普遍现象，除了前期立案环节的“人为把关”，让一些政府部门明显可能败诉的案件被“拒之门外”，审判环节中各种“打招呼”“批条子”也不鲜见，甚至有的部门以人财物对法院“威逼利诱”。一些案件主审法官不能判、不敢判，要层层汇报、逐级请示，案件办理起来障碍重重。案件审理中，“告官不见官”十分普遍，一些政府部门习惯让律师出庭当“甩手掌柜”，而许多律师不熟悉案情，在庭审中“一问三不知”。

专家观点

新的行政诉讼法通过对起诉、审理、判决、执行等机制的改进和完善，将有望较好解决“民告官”制度长期存在的“三难”问题，进一步保护公民、法人和其他组织的合法权益。

——北京大学法学院教授 姜明安

北京市第一中级人民法院行政庭副庭长龙非说，行政行为依据的法律规范层级多、名目多、数量大，长期以来也欠缺足够的清理和修改，上位法与下位法或同一层级的法律规范之间不衔接或“打架”的情况比较常见，这在审理上给法院带来很大难度。此外，在行政诉讼中单纯强调被告的举证责任，实践中一些原告往往有证据也不提供，为法院查明事实增加了难度。

——执行有多难？

政府部门“会议决定”否决法院判决。

2010 年，陕西省的一起行政诉讼曾引发公众对行政诉讼“执行难”的关注。这起以陕西省国土资源厅为被告的行政诉讼案，经榆林市中院判决、陕西省高院裁定后长达 3 年多的时间里，陕西省国土资源厅非但不依法履行法院生效判决，反而召开“协调会”，以“会议决定”否定法院判决，行政诉讼“执行难”可见一斑。

然而，面对一些政府部门当“老赖”，法院能用的招并不多。龙非表示，对于行政机关拒绝履行判决的情况，法院除了发司法建议，没有什么其他有效的手段，而司法建议的作用也非常有限。记者在北京一些区县法院调研了解到，这类司法建议往往是“石沉大海”，根本得不到政府部门的回应。

北京大学法学院教授姜明安指出，新的行政诉讼法通过对起诉、审理、判决、执行等机制的改进和完善，将有望较好解决“民告官”制度长期存在的“三难”问题，进一步保护公民、法人和其他组织的合法权益。

短评

良法贵在推动善治

十二届全国人大常委会第十一次会议表决通过了关于修改行政诉讼法的决定。这是行政诉讼法实施20多年来的第一次修改，在全面推进依法治国的当下，对于推动政府依法行政、加快建设法治政府具有现实而深远的意义。

值得注意的是，针对“立案难、审理难、执行难”等行政诉讼领域被诟病已久的问题，此次修法从扩大受案范围、畅通诉讼渠道、增加对行政机关负责人的责任等方面进行了更完善的制度设计，以保障“民告官”更为顺畅地进行。这体现了立法机关进一步限制公权力、保护私权利的坚定决心，值得点赞和期待。

徒法不足以自行。新的行政诉讼法能否不折不扣地贯彻和实施，行政机关负有重要的责任和义务。一方面，行政机关必须牢固树立法治理念，尊重和维护法律权威，积极支持、配合人民法院依法开展行政审判和执行工作；另一方面，也要在制度安排和创新方面做出进一步努力，例如健全行政应诉的配套制度，强化责任制，把行政应诉工作纳入到各级行政机关依法行政的指标考核体系中来推动。

以法治促善治，是立法的原旨和初衷。任何“民告官”的官司，对于群众来说都是一件成本很高的事，应当越少越好。因此，必须从源头上减少“民告官”的因由。这就要求行政机关及其工作人员进一步提高依法行政水平，确保各类行政行为在法治轨道上运行；同时，进一步做好改革发展、改善民生的各项工作，切实维护好、发展好人民群众的切身利益，真正让老百姓满意。

21. 弃访转法，终结“缠闹访”

——聚焦涉法涉诉信访改革

针对涉法涉诉信访导入难、纠错难、退出难、救助难、违法行为处理难等“瓶颈”问题，中央政法委出台了三个相关指导性意见。面对这些难啃的“硬骨头”，必须严守法律底线，坚持“依法治访”，善于用法治思维、法治方式来解决改革中遇到的难题。

涉法涉诉信访“两升一降” 呈现“弃访转法”良好势头

记者从中央政法委获悉，2013 年全年，各地政法机关登记涉法涉诉信访上升 38.5%；2014 年前 7 个月，中央政法机关接待群众来访同比上升 7.1%。涉法涉诉信访事项受理率、立案率有了明显提高，涉法涉诉信访群众到党政信访部门上访数量明显减少。

中央政法委有关负责人表示，这表明随着各项工作逐步到位，信访群众依法按程序反映问题的意识逐步增强，涉法涉诉信访开始呈现“弃访转法”的良好势头，信访秩序不规范的问题正在逐步好转。

按照中央部署要求，中央政法委把推进涉法涉诉信访改革作为重中之重，积极稳妥推进。按照“试点先行、有序推进”的思路，自 2013 年 1 月份开始，

理　清　　　　新华社发　商海春　作

分四批部署全国政法机关开展了试点工作。截至2013年10月，试点工作在全国推开。2014年初的中央政法工作会议上，又把这项改革作为一项重要内容，提出明确要求。2014年5月，中央政法委在江西省南昌市召开现场会，再次总结推广了一批各地创造的好经验好做法，推动涉法涉诉信访问题在法治轨道上解决。

据介绍，在中央、地方各级党委政府以及政法机关的共同努力下，截至目前，涉法涉诉信访工作改革取得了明显的阶段性成果，主要表现为依法治访的意识逐步增强，新机制开始有效运行，信访秩序开始好转。

负责人介绍，当前，随着党政信访部门引导分流和政法机关依法处理信访问题的力度不断加大，诉访不分、依靠行政手段推动问题解决的局面基本得到扭转，越来越多的信访群众开始选择司法渠道反映和解决问题。

2014年以来，中央政法机关接待的群众来访中，登记属于本系统管辖的5.8万件次、进入审查程序的1.9万件，登记率为60%、审查率为33%，2013年同期的登记率为53%、审查率为不到30%。“两率”上升，表明新的办理流程开始有效运行，推诿拖延、申诉难、立案难等“痼疾”正在逐步得到解决。

负责人也表示，随着改革工作的不断深入，涉法涉诉信访案件逐步出现“入口”不顺、程序“空转”、“出口”不畅等问题。对此，中央政法委出台了《关于建立涉法涉诉信访事项导入法律程序工作机制的意见》《关于建立涉法涉诉信访执法错误纠正和瑕疵补正机制的指导意见》《关于健全涉法涉诉信访依法终结制度的实施意见》三个配套文件，着力解决制约改革工作的突出问题。

中央政法委出台新文件推进涉法涉诉信访改革

随着涉法涉诉信访改革工作的不断深入，涉法涉诉信访案件“入口”不顺、程序“空转”“出口”不畅的问题逐步显现。针对这些问题，中央政法委出台了三个配套文件，着力解决制约改革工作的突出问题。

文件有哪些亮点？对下一步改革将产生怎样的影响？记者采访了中央政法委有关负责人。

文件一：解决入口不畅，防止“踢皮球”

中央政法委有关负责人表示，入口不顺是当前诉法分离工作中最突出的问题之一。信访申诉的渠道窄、渠道少；诉与访的界限不清、标准不明，工作中难以准确地分类处理；受理立案的门槛高，一些符合条件的诉求进入不了法律程序；各单位间存在“踢皮球”的问题，一些群众反映的问题得不到依法及时受理。

10 年前，廉某某因与同村村民发生争执，被打成轻伤。当地检察机关认定对方属于正当防卫、做出了不予批捕的决定。廉某某转而向法院起诉当地公安机关不作为，同时提出了 200 万元的赔偿请求，然而法院未予支持。此后，廉某某便频繁地出现在赴省访、进京访的路上。

中政委下发的三个文件中，《关于建立涉法涉诉信访事项导入法律程序工作机制的意见》就是着眼于解决入口不畅的问题，确保符合条件的涉法涉诉信访事项在法律程序内得到及时处理，防止一些案件游离在法治轨道外，形成越级访、违法访。

意见重点对什么是诉类事项、什么是访类事项做了严格区分，以及哪些由法院依法受理，哪些由检察院依法受理，哪些由公安机关依法受理等都予以了明确划分。

例如，意见规定对符合法律法规规定，属于政法机关管辖的信访事项，可以通过司法程序或相应法定救济途径解决的，作为诉类事项办理；对政法机关依法不能通过司法程序或其他法定救济途径解决的信访事项，以及公安机关、司法行政机关应当依照《信访条例》处理的信访事项，作为访类事项办理。

意见要求加强职能监督和督导检查。对重大疑难复杂、久办不结的信访事项，要采取案件评查、公开听证、提级办理、异地办理等方式，查清问题，依法公正处理。严格责任查究，对敷衍搪塞信访群众，不依法及时受理，不按期办结，造成案件积压，形成新的重复访、越级访、非正常访的，引发极端事件或者重大群体性事件的，以及对存在执法错误和瑕疵拒不依法纠正、补正的，依纪依法追究相关办案人员和领导的责任。

负责人表示，在受理标准上，只要可能存在执法过错或瑕疵的，都应当依法予以审查。导入法律程序后，要解决好“最后一公里”的问题，确保问题得到依法解决。

文件二：解决有错不纠，防止法律程序“空转”

中政委下发的第二份文件《关于建立涉法涉诉信访执法错误纠正和瑕疵补正机制的指导意见》，主要着眼于防止法律程序“空转”，解决有错不纠的问题。特别是对实体没有问题，但办案程序、司法文书等方面存有瑕疵的案件，提出了原则性解决办法，要求政法机关出台具体实施意见，在法律程序内解决，不能对带有小毛病、小问题的案件推出不管。

诉访分离　　新华社发　徐骏　作

2010年，作为招商引资项目，任某某开办了一新型建筑材料厂，后因土地等问题与当地村民产生矛盾，双方还发生激烈冲突。2011年5月，法院以聚众斗殴一审判决任某某有期徒刑三年，缓刑四年。任某某不服，从此开始信访。最终法院启动了审判监督程序，裁定撤销原审判决，发回重审。检察机关在认真研究后，决定撤回起诉。

这是一起典型的涉法涉诉信访，案件最终因司法机关的监督程序得以还当事人公正。但是实践中，还有些案件虽然进入了法律程序，但办案单位态度不端正，办案不认真，有错不纠，有瑕疵不补正，法律问题没有得到依法公正解决。

中政委下发的第二份文件原则提出了执法错误、瑕疵的认定标准，以及依法纠正错误、补正瑕疵的办法；从健全内部纠错机制、加强外部监督制约、严格责任查究等方面提出了意见；从矛盾化解、舆情引导、源头治理三个方面，就增强工作效果提出了具体要求。

意见还要求，对依法纠正错误和补正瑕疵的案件，要通过政法机关官方网站或相关媒体，依法公开事实证据、法律适用、处理结果，提高案件办理的社会认可度。对结案不息诉的，可组织公开听证，让各方人员评判案件办理的公正性和信访诉求的合理性，以公开促公正、促息访。

“把涉法涉诉信访纳入法治轨道、导入司法程序处理，就要保证群众合法有据的诉求，在司法程序和时限内得到公平公正解决。凡是有错误的案件必须得到依法纠正，凡是有瑕疵的案件都要给当事人一个说法，让当事人切实感受到依法按程序就能公正解决问题。”负责人说。

文件三：依法终结，防止反复缠访闹访

“有的已经走完法律程序的信访案件退不出处理程序，有些案件当事人仍然反复缠访闹访，严重影响正常的信访秩序和社会秩序。”负责人说。在一起交通肇事案件中，伤者刘某某经抢救无效于次日死亡。随后法院一审判处肇事逃逸司机有期徒刑五年并承担 46.9 万元的民事赔偿责任。然而，在民事赔偿已完全到位的情况下，孙某某还多次聚集亲属，披麻戴孝到肇事者父亲经营的网吧，焚烧火纸公然侮辱谩骂，并先后 17 次前往北京非法上访。当地政法机关反复多次进行法制教育和批评劝导，孙某某反而采取极端方式给相关部门和人员施加压力。最终，警方及时收集固定证据，以涉嫌破坏生产经营、寻衅滋事罪，对孙某某实行刑事拘留。

第三份文件《关于健全涉法涉诉信访依法终结制度的实施意见》，就是主要着眼于解决出口不畅的问题，防止终而不结、无限申诉，切实维护司法权威。

文件重点明确了依法终结的范围和法律依据，细化了终结标准和程序，确保终结案件质量；对问题已经依法公正解决仍然缠访缠诉的个案，明确了综合化解的具体要求，以确保终结事项依法有序退出法律处理程序。

负责人指出，对当事人反映问题已经依法按程序处理完毕，合理诉求已经依法按政策公正处理，除有法律规定的情形外，对该信访事项依法终结，不再启动复查程序。

意见同时明确，对信访事项的终结，必须经过复查、申报、审查、备案、告知 5 个环节，符合终结标准，并经中央政法机关或省级政法机关审批。此外，还要做好对信访人的教育疏导、帮扶救助和矛盾化解工作，促使信访人息诉息访，回归正常的生产生活。用好救助手段，帮助当事人摆脱生活困境。

“违规上访、违法闹访已经成为影响一些地方信访秩序、社会秩序的一个突出问题。各级政法机关应采取有效措施，维护正常信访秩序，为有序推进涉法涉诉信访改革、依法处理好涉法涉诉信访问题，创造良好环境。”负责人强调。

短评

要善于用法治思维“啃”信访“硬骨头”

针对涉法涉诉信访导入难、纠错难、退出难、救助难、违法行为处理难等“瓶颈”问题，中央政法委出台了三个相关指导性意见。面对这些难啃的“硬骨头”，必须严守法律底线，坚持“依法治访”，善于用法治思维、法治方式来解决改革中遇到的难题。

“依法治访”要每个环节依法按程序办，每个处理结论都要于法有据。比如在涉法涉诉信访受理环节，要引导信访人通过法定救济渠道反映问题，案件是否受理，要以法律规定的条件为标准，而不是以当事人诉求愿望、情绪是否强烈为依据。

案件进入法定程序后，要严格依法按程序办理，依法纠正执法错误，依法维护公正结论，既不能因当事人闹访而随意更改司法结论，也不能有错不纠、硬扛着不解决实际问题，更不能突破法律底线，简单地花钱买平安。在结案环节，信访人反映的问题已经得到公正解决的，要依法退出法律程序，既不能有困难不解决，简单地推出不管，也不能任由当事人无理缠访、无限申诉，要敢于对违法闹访行为严肃依法处理。

涉法涉诉信访往往是法律问题和社会问题相互交织，法度之外和情理之中的问题相互交织，法律诉求和利益诉求相互交织。在具体案件处理过程中，也不能一讲依法处理，就将法治教条化、绝对化，既要坚持法治思维又要加强感情沟通，善于把法理情结合起来做工作，努力做到法平、理顺、情通，实现案结事了人和。

22. 不动产登记“动”起来

——聚焦不动产统一登记制度

2015 年 3 月 1 日起施行的《不动产登记暂行条例》对我国不动产统一登记制度的建立具有重大意义。

国土资源部政策法规司副司长魏莉华在接受记者采访时说，2007 年颁布实施物权法，明确要求实施不动产统一登记制度。按照物权法确定的原则，国土资源部持续开展不动产统一登记的理论及立法研究工作，组织相关单位收集整理了各大洲 12 个国家和地区、50 多万字的不动产登记法律法规资料，深入开展比较研究，形成了丰富的理论研究和立法基础。《不动产登记暂行条例》正式出台，为建立不动产统一登记制度提供了基本法律依据。

不动产登记，就从咱们家说起吧

2015 年 3 月 1 日起施行的《不动产登记暂行条例》有哪些值得注意的地方？这是广大干部群众极为关注的。

下面就从咱们的家说起吧。

房地统一：对我们来说最直接、最紧要

对城里人来说，不动产统一登记，最直接的是房地统一。我们经常说房地产，其实房产、地产是两码事儿。按国际标准，只有地产，没有房产，所谓的不动产是指地产及其上面的建筑物。因为在物理世界，只有土地是“不动”的。因此，不动产登记，让土地管理部门“牵头”做，还是有道理的。

我国情况特殊。按宪法，我国城市土地是国有制。我们的普通商品房，房子是所有权，土地是使用权。大家知道，国有土地使用权有70年期限。所以我们就犯嘀咕——这不就成了租用吗？对。但经济法上有说法，无限期或非常长期的使用权，就相当于所有权了。因此《中华人民共和国物权法》，原则上规定住房70年后，土地使用权自动延期——尽管缺乏细则，也不清楚是不是免费。

公　布　　新华社发　赵乃育　作

《物权法》的规定相当原则，有待具体的细则。我们已经等了7年。在物权法各项细则中，有前提意义的就是《不动产登记条例》（现在加上了“暂行”二字）这部条例，就是要实行不动产统一登记。当然包括房产与地产的统一。

有房子的人，都特别珍惜自己的房产证，但从法理上说，“地产证”更牢靠。没有“地本”的房本，那是相当虚幻的。为了老百姓切身利益着想，实施不动产统一登记就是要落实物权法要求，包括推动房产与地产统一，就是变成一个本本。这就是法学家们经常说的“不动产登记核心要件是登记簿”的意思。

农村才是不动产的“广阔天地”

对于不动产登记，城里人比较关心自己的房子。但对于我们国家来说，最大一笔不动产，在城市的环路以外——广大农村地区。

我们有些人老家是农村的，至少都与农村沾亲带故。自驾车、乡村游、农家乐等，使我们离农村越来越近。从产权上看，我们离农村不动产并不远，我们很多人住房的土地就是从农村征地来的。

宪法规定，我国农村和城郊实行土地集体所有制。由于经济社会发展水平限制，我国农村集体土地在流转、交易、抵押等方面市场空间尚未打开。相对于城市房地产，农村土地可交易性差，自然在“价格”上没优势。

但价格上没优势，不影响价值上有绝对优势。物权法及《不动产登记暂行条例》，在法律上界定了农村不动产的范畴，包括耕地、林地、草地、海域等，就是山水林田湖。英国人认为，只有乡村地产才是真的不动产——某种意义确实就是这样，就像电影《飘》的那句台词“只有土地是永恒的”。我们七八十平方米住房，不能与农场、庄园、森林、海岛同日而语。

新华社发　朱慧卿　作

您会说，可是农村不动产交易性太差呀。对，但《不动产登记暂行条例》就要改变这一点。以农村承包地为大头，农村宅基地、农村集体建设用地的流转、改革，会使农村土地“活”起来，使农民获得更多财产权。而这些改革的前提，就是明确的权属关系，也就是不动产统一登记。就是要明确这块玉米地是谁家的，把权属证书发到承包经营权或使用权人手里，这块地才能更顺利、完整地流转，所有权、承包权、经营权才谈得上清晰分离。

根

土地流转、农地“入市”就具备了前提条件。这样，农村不动产就值钱了。

您可能动心了。但还是得告诉您，“小产权房”不得进行不动产登记。不动产登记，并不能改变全世界都通行的土地用途管制，也不可能改变宪法规定的土地所有制。

并非为反腐，但可能会“倒逼”反腐

《不动产登记暂行条例》出台，关于“以房查人”“查房反腐”话题不免又热起来，网上还有人进行“票决”。对此，我们内心相当矛盾：一方面，我们很想一路畅通无阻，想查谁就查谁，把那些贪官污吏、房婶房叔统统揪出来；可另一方面，我们又担心自己及父母子女住地全部地理坐标、门牌号码甚至户型结构、卧室客厅结构都被公之于众，弄得全世界人都知道。

这种矛盾态度可以理解。因为坚持“查房反腐”的人，可能是病急乱投医，是没有办法的办法。要依法治国，治贪也要依法。“种瓜得瓜，种豆得豆”。一部法规的生命力在于法理依据和法源。物权法未赋予不动产登记“反腐”功能。

但我们的世界从来都不像法学讲义那样讲逻辑。我们知道《不动产登记暂行条例》没有“反腐”法律功能，但老百姓就希望它发挥“反腐”作用，因为“阳光立法”或“阳光法案”缺位。物权法也好，不动产登记条例也好，作为私法，并不属于“阳光立法”范畴。

“阳光立法”属于公法范畴，主要指公职人员财产公示法或领导干部财产申报法。物权法所说的登记资料“公开”，是对利害关系人而言的，不同于行政法意义的“公示”“公告”，不是要全社会监督。

从国际经验看，“阳光立法”针对官员立法，属于官吏立法体系，不能针对全体民众。全世界130多个国家和地区正是这样做的。但没有国家要求全体民众公开财产吧。还是打个比方：《不动产登记暂行条例》，可以发挥“反腐”功能，相当于把锄头当武器。锄头当然可以做武器，包括保家卫国的武器，但再好的锄头，打鬼子也不如枪炮。这枪炮就相当于官员财产申报法。当然，得慢慢来，而不动产统一登记，确实是今后一系列法治建设的砖，而且属于第一块砖，心急吃不了热豆腐，我们得耐心一些，先用锄头把庄稼种好。

信息先“搭台” 力推不动产统一登记提速

——专访国土资源部不动产登记局负责人

《不动产登记暂行条例》2015 年 3 月 1 日起实施。就如何贯彻落实条例，加快落实不动产统一登记各项任务，国土资源部地籍司（不动产登记局）司长（局长）王广华接受了记者专访。

信息平台 2017 年全面运行

记者：公众最关注信息平台，建立统一的不动产登记信息管理基础平台进展如何？

王广华：条例规定，国土资源主管部门应当会同有关部门建立统一的不动产登记信息管理基础平台，各级不动产登记机构登记的信息应当纳入统一的不动产登记信息管理基础平台，确保国家、省、市、县四级登记信息的实时共享。

不动产登记有关信息与住房城乡建设、农业、林业、海洋等部门审批信息、交易信息等应当实时互通共享。不动产登记机构能够通过实时互通共享取得的信息，不得要求不动产登记申请人重复提交。国土资源、公安、民政、财政、税务、工商、金融、审计、统计等 9 部门应当加强不动产登记有关信息互通共享。

国家层面负责开展信息化建设顶层设计，组织建设全国统一的国土资源与不动产登记信息平台。各地负责推进本地区不动产登记的数据整合、接入信息平台的相关准备工作，2015 年下半年开始陆续完成不动产登记操作系统软件与信息平台的对接，提供不动产登记信息查询服务。

记者：信息平台比原来规划的次序大大提前了？

王广华：按照国土资源部第 26 次部长办公会专题研究并审议《“国土资源与不动产登记信息平台”建设总体框架》的精神，我们在已有工作安排基础上，加快了信息平台建设步伐，目的是“反弹琵琶”，以信息化建设来推动不动产登记的“四统一”。

我们计划 2015 年 7 月上线试运行信息平台；2016 年完善平台并扩大试运行

范围；2017年全面运行。目前已经形成了平台建设的顶层设计，即将组织平台的开发建设。

记者：信息平台投入运行前后紧迫的工作有哪些？

王广华：在信息平台投入运行前，各地要全面清理和整理不动产登记历史资料，按照国家统一制定的数据库标准和数据整合建库技术规程，对本地区土地、房屋、林地、草原、海域存量登记数据进行整合，建立关联关系，健全完善不动产登记信息数据库。

信息平台投入运行后，各地应根据当地信息化工作基础，提早对各类不动产登记操作系统软件进行融合、对接，形成统一发证的业务操作系统软件，支持与本级国土、住建、农业、林业、海洋等部门的业务协同，提供本级登记信息查询服务，并按照信息平台统一技术要求，预留接口，做好准备，一旦成熟，及时接入信息平台，并将本地区日常不动产登记信息实时纳入信息平台。我们将建立清单销号等激励机制促进地方加快推进信息化工作。

同时，按照国务院的统一部署和安排，我们将以部际联席会议制度为平台，创新工作机制，按照“有事集中”原则开展集中办公，充分发挥平台的积极作用；商请住建部积极推动不动产统一登记技术层面的试点工作；加强沟通协调，继续做好土地承包经营权登记与不动产统一登记衔接；通过调研，加强对地方指导，全面加快不动产统一登记工作。

市县一级整合普遍没有启动

记者：年初的全国国土资源工作会议提出，不动产统一登记，具体工作主要在地方，特别是市、县一级。这方面的情况如何？

王广华：条例明确了登记机构的管辖范围，落实了物权法“属地登记”原则，同时实事求是地明确界定了例外的特殊情形。条例规定，不动产登记由不动产所在地的县级不动产登记机构办理；直辖市、设区的市人民政府可以确定本级不动产登记机构统一办理所属各区的不动产登记。对于跨县级行政区域的不动产登记，规定了分别办理、协商办理和指定办理。

条例对不动产统一登记的机构和职责有明确的规定。目前国家层面不动产登记职责和机构建设基本完成，22 个省份完成了省级职责整合，但市县一级的职责和机构整合工作普遍没有启动。

不动产登记工作关键在地方，特别是具体承担不动产登记工作的市、县一级。为此，我们将商请中央编办加强对地方职责和机构整合工作的联合监督指导，明确相关政策和指导意见，督促地方加快推进职责和机构整合工作。并确保各级不动产登记机构能够顺畅接受上级不动产登记主管部门的指导和监督、上下对口一致。

真正落地需要操作细则

记者：参与条例制定的学者认为，条例都是原则性条款，真正落地需要操作细则，进展如何？

王广华：条例明确提出了要制定实施细则。结合条例颁布和实施，我们将抓紧做好《不动产登记暂行条例实施细则》、统一的不动产登记表卡簿册和证书式样、不动产权籍调查的相关政策和标准等部门规章和标准的制定工作，进一步细化登记类型、登记程序、各类不动产物权登记的要求、登记机构和人员职责等，明确和统一不动产登记表卡簿册和证书式样内容，规范不动产权籍调查的要求，健全条例的配套政策，确保条例顺利实施，为统一登记提供充分的依据和保障。地方也要同步推动地

“印”记　　新华社发　商海春　作

方性法规、规章和规范性文件的研究制定工作。

记者：如何指导地方做好不动产统一登记业务工作融合？

王广华：条例明确提出，不动产登记遵循严格管理、稳定连续、方便群众的原则，保持工作稳定连续十分重要。不动产登记职责和机构整合后，整合各类不动产登记资料、业务流程、办件窗口等，实现业务工作高度融合和有机衔接，是不动产登记工作稳定连续、正常运转的关键。

一是要制定详细的不动产登记资料移交方案，有计划地完成资料移交工作。二是不动产登记资料移交完成后，要充分利用现有资源，尽快设立统一的不动产登记窗口，实现“一个窗口进、一个窗口出”。三是要形成统一的不动产登记业务流程，确保不动产登记职责完整、系统和统一。

同时要按照“不变不换”的原则，做好新旧权属证书的衔接，确保已经依法发放的证书继续有效。在新的证书颁布前申请登记的，继续发放旧版证书；新的证书颁布后申请登记的，发放新版证书，原来各部门已经发放的证书继续有效，不得强制要求更换证书，不增加企业和群众负担。对此，我们将尽快出台有关政策和意见。

我国不动产统一登记制度建立的背景及意义

《不动产登记暂行条例》对我国不动产统一登记制度的建立具有重大意义。

国土资源部政策法规司副司长魏莉华在接受记者采访时说，2007 年颁布实施物权法，明确要求实施不动产统一登记制度。按照物权法确定的原则，国土资源部持续开展不动产统一登记的理论及立法研究工作，组织相关单位收集整理了各大洲 12 个国家和地区、50 多万字的不动产登记法律法规资料，深入开展比较研究，形成了丰富的理论研究和立法基础。《不动产登记暂行条例》正式出台，为建立不动产统一登记制度提供了基本法律依据。

严格地说，我国的不动产统一登记在地方层面一直在探索推进。不动产统一登记首先要解决登记机构、登记簿册、登记依据和信息平台的统一。重庆市借助体制优势，早已实现地和房统一登记，且已经进入到操作层面，出台的操作流程规范已有效运转多年。

据介绍，1997年，重庆直辖之初即在市级层面实行了土地和房屋行政主管部门合并设置，机构名称为重庆市国土房管局。依托这一体制优势，重庆自2004年率先在全国实行"城乡合一、房地合一"登记制度，对于保护不动产权利人合法权益、保障交易安全、更加便民利民发挥了重要作用，为当前顺利推进不动产统一登记奠定坚实基础。

魏莉华说，建立不动产统一登记制度，有利于更好地保护不动产权利人合法财产权，保障不动产交易安全，维护正常的市场交易秩序。原有的分散登记，由于各部门登记方法、技术规程等不一致，容易导致各种不动产权利重叠、漏登；由于不同部门管理和登记，容易导致农林用地、农牧用地及林牧用地之间权属界线不清、权利归属不明，引发诸多矛盾纠纷。实施统一登记后，可以更好厘清当事人之间的不动产权利界限，减少权属纠纷，提高登记准确性和权威性，更好地维护当事人不动产物权。同时，统一登记实施后，建立不动产登记信息依法公开查询系统，将有效保障不动产交易安全，维护不动产市场的正常交易秩序。

建立不动产统一登记制度，还有利于提高政府治理效率和水平，大大减少政府行政成本，提高政府的公信力，方便企业和群众，减轻当事人的负担。分散登记时，在农村，当事人就要分别到四个不同的部门办理不同证件。在城市，当事人最少也要办两个证。

不动产统一登记对于建立健全现代产权制度也具有十分重要的意义，必须保证登记工作严格、规范。暂行条例对不动产登记的申请条件、审查程序、查验要求以及不动产登记簿的设置与管理、登记资料的查询和保护等作了全面规定，明确了登记机构的职责和不依法履行职责的法律责任。

短评

不动产登记能否抛“砖”引“玉”？

2014年12月22日，国务院正式公布《不动产登记暂行条例》。从2007年物权法出台时就提出不动产实行统一登记制度，迄今已过7年。

值得关注的是，在保护个人产权隐私与房产信息透明化之间，群众更关注后者。即便不动产统一登记的法理、法源上都不直接指向反腐，但近日一项网络调查显示，近9成受访者支持条例出台后“以房查人”反腐。

群众并非不明白、不珍惜自己的隐私，也不是不认法律这个“理儿”，而是对捆绑于房地产之上的腐败行为深恶痛绝。中纪委网站公布的多轮巡视情况显示，房产领域腐败仍是重灾区。此外，屡屡被揪出的“房叔”“房婶”，动辄拥有数十套房产。也正因如此，难免有人抱着“宁可不要隐私权，也要把贪官拉下马”心态。

自从不动产登记暂行条例工作启动以来，在各种座谈会上，参与立法的专家一直不厌其烦，解释《不动产登记暂行条例》与“阳光立法”性质之不同。《不动产登记暂行条例》属于私法范畴，包括公务人员财产申报制度在内的“阳光立法”属于公法范畴。物权法所说的不动产信息“公开”，是指对不动产交易利害关系人，不同于公法意义上的“公示”“公告”。公示公告，有社会监督性质，说明涉及公共利益事项，大伙要睁大眼睛，防止损害公共利益现象发生。世界各国“阳光立法”针对的是官员，有强力的执法权，可以无孔不入，但不适用普通民众。

还清白者以清白，让腐败者无处遁形；将隐私权放进“保险箱”，让腐败现形于“聚光灯”。这需要一个完整的法治体系，不能混为一谈，也无法互相取代。我们希望《不动产登记暂行条例》能成为一块“砖”，不是拍人的砖，而是把阳光立法那块“玉”引出来的“砖”。

民生保障篇

23. 起跑线上的纠结

——破解学前教育难题

教育部、国家发展改革委、财政部印发《关于实施第二期学前教育三年行动计划的意见》，意味着新的造福千百万儿童的学前教育三年行动计划正步入现实。当此时，有必要提个醒，学前教育是个长跑，每一步都得迈得扎实。

教育部：2016 年学前三年毛入园率约 75%

教育部、国家发展改革委、财政部对外发布《关于实施第二期学前教育三年行动计划的意见》，提出到 2016 年全国学前三年毛入园率达到 75%左右的目标，要求城镇和经济发达地区的农村全面普及学前三年教育，其他农村地区特别是集中连片特困地区学前三年毛入园率有较大增长。

据了解，2011 年至 2013 年，我国实施学前教育三年行动计划取得了显著成效，截至 2013 年年底，我国幼儿园总数已达 19.86 万所，在园幼儿 3895 万人，学前三年毛入园率达 67.5%，三年提高 10.9 个百分点。

教育部基础教育二司负责人表示，从具有现实可行性的角度来说，把目标确定为 75%，年均增速在 2.5 个百分点左右，相当于近三年年均增速 70%。保持现有的财政投入和工作力度不减，这一目标是可以实现的。

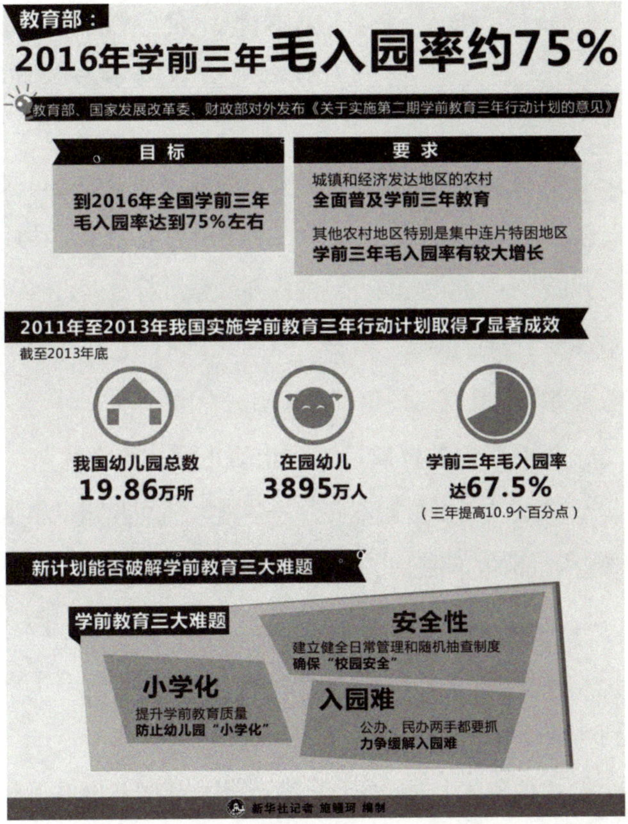

二期行动计划提出，新增资源要重点向贫困地区和困难群体倾斜。到2016年，逐步建立起以公共财政投入为主的农村学前教育成本分担机制。充分考虑城镇化发展、老城区改造和人口流动的实际，重点解决好城镇及城乡接合部学前教育资源总量不足的问题。努力增加残疾适龄儿童的入园机会。

二期行动计划期间，要初步建成以公办园和普惠性民办园为主体的学前教育服务网络。各地将以区县为单位制订幼儿园总体布局规划，合理确定公办园的布局，逐年安排新建、改扩建一批公办园，加大农村公办幼儿园建设力度。同时，落实用地、减免税费等优惠政策，多种方式吸引社会力量办园；各地2015年底前出台认定和扶持普惠性民办园实施办法。

中央财政将继续安排专项资金，鼓励和引导地方积极发展学前教育。除继续鼓励地方完善幼儿资助制度、实施幼儿教师国家级培训计划外，将原来的校舍改建类和综合奖补类项目整合为扩大学前教育资源奖补项目，支持地方改扩建和新建公办幼儿园、利用社会力量举办普惠性幼儿园、改善办园条件，并向中西部地区和薄弱环节倾斜，引导和激励地方完善学前教育公共服务体系。

小学化、安全性、入园难

——新计划能否破解学前教育三大难题

教育部、国家发展改革委、财政部对外公布《关于实施第二期学前教育三年行动计划的意见》，启动第二期学前教育三年行动计划。行动计划能否有效防止幼儿园“小学化”？能否促进各方加强监督管理，确保幼儿园安全？能否激活市场，增加学前教育供给，缓解入园难？2014 年 11 月 15 日，记者就上述问题采访了教育部基础教育二司负责人和相关专家。

提升学前教育质量　防止幼儿园“小学化”

“保教质量参差不齐，一些地方的幼儿园‘小学化’仍较严重。”谈及学前教育所面临的问题时，这位负责人如是说。

2011 年以来，全国在园幼儿 3 年增加 918 万人，比过去 10 年增量的总和还多，学前 3 年毛入园率达 67.5%，3 年提高 10.9 个百分点，“入园难”的问题得到初步缓解。

“但整体上看，学前教育改革发展任务仍然十分艰巨。”二期行动计划的主要措施包括：健全学前教育教研指导网络、加强区域教研和园本教研、构建保教质量评估体系以及防止和纠正幼儿园“小学化”。这位负责人表示。

防止幼儿园“小学化”，幼儿园师资的作用至关重要。二期行动计划提出，借助优质幼儿园的辐射带动作用，通过教研交流和互助提高，解决教师在教育实践中的困惑和问题，提高其专业素质和教育实践能力。同时，研究制定幼儿园保教质量评估指南，以质量评估为手段，建立科学导向，着重加强对师资配备、教育过程和管理水平等方面关键因素的评估。要以游戏为基本活动，严禁提前教授小学教育内容，确保小学一年级坚持“零起点”教学。

专家认为，落实计划的这些内容，需要教育部门对幼儿园的教育内容实现有效监管，建立科学评估体系，确保幼儿园孩子快乐天真的童年生活不受到抢跑应试教育的干扰。

建立健全日常管理和随机抽查制度　确保“校园安全”

擅自给幼儿服用处方药“病毒灵”；小班 21 名孩子遭教师殴打；幼儿园装修引发集体“中毒”……

近年来幼儿园安全、卫生事故时有发生。上述这些“伤童”事件，拷问着当下幼儿园监管水平。二期行动计划要求加强学前教育治理体系和治理能力建设，进一步落实地方政府和各有关部门的监管责任，健全幼儿园监管体系。

针对幼儿园频发的安全事件，有专家认为，应当明确部门监管责任，教育、卫生、公安、质检、安监、食药监等各相关部门要根据职能分工，各司其职，完善动态监管机制，切实加强对幼儿园保教质量、卫生保健、安全等方面的监管。

安全漏洞　　新华社发　朱慧卿　作

对此，二期行动计划明确，地方各级政府特别是县级政府履行好监管的主体责任，建立监管责任追究制度，加强对有关部门履职尽责情况的督查考核。这将更明确地确立责任主体，让监管不缺位，让守护不放松。

教育部基础教育二司负责人表示，教育行政部门要充实管理力量，落实幼儿园年检制度，加强对幼儿园办园资质、教师资格、办园行为、收费等的监管，建立幼儿园信息公示制度，及时发布幼儿园基本信息，接受社会监督。同时，二期行动计划提出幼儿园要建立定期自查自纠制度，及时发现并消除园舍、消防、卫生等方面安全隐患；完善家长委员会制度，事关幼儿和家长切身利益的事项要充分听取家长委员会的意见。

对于学前教育教师数量不足、待遇不高、专业素质不高等为人诟病的问题，二期行动计划指出，要建立满足不同层次和需求的培训体系，2015 年底前完成对幼儿园园长和教师的全员专业培训。鼓励地方通过免费师范生、幼教特岗计划等方式，为农村培养合格的幼儿教师。

此外，幼儿园教职工配备、待遇等方面问题也在二期行动计划中有所体现。在补足配齐幼儿园教职工和完善工资待遇保障机制的前提下，创新保障方式，通过生均财政拨款、专项补助等方式，解决好公办园非在编教师、农村集体办园教师工资待遇问题，逐步实现同工同酬。加强对民办园的监管，督促其依法保障教职工工资待遇。这无疑有助于减少因教师待遇低、人手少导致的安全隐患。

公办、民办两手都要抓　力争缓解入园难

“加大政府投入，加快建设一批城乡公办园。”二期行动计划提出的任务为下一步扩大公办学前教育资源提供了重要依据。

据了解，经过一期行动计划，全国公办园增加 1.7 万所，但总体占比仅 33%，难以满足老百姓接受公益普惠学前教育的需求，入园难成为困扰很多家庭的烦心事。二期行动计划继续把大力发展公办园作为扩大普惠性资源的重要举措。

在公办幼儿园布局问题上，二期行动计划给出了方案，在资源短缺的地区逐年安排新建、改扩建一批公办幼儿园。特别要加大农村公办园建设力度。同时，加大扶持力度，增强各类公办性质幼儿园的服务能力。

此外，要求各省（区、市）出台小区配套园建设和管理的实施办法，对小区配套园规划、建设、移交、举办以及回收、补建等作出具体规定，确保提供普惠性服务。2015 年底前，城镇小区按国家和地方相关规定补足配齐幼儿园。这将为城镇小区适龄幼儿就近入园解忧。

要想有效缓解入园难，还要大力发挥市场在资源配置中的决定性作用，积极扶持民办幼儿园发展。“我国民办幼儿园的占比很大，但提供普惠性服务的能力还不够强。”教育部基础教育二司负责人表示，二期行动计划提出将继续落实用地、税费等优惠政策，在多种方式吸引社会力量办园的基础上，进一步加大对普惠性民办园的扶持力度。

一些专家表示，加大认定、扶持力度以及扶持的长效机制是民办园发展的关键所在，应尽快出台普惠性民办园认定和扶持办法，对扶持对象、认定程序、扶持办法、监管措施和退出机制等作出具体规定。

对此，二期行动计划提出，各地要根据普惠性资源布局和幼儿入园需求，认定一批普惠性民办园。通过政府购买服务、生均经费补贴、减免租金、派驻公办教师、培训教师等方式支持其提供普惠性服务。

公办、民办幼儿园两手都抓，两手都硬，这样才能有效缓解入园难，让更多适龄儿童能享受正规学前教育。

短评

学前教育“长跑”，步步都要落实

教育部、国家发展改革委、财政部印发《关于实施第二期学前教育三年行动计划的意见》，意味着新的造福千百万儿童的学前教育三年行动计划正步入现实。当此时，有必要提个醒，学前教育是个长跑，每一步都得迈得扎实。

一方面，第一期学前教育三年行动计划成效显著，中央财政投入五百亿元，带动地方财政投入1600亿元，2013年底在园儿童比计划实施前增加了918万，幼儿教师一时炙手可热。另一方面，公办幼儿园和普惠性民办园仍远远满足不了广大公众需求。而从国家与国家比较这个层面来说，经济合作与发展组织国家2012年学前教育毛入园率平均已达

92.8%，甚至经济总量和发展速度不及我国的俄罗斯、巴西、南非等金砖国家的学前教育普及程度也远高于我国。即使新的三年行动计划在未来完成之后，我国的学前教育毛入园率达到75%，也只是处在继续追赶别人的过程之中，所以必须调整好心态，做好长跑的准备。

扎实的学前教育长跑，离不开科学有效地编制计划。国家层面的三年行动计划出台之时，意味着各地的三年行动计划编制也将成为有关部门的沉甸甸责任。从过去的经验看，有效地避免有关部门做计划的虚火和小九九，最好的办法有两个：一是引入第三方机构的专业力量参与；二是真正公之于众，接受全社会的监督和评说。所以我们期待着第二期学前教育三年行动计划在编制这个环节就有更多的改革举措和更高的科学水平。

计划方案在实施过程中，每一步都得稳扎稳打，踏踏实实，尤其避免数字掺水甚至变成数字游戏。在回溯第一期学前教育三年行动计划时，有学者将有些省份相关部门发布的数据与全国事业统计公报公布的数据相对比，发现个别地方幼儿园增长的比例有水分。这提醒我们：要防止一些地方在新的三年行动计划实施时玩数字游戏，夸大成绩为自己贴金。因此应加强对这项行动计划在资金使用、工作效果统计等方面的审计。

随着学前教育的步步推进，需要吸引更多的民间投资，以增加普惠性民办园的供给。为此二期行动计划将继续落实用地、税费等优惠政策，多种方式吸引社会力量办园，进一步加大对普惠性民办园的扶持力度。但是，一波又一波的留学热、教育移民告诉我们，中国教育从幼儿园到大学都不缺需求，民间也有旺盛的投资热情，关键要以促进民间教育投资的良法和良规，把民间资金和人才吸引过来。而在现实中，一些政策的实施常常被有关部门打了折扣，民间教育投资常常遇到“玻璃门”。这就意味着，第二期学前教育三年行动计划能不能赢得社会力量支持，博得公众喝彩声，要看相关改革执行的力度和效果。

24. 高考改革如何回应百姓诉求

——聚焦深化考试招生制度改革

考试招生涉及千家万户，关乎每个学生的切身利益。几经存废之争、历时多年探索，高考依然是人民群众普遍认可、最符合国情、最体现公平的国家教育考试制度。国务院印发《关于深化考试招生制度改革的实施意见》（以下简称《实施意见》），部署深入贯彻落实党的十八届三中全会关于推进考试招生制度改革的要求，进一步促进教育公平，提高选拔水平。《实施意见》的出台，标志着新一轮考试招生制度改革全面启动。

国务院印发《关于深化考试招生制度改革的实施意见》

国务院印发《关于深化考试招生制度改革的实施意见》，部署深入贯彻落实党的十八届三中全会关于推进考试招生制度改革的要求，进一步促进教育公平，提高选拔水平。《实施意见》的出台，标志着新一轮考试招生制度改革全面启动。

《实施意见》指出，考试招生制度是国家基本教育制度。改革开放30多年来，中国考试招生制度不断改进完善，初步形成了相对完整的考试招生体系，为学生成长、国家选才、社会公平作出了历史性贡献。这一制度总体上符合国情，权威性、公平性社会认可，但也存在一些社会反映强烈的问题，主要是唯分数论影响学生全面发展，一考定终身使学生学习负担过重，区域、城乡入学机会存在差距，中小学择校现象较为突出，加分造假、违规招生现象时有发生，深化考试招生制度改革势在必行。

《实施意见》提出，要坚持育人为本，遵循教育规律；着力完善规则，确保公平公正；体现科学高效，提高选拔水平；加强统筹谋划，积极稳妥推进。《实施意见》要求，2014 年启动考试招生制度改革试点，2017 年全面推进，到 2020 年，基本建立中国特色现代教育考试招生制度，形成分类考试、综合评价、多元录取的考试招生模式，健全促进公平、科学选才、监督有力的体制机制，构建衔接沟通各级各类教育、认可多种学习成果的终身学习立交桥。

《实施意见》就深化考试招生制度改革提出五大任务：一是改进招生计划分配方式，提高中西部地区和人口大省高考录取率，增加农村学生上重点高校人数，完善中小学招生办法破解择校难题。二是改革考试形式和内容，完善高中学业水平考试，规范高中学生综合素质评价，加快推进高职院校分类考试，深化高考考试内容改革。三是改革招生录取机制，减少和规范考试加分，完善和规范自主招生，完善高校招生选拔机制，改进录取方式，拓宽社会成员终身学习通道。四是改革监督管理机制，加强信息公开，加强制度保障，加大违规查处力度。五是启动高考综合改革试点，改革考试科目设置，改革招生录取机制。

《实施意见》指出，考试招生制度改革要统筹规划、试点先行、分步实施、有序推进。各地各有关部门要高度重视，切实加强领导。教育部等有关部门要抓紧研究

精彩论述

此次改革方案在深化改革的大背景下新鲜出炉，带给人民群众的是对未来教育改革与发展的希望与期盼。期待各级政府和教育系统在国家统一部署下，积极试点、稳妥推进、逐步推开，使这项关系民生的重大改革全面落地，让高考指挥棒更好地发挥促进公平、科学选才的正向作用。

——新华社评论员

制定配套文件。各省（区、市）要结合实际制订本地考试招生制度改革实施方案。要充分考虑教育的周期性，提前公布考试招生制度改革实施方案，给考生和社会以明确、稳定的预期。及时研究解决改革中遇到的新情况新问题，不断总结经验、完善措施。

教育部负责人详解深化考试招生制度改革十二亮点

《国务院关于深化考试招生制度改革的实施意见》2014 年 9 月 4 日发布，标志着新一轮考试招生制度改革全面启动。教育部负责人就一些社会关注的问题回答了记者提问。

保持现行制度稳定，着力解决择校、加分造假等问题

问：这次改革的总体定位是什么？

答：总体定位是，促进公平、科学选才。30 多年来，我国考试招生制度不断改进完善，这一制度总体上符合我国国情，权威性、公平性得到社会认可，但也存在一些社会反映强烈的问题，主要是唯分数论影响学生全面发展，一考定终身使学生学习负担过重，区域、城乡入学机会存在差距，中小学择校现象较为突出，加分造假、违规招生现象时有发生。因此，这次改革在保持现行考试招生制度稳定的基础上，着力解决突出问题，适应经济社会发展对多样化高素质人才的需要，更好地促进学生健康发展，更好地科学选拔各类人才，更好地维护社会公平。

2014 年启动试点，2017 年全面推进

问：这次改革的目标任务是什么？

答：2014 年启动考试招生制度改革试点，2017 年全面推进，到 2020 年基本建立中国特色现代教育考试招生制度，形成分类考试、综合评价、多元录取的考试招生模式，健全促进公平、科学选才、监督有力的体制机制，构建衔接沟通各级各类教育、认可多种学习成果的终身学习“立交桥”。

改革有五项主要任务：改进招生计划分配方式，进一步促进机会公平；改革考试形式和内容，更好地引导素质教育，促进学生健康成长；改革招生录取机制，规范考试加分、自主招生，改进录取方式，拓宽多种形式学习通道；改革监督管理机制，加大信息公开力度，加强对违法违规行为的查处；在少数省（市）开展高考综合改革试点。

东部高校为中西部学子留专门名额，部属高校严控属地招生比例

问：如何缩小区域高等教育入学机会差距？

答：自2007年以来，国家采取多项措施努力缩小区域高等教育入学机会差距。2013年全国高考平均录取率为76%，最低省份录取率达到70%，两者的差距由2007年的17个百分点缩小至6个百分点。这次改革将进一步提高中西部地区和人口大省高考录取率，在东部地区高校安排专门招生名额面向中西部地区招生，同时部属高校要严格控制属地招生比例。力争到2017年，录取率最低省份与全国平均水平的差距缩小至4个百分点以内。

重点高校定向招收“贫困生”，不再让“寒门难出贵子”

问：如何增加农村学生上重点高校的机会？

答：由于城乡基础教育水平存在差距等多种因素，农村学生考上重点高校的比例相对较低。今后将继续实施国家农村贫困地区定向招生专项计划，由重点高校面向贫困地区定向招生。这项计划2012年开始实施，当年安排1万名，2013年扩大到3万名，2014年扩大到5万名，覆盖22个省（区、市）的832个贫困县。部属高校、省属重点高校还要安排一定比例名额，专门招收边远、贫困、民族地区优秀农村学生。力争到2017年使贫困地区农村学生进入重点高校人数明显增加，并形成保障农村学生上重点高校的长效机制。

高中学业水平考试一年两考，覆盖所有科目避免偏科

问：为什么要推行高中学业水平考试？

答：高中学业水平考试是检验学生学习程度、避免严重偏科的一项制度设计，是学生毕业和升学的重要依据。今后学业水平考试范围覆盖国家规定的所有学习科目，由省级教育行政部门按国家课程标准和考试要求统一组织实施。各地要合理安排课程进度和考试时间，创造条件为有需要的学生提供同一科目参加两次考试的机会。2014年，教育部将出台完善高中学业水平考试的指导意见。

建立学生综合素质档案，综合素质评价程序公开防“注水”

问：如何确保高中学生综合素质评价规范有序、真实可信？

答：这次改革的重点是更好地规范评价的内容、程序，确保内容客观真实、程序公开公正。一是建立规范的学生综合素质档案，客观记录学生成长过程中的突出表现，注重社会责任感、创新精神和实践能力，主要包括学生思想品德、学业水平、身心健康、兴趣特长、社会实践等内容。二是严格程序，强化监督，确保公开透明，保证内容真实准确。三是各省（区、市）制定综合素质评价基本要求，学校组织实施。2014年，教育部将出台规范高中学生综合素质评价的指导意见。

高职院校相对分开招生，“文化素质＋职业技能”

问：高职院校分类考试如何进行？

答：根据改革方案，高职院校考试招生将与普通高校相对分开，实行“文化素质＋职业技能”评价方式。中职学校毕业生报考高职院校，参加文化基础与职业技能相结合的测试；普通高中毕业生报考高职院校，参加职业适应性测试，文化素质成绩使用高中学业水平考试成绩，参考综合素质评价。学生也可参加统一高考进入高职院校。2015年通过分类考试录取的学生占高职院校招生总数的一半左右，2017年成为主渠道。

加分项目大幅“瘦身”，取消特长生加分

问：对减少和规范考试加分有何举措？

答：我国从20世纪50年代起就实行考试加分政策，一类是补偿性的，一类是鼓励性的。但在实施过程中，出现加分项目过多、分值过大特别是资格造假等问题。这次改革主要采取3项措施。一是大幅减少、严格控制考试加分项目，2015年起取消体育、艺术等特长生加分项目。确有必要保留的加分项目，应合理设置加分分值。二是地方性高考加分项目由省级人民政府确定并报教育部备案，原则上只适用于本省（区、市）所属高校在本省（区、市）招生。三是加强考生加分资格审核，严格认定程序，做好公开公示，强化监督管理。2014年年底，教育部将出台进一步减少和规范高考加分项目和分值的意见。

自主招生严控规模，安排在高考后进行

问：如何进一步完善高校自主招生？

答：2003年国家启动自主招生试点，目前试点高校共90所，招生人数约占试点高校招生总数的5%，2013年选拔录取了2.5万人。这次改革提出了进一步完善和规范自主招生的措施。一是申请学生要参加全国统一高考，达到相应要求，接受报考高校的考核。二是试点高校合理确定考核内容，不得采用联考方式或组织专门培训。

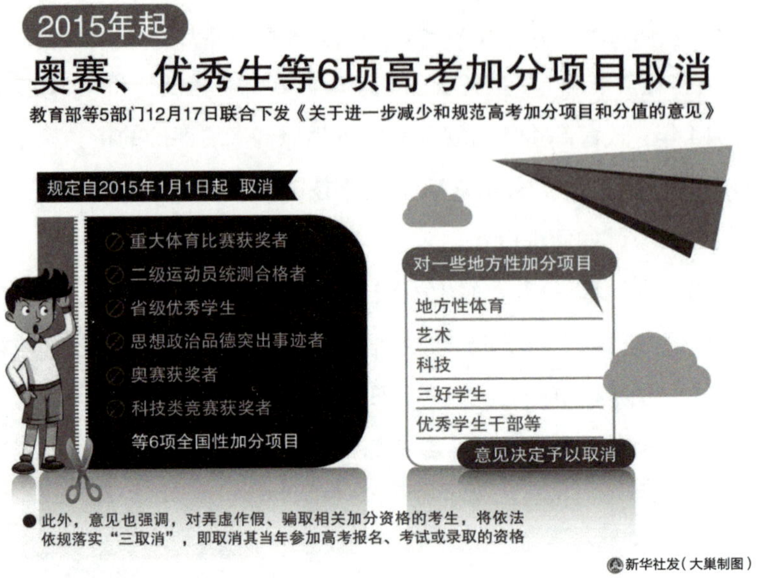

三是规范并公开自主招生办法、考核程序和录取结果。四是严格控制自主招生规模。五是从2015年起推行自主招生安排在全国统一高考后进行。

成绩公布后填报志愿，逐步取消录取批次

问：高校招生录取方式将有哪些变化？

答：高校招生录取方式的变化主要有：一、将涉及考试招生的相关事项在招生章程中详细列明并提前向社会公布；二、在制定学校招生计划、确定招生政策和规则、决定招生重大事项等方面充分发挥招生委员会作用；三、可通过聘请社会监督员巡视学校测试、录取现场等方式，对招生工作实施第三方监督；四、建立考试录取申诉机制，及时回应处理各种问题；五、建立招生问责制，2015年起由校长签发录取通知书，对录取结果负责；六、推行高考成绩公布后填报志愿方式；七、创造条件逐步取消高校招生录取批次，2015年起在有条件的省份开展录取批次改革试点。八、改进投档录取模式，推进并完善平行志愿投档方式，增加高校和学生的双向选择机会。

考试招生全程接受监督，加大违规查处力度

问：如何加强考试招生的监督管理？

答：主要采取3项措施：一是加大招生工作的信息公开力度，深入实施高校招生“阳光工程”，及时公开招生政策、招生计划、考生资格、录取程序、录取结果、咨询及申诉渠道、重大事件违规处理结果等信息，全程接受社会监督。二是加强制度保障，强化教育考试安全管理制度建设，健全诚信制度和教育考试招生法律法规。三是加大违规查处力度，对考试招生中的违法违规行为发现一起、查处一起、公开一起，严格追究当事人及相关人员责任。

沪浙今年率先试点，着力探索科目设置和录取机制

问：高考综合改革试点如何进行?

答：高考综合改革重点进行两方面探索：一是改革考试科目设置。考生总成绩由统一高考的语文、数学、外语 3 个科目成绩和高中学业水平考试 3 个科目成绩组成。保持统一高考的语文、数学、外语科目不变、分值不变，不分文理科，外语科目提供两次考试机会。计入总成绩的高中学业水平考试科目，由考生根据报考高校要求和自身特长，在思想政治、历史、地理、物理、化学、生物等科目中自主选择。二是改革招生录取机制。探索基于统一高考和高中学业水平考试成绩、参考综合素质评价的多元录取机制。2014 年，上海市、浙江省两地分别出台高考综合改革试点方案，从 2014 年秋季新入学的高一学生开始实施。试点省（市）的其他在校高中生和没有开展综合改革试点省份的高中生，仍实行现行高考办法。

新华社发（大巢制图）

聚焦高考改革“十变”：不分文理科，取消艺体特长生

将于2017年起全面推进的《国务院关于深化考试招生制度改革的实施意见》公布，对高考的内容、形式、录取、管理等环节进行了全新设计和部署，其中不分文理科、取消艺体特长生加分等10项变化备受关注。

【不分文理科，外语科目提供两次考试机会】

【高考计分3＋3，自选科目看特长】增强高考与高中学习的关联度，考生总成绩由统一高考的语文、数学、外语3个科目成绩和高中学业水平考试3个科目成绩组成。保持统一高考的语文、数学、外语科目不变、分值不变。计入总成绩的高中学业水平考试科目，由考生根据报考高校要求和自身特长，在思想政治、历史、地理、物理、化学、生物等科目中自主选择。

【学业水平要测试，综合素质入档案】学业水平考试主要检验学生学习程度，是学生毕业和升学的重要依据。考试范围覆盖国家规定的所有学习科目，由省级教育行政部门按国家课程标准和考试要求组织实施。建立规范的学生综合素质档案，客观记录学生成长过程中的突出表现，注重社会责任感、创新精神和实践能力，主要包括学生思想品德、学业水平、身心健康、兴趣特长、社会实践等内容。

【取消艺体特长加分，省级加分不通行】大幅减少、严格控制考试加分项目，2015年起取消体育、艺术等特长生加分项目。地方性高考加分项目由省级人民政府确定并报教育部备案，原则上只适用于本省（区、市）所属高校在本省（区、市）招生。

【回归全国统一卷，异地高考更有戏】2015年起增加使用全国统一命题试卷的省份。改进评分方式，加强评卷管理，完善成绩报告。加强国家教育考试机构、国家题库和外语能力测评体系建设。

【自主招生后进行，联考培训要取消】2015年起推行自主招生安排在全国统一高考后进行。申请学生要参加全国统一高考，达到相应要求，接受报考高校的考核。试点高校要合理确定考核内容，不得采用联考方式或组织专门培训。

【高职院校搞“特招”，职业技能是必考】高职院校考试招生与普通高校相

对分开，实行“文化素质＋职业技能”评价方式。中职学校毕业生报考高职院校，参加文化基础与职业技能相结合的测试。普通高中毕业生报考高职院校，参加职业适应性测试，文化素质成绩使用高中学业水平考试成绩，参考综合素质评价。学生也可参加统一高考进入高职院校。2015年通过分类考试录取的学生占高职院校招生总数的一半左右，2017年成为主渠道。

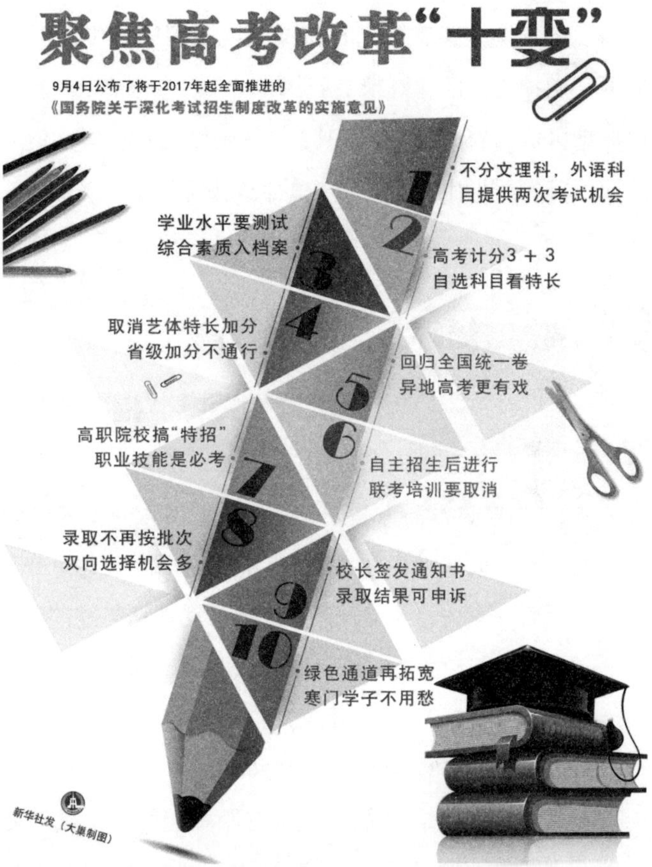

【录取不再按批次，双向选择机会多】推行高考成绩公布后填报志愿方式。创造条件逐步取消高校招生录取批次。改进投档录取模式，推进并完善平行志愿投档方式，增加高校和学生的双向选择机会。2015年起在有条件的省份开展录取批次改革试点。

【校长签发通知书，录取结果可申诉】高校可通过聘请社会监督员巡视学校测试、录取现场等方式，对招生工作实施第三方监督。建立考试录取申诉机制，及时回应处理各种问题。建立招生问责制，2015年起由校长签发录取通知书，对录取结果负责。

【绿色通道再拓宽，寒门学子不用愁】继续实施支援中西部地区招生协作计划，在东部地区高校安排专门招生名额面向中西部地区招生。部属高校要公开招生名额分配原则和办法，合理确定分省招生计划，严格控制属地招生比例。2017

年录取率最低省份与全国平均水平的差距从 2013 年的 6 个百分点缩小至 4 个百分点以内。继续实施国家农村贫困地区定向招生专项计划，由重点高校面向贫困地区定向招生。部属高校、省属重点高校要安排一定比例的名额招收边远、贫困、民族地区优秀农村学生。2017 年贫困地区农村学生进入重点高校人数明显增加，形成保障农村学生上重点高校的长效机制。

短评

让高考指挥棒“指”对方向

人们常说，高考指挥棒不改，教育改革寸步难行。《国务院关于深化考试招生制度改革的实施意见》，是对考试招生这一中国教育指导棒的大调整。这个面目一新的指导棒，能在多大程度上见实效，还有待时间检验。

高考现行的“一考定终身”模式为我国经济与社会发展遴选输送大批人才，但也导致“唯分数论”，公众对学生负担过重、义务教育阶段择校等问题反映强烈。针对此，此次高考改革方案鼓励学生根据报考高校要求和自身特长选择科目，这就为“学有所长”的学生提供更广阔的拓展平台；方案提出将综合素质评价作为“学生毕业和升学的重要参考”，这就是鼓励书桌前的学生走出“题山卷海”，培养更多的社会责任、创新意识与实践能力；方案提出高职院校考试招生与普通高校相对分开，这就使一些动手能力强的学生不用再挤全国统考的“独木桥”，提前拿到高等院校的入场券。

考试招生涉及千家万户，关乎每个学生的切身利益。几经存废之争、历时多年探索，高考依然是人民群众普遍认可、最符合国情、最体现公平的国家教育考试制度。此次改革方案在深化改革的大背景下新鲜出炉，带给人民群众的是对未来教育改革与发展的希望与期盼。期待各级政府和教育系统在国家统一部署下，积极试点、稳妥推进、逐步推开，使这项关系民生的重大改革全面落地，让高考指挥棒更好地发挥促进公平、科学选才的正向作用。

25.“时髦”遭遇就业“红灯”

——聚焦高校“难就业”专业问题

旅游管理、音乐表演、电子商务、动画……教育部最新公布近两年就业率较低的本科专业名单，曾经挤破头的“热门”专业如今却遭遇就业寒流。专业热门一哄而上、遇冷就关门停招，高校专业设置如何走出尴尬之境？如何培养适销对路的毕业生？

全国高校15个就业“困难户”专业出炉
表演、市场营销等“上榜”

表演、旅游管理、市场营销、电子商务……这些曾经的“香饽饽”专业如今将被打入“冷宫”。教育部门最新公布的近两年来就业率较低的全国15个本科专业当中，这些都“榜上有名”。市场营销和公共事业管理两个专业也入围全国多个省份就业难名单。

全国15个就业“困难户”专业具体包括：食品卫生与营养学、生物科学、旅游管理、社会体育指导与管理、市场营销、动画、知识产权、广播电视编导、表演、艺术设计学、播音与主持艺术、音乐表演、电子商务、贸易经济、公共事业管理。

与全国的名单略有不同，各地的就业率较低的本科专业名单中，新闻学和法学

专业均“上榜”，这两个专业均出现在关注度高的北京、上海、广东等地的名单上。其中，法学专业还出现在河北、内蒙古、浙江、安徽、福建、河南、湖北、新疆等多个省份的名单中。

在分省的就业率较低本科专业当中，市场营销和公共事业管理两个专业也入围多个省份名单。例如，市场营销专业在山西、吉林、上海、浙江、湖南、广西等省份就业率较低，公共事业管理则在北京、上海、安徽、山东、广东、云南等省市就业率偏低。

专家指出，在严格执行《普通高等学校本科专业设置管理规定》的前提下，相关部门和环节各司其职，科学理性设置专业并不难。教育部公布的这份榜单，对高校的专业设置应该有一定的参考价值。

此前，一份由中国教育在线发布的2014年高校招生调查报告曾指出，由于缺乏系统的专业设置体系、动态质量监测机制和必要的选拔淘汰机制，造成专业设置雷同，同质化现象过于严重。

教育部高教司提醒，各高校在申报专业时要参考全国、分省（区市）的就业率较低的本科专业名单，充分考虑国家和地方经济社会发展需求，避免盲目布点、重复设置；各教育主管部门要对就业率较低的专业进行布点控制，综合应用规划、政策指导和资源配置等措施，促进高校优化专业结构，加强专业内涵建设。

专家观点

提高大学生的就业竞争能力，最终还是要通过扩大高校在课程、专业设置方面摆脱行政治校的模式，根据自身定位办出各自的个性和特色。

——南京师范大学教科院副教授　殷飞

艺术专业“难就业”样本分析

播音与主持艺术、音乐表演、广播电视编导，这些在许多学校艺考招生简章上频频现身的“热门专业”，如今赫然列入全国就业率“困难户”名单。

骨感的现实难以回避。《2013 艺术教育行业分析报告》也表明，全国各大艺术院校表演系毕业生，70% 因就业不理想而改行。

家长求“才”高校求“财”　艺术专业年学费万元

文化分不够，艺考分来凑。近年来，播音主持、美术、编导等艺考专业成为不少学生圆大学梦的捷径。

2014 年参加播音主持类艺考的湖南考生媛媛，参加各类培训，报考 20 所学校，最终考上四川一所“二本”理工大学。“这样的结果我们已经满足了，按照她的文化成绩，普通高考只够‘三本’或高专。”媛媛妈妈道出了许多家长和考生的心声：“曲线升学”。

艺术专业都收费不菲，成为许多高校扩招增收的“宝地”。一方面，高校考前开设培训速成班，每位学生收费 3 万左右；另一方面，高校的艺术类专业学费也比许多专业高，每年 1 万比较常见。

近年，一些综合类、师范类，甚至理工类、体育类高校都纷纷开设艺术专业。10 多年前，只有中国传媒大学、中央戏剧学院等专业院校设有播音主持专业。然而，记者 15 日查询“中国艺考网”发现，2014 年秋季入学，约有 148 所院校公布了播音主持艺术高考招生简章，仅河南省就有 10 多所高校设置该专业，包括河南大学、河南工业大学、信阳师范学院、中原工学院等。

中国艺术人才网发布的《2013 艺术教育行业分析报告》显示，从 2002 年至 2013 年间，全国设置艺术类专业的高校从 597 所增加到 1679 所，艺术类考生人数从 3.2 万增加到近 100 万。

真正“专业人才”凤毛麟角　多半毕业即失业或转行

与动辄上万的艺考火爆人数相比，毕业后真正愿意并且能够从事艺术行业的学子，可谓九牛一毛。

湖南某 985 高校播音主持专业，2014 年共毕业 38 个学生，从事与播音主持相关职业的仅 7 人，此外还有同学没找着工作。

小西所在的某 211 学校及旗下的三本学院，招生的播音主持学生人数更是多达百人，本科毕业后，仅 3 人从事和播音主持相关的工作。“一个学校一届可能都难出一个好主持人。与其在这个行业厮杀，不如去另外的行业生存。”

在网上，有网民提问“播音主持专业就业率如何”，获得点赞数最多的答案为“就业率很低”。

许多学生面临毕业即失业、毕业即转行的尴尬境地。2012 年，上海市 18 个本科专业因连续 3 年签约率过低、布点较多被上海教委预警，其中就包含播音与主持艺术、表演等。

培养“水分大”、市场饱和　“艺考生”出路狭窄

“就业难，除了人才市场相对饱和，和许多艺术类毕业生并不具备从业的基本素质不无关系。”中央教育科学研究院研究员博士储朝晖说。

“一些学校专业设置趋同性严重、课程重理论而轻实践，加剧‘难就业’。”湖北毕业生就业指导中心副主任王建农说，目前国内绝大部分高校都设置艺术类专业，招收学生也逐年增多，市场人才需求出现严重饱和。

在招考方面，大部分艺考生都是“突击战”，这导致整体生源基础质量不高。考前半年或一年接受三五个月的“突击密集”应试训练，再广撒网地报上几十所高校，最后进入一所“二本”或“三本”高校——这是许多包括播音主持专业在内的艺考生的“路线图”。对此，有考生戏言：“高二还是普通人，高三就成了‘艺术家’。”

先天不足，后天又得不到很好弥补。一些院校重视大肆拓荒创收，却不注重人才培养，而且由于高校蜂拥开设同类专业，导致师资、硬件条件跟不上，培养出来的学生素质也就可想而知了。一位高校教师透露，许多学校该专业的师资和教学实践都没有达到要求。

高校专业设置如何走出尴尬之境？

旅游管理、音乐表演、电子商务、动画……教育部最新公布近两年就业率较低的本科专业名单，曾经挤破头的“热门”专业如今却遭遇就业寒流。

专业热门一哄而上、遇冷就关门停招，高校专业设置如何走出尴尬之境？如何培养适销对路的毕业生？

热门专业就业遇冷，冷热背后有何玄机？

法学，曾是受人青睐的专业，这次却出现在北京、上海、河北、内蒙古、浙江等10多个省份的“就业难”名单中。

中国校友会网曾调查中国各地区的高考状元，近10年选择就读法学专业近百人，在各专业中名列前茅。如今，这个热门专业几乎遍布高校，法学专业毕业生则持续遭遇就业尴尬。

高校设置专业一哄而上，是热门专业就业率偏低的主要原因。长江教育研究院执行院长张才生表示，学校不看就业情况，盲目开设新专业、扩大所谓“热门”专业的招生规模，从根本上讲是不科学的。

此次公布的湖北高校本科专业最近两年就业率较低的专业中，中西医临床医学、口腔医学、中医学等看似“与大众生活紧密相连”的专业为何“中枪”？

湖北大学教育学教授叶显发分析，这些专业本来是社会需求的，但诸多高校一窝蜂地设置相同专业，并在同一时期扩招，导致就业供需矛盾在现阶段集中爆发。

此外，高等教育课程设置不合理、与社会需求脱节、毕业生动手能力弱的问题在一些高校不同程度地存在。叶显发教授说，现在社会对社区全科医生的需求量较多，而高校却培养只钻研某一细分方向的学生，导致这些专业就业率低。

精彩论述

高校作为办学主体，应当加强就业市场意识，根据就业市场的人才需求来确定人才培养的规模，而不能“只管进不管出”。就业的“冷”与“热”，都是由市场需求决定。。

——新华社评论员

金融工程、土地资源管理等看似“高大上”专业，大都是近几年新设置的，高校教什么、学生学什么都还是一本糊涂账，专业定位不明晰，导致社会对这些专业不了解、不认可。

实事上，同一专业，不同学校之间的差别较大。“不同高校拥有不同质量的生源，培养目标不同，毕业生质量也不同，就业情况千差万别。”江苏省高校招生就业指导服务中心事业发展部相关负责人说。

脱离实际一哄而上，师资欠缺影响人才培养质量

2013 年 6 月发布的《2013 年中国大学生就业报告》就已警示，动漫、法学、英语等专业已经成为具有高失业风险的“红牌专业”，报告建议通过削减招生来改善。面对严峻的就业形势，高校为了满足新兴产业和家长、学生的需求，纷纷开设新的专业。但是，由于师资、设备等教育资源不足，一些新设专业“徒有其表”，人才培养质量不高。

吉林农业大学招生就业处副处长杨征表示，目前各个学校都开设了市场营销、工商管理、计算机这样的专业，这就导致这些专业没有特色、通用性强。普遍开设、普遍教学的代价，就是人才培养成效低、与市场需求脱轨，毕业生总量大，就业竞争激烈。“很多这样的专业没有明确的就业市场，听起来好像就业的面很广，实际上就业率却很低。”

近年来，很多高校都以增加招生规模和专业的方式来响应扩招。“专业构成越来越杂，没有这么强的师资，却开了这么个专业，学生的出口自然不好。”杨征说。

专家认为，像表演、音乐学等专业，主要是专业优势不明显、专业知识不过硬导致的就业率低。非专业的表演、音乐人才，因为天赋或自学成才就可轻松打败专业人士。

通才专才统筹兼顾，培养适销对路人才

针对入列的就业难专业，相关高校该如何应对？叶显发教授建议，高校在2015年招生时，应对涉及的专业采取减招、隔年招生、停办或转向等措施，在培养目标上进一步调整，接轨社会需求，注重培养学生的综合能力和应用能力。

低就业率也不能一棍子打死。在很多业内人士看来，就业率只是衡量人才培养质量的一个重要指标。因为很多基础学科就业情况不好，但社会仍然需要，不能简单地否定说这样的专业没有价值。

连年的大学生就业难实际上是在倒逼高等教育的深层次改革。教育专家熊丙奇分析说：“现在一些211、985高校没有按照自己的学校定位办学，一些职业院校也都热衷扩大专业设置以达到综合性大学的规模。这导致高校人才培养的整体质量下滑，人才培养与社会需求脱节。”

南京师范大学教科院副教授殷飞表示，我国一些高校专业过分细化，却没有实用的技能和自我独立的价值观。“提高大学生的就业竞争能力，最终还是要通过扩大高校在课程、专业设置方面摆脱行政治校的模式，根据自身定位办出各自的个性和特色。”

短评

高校应加强就业市场意识

教育部门公布了全国15个就业“困难户”专业，生物科学、播音与主持、市场营销等招生“热门专业”，却在就业市场中遭遇寒冬。这一反差充分体现出高校专业设置与就业市场脱节的矛盾。解决这一问题，还需要高校增强就业市场意识，强化对专业的设置和调节，避免“只管进不管出”的问题。

从2000年开始，我国高校进入规模快速扩张的阶段，一些高校“贪大求全”，为了吸引学生而盲目开设“热门”专业。许多对办学条件要求不高的专业纷纷进入大学。部分高校甚至只要凑够了老师，就敢开一个专业。几乎每所综合性大学都有的法学专业就是其中的典型。在今年的就业中，北京、上海、广东等地法学专业毕业生就业均遭遇难题。

“困难户” 新华社发 赵乃育 作

由于缺乏系统的专业设置体系、动态质量检测体系和必要的选拔淘汰机制，高校专业设置雷同、同质化等现象严重，造成毕业生供大于求。一些高校却无视这一趋势，继续扩大招生规模，造成学生在毕业之后无法找到工作、工资待遇低的情况较为普遍。

“热专业”遭遇“冷就业”，必须从高校身上找原因。学生报考志愿时刚刚高中毕业，大多数人并不具备判断四年后就业市场的综合能力，而高校则完全可以通过大量的数据和对毕业生的跟踪，了解最新的就业市场需求，并对哪些专业供过于求有所判断。

解决这一问题，首先需要教育主管部门把牢入口关。我国高校在专业设置上自主权较高，负责评估和审批的教育主管部门应当严格把关，对近年严重过剩的专业，应当从严审批。对于同一高校连续几年就业率过低的专业，应当采取措施削减高校招生规模。

高校作为办学主体，应当加强就业市场意识，根据就业市场的人才需求来确定人才培养的规模，而不能“只管进不管出”。就业的“冷”与“热”，都是由市场需求决定。在日常工作中，高校应当加强就业跟踪和预判，对学科设置、招生规模及时做出调整。对于不具备竞争优势的专业，应及时进行调整。许多高校允许在校学生转专业，就不失为一种可行的调节措施。

但是，调节“冷就业”专业招生规模，高校也不应“一刀切”。对于一些“招生冷”、就业也不热，但具有理论研究价值和社会需求意义的基础性学科，高校还应当予以保留，将其与技能培养型专业进行区分。教育主管部门也应当加强这类专业的政策扶持，鼓励高校保持对这类学科的传承与发展。

26. 老吾老以及人之老

——聚焦养老金“并轨”与减税养老

作为改革中的“硬骨头”，破解养老金“双轨制”难题一直是社会关注的焦点。机关事业单位现行的退休制度实行了近60年，养老金“双轨制”也并行了20多年，要化解历史积淀下来的机关事业单位和企业间养老待遇差距问题，改革难度很大。早在20世纪90年代，一些地方和行业就开始探索事业单位养老保险改革，2008年国务院还决定广东等五省市先行开展试点，但皆因是自下而上的探索难有大的进展。

打破“铁饭碗”，机关事业单位人员今后咋养老？

国务院决定全面启动机关事业单位工作人员养老保险制度改革，标志着养老金“双轨制”的破冰，近4000万机关事业单位人员将和企业职工一样缴纳养老金。曾经被许多人羡慕的“铁饭碗”被打破，那机关事业单位人员今后咋养老呢？

人手一张社保卡，吃财政饭的要缴养老金了

国务院明确养老金“并轨”在全国范围同步实施，机关与事业单位同步改革，这意味着全国所有按公务员法管理的单位、参照公务员法管理的机关（单位）、事业单位及其编制内的工作人员，也就是通常所说的“体制内人员”，总数近

4000 万的庞大群体都将启动改革。

长期以来，这部分人及其单位不缴纳养老保险，退休后养老吃的是“财政饭”。而改革将改变这一局面：今后这些人群将参照企业等城镇从业人员缴纳养老金，并将发放全国统一的社会保障卡，从单位养老转向社会化养老。

改革后的机关事业单位人员新的基本养老金待遇分为两部分：一是基础养老金，二是个人账户养老金。为确保改革顺利推进，国务院改革决定还明确，机关事业单位在参加基本养老保险的基础上，应当为其工作人员建立职业年金，此举将保障改革人群的新养老金水平不低于现有水平。

根据改革决定，基本养老保险方面，单位按工资总额的 20%缴费；个人按本人缴费工资的 8%缴费，本人缴费工资高于当地职工平均工资 3 倍的部分不纳入缴费基数，低于平均工资60%的以60%为基数缴费，即“300%封顶、60%托底”。

比如，公务员小明除去津贴、补贴等，每个月缴费工资是 5000 元，改革前单位和个人都不用缴费，小明退休后照样有养老金。改革后，小明每月要缴纳养老保险 400 元。

职业年金方面，单位按本单位工资总额的 8%缴费，个人按本人缴费工资的 4%缴费。这样，小明又要缴 200 元，加上基本养老保险的 400 元，一共缴 600 元，这笔钱是从小明的月收入中扣除的，将进入小明的养老金个人账户。连同单位缴费部分，退休后按月发放。

如此一来，并轨后机关事业单位人员与企业职工的养老缴费和发放都基本一致，“体制内人员”以前的完全吃财政饭，变为单位和个人缴费、财政承担养老保险基金的兜底责任的多渠道筹资，形成单位、个人、政府共担的新机制。

力保待遇不降低，老中新三类人区别对待

改革后，这 4000 万人的退休后待遇咋样？决定明确，对改革前参加工作、改革后退休的人员，通过实行过渡性措施，保持待遇水平不降低。总的原则实际就是“老人老办法、新人新制度、中人逐步过渡”。

——“老人”是指改革前已退休的人员，他们原待遇维持不变，并参加今后的待遇调整。

——“新人”是指改革后新参加工作的人员，他们将来退休时，基本养老金为基础养老金与个人账户养老金两部分之和。这与参加城镇职工养老保险基本一致。

——“中人”是指改革前参加工作、改革后退休的人员。

人力资源和社会保障部相关负责人说，“逐步过渡”政策主要是两条：

一是他们在改革前的没有实行个人缴费的工作年限确定为“视同缴费年限”，将来退休时在发给基本养老金的同时，再依据视同缴费年限长短等因素发给过渡性养老金。

二是设定一定期限的过渡期，在过渡期内实行养老待遇的新老计发办法对比，“保低限高”，这样，基本可以保证原有的待遇水平不降低。

“特别要指出的是，机关事业单位退休人员待遇调整不再与同职级在职职工增长工资直接挂钩，而是与企业退休人员以及城乡老年居民基本养老待遇调整统筹考虑。”这位负责人说。

此外，这项改革确定职业年金与基本养老保险制度同步建立，这有利于构建多层次养老保险体系，优化机关事业单位退休人员养老待遇结构，力争保持待遇水平总体不降低。

养老金不再按级别，多缴多得、长缴多得

一直以来，一些机关和事业单位往往存在退休前突击提升职级、职称的情况。随着改革推进，这种情况可能有所改变。

这是因为，改革前机关事业单位退休金按照职工退休最后一个月工资一起发，并随着机关事业单位工资调整进行调整，这是造成企业职工和机关事业单位人员退休待遇差距较大的一个重要原因。而改革后，将按照本人历年缴费多少、缴费期长短来计算养老金标准。

这意味着，小明即使退休前没有被提拔，但由于他的缴费年限长，也可能比他的上司领的退休金要多。这也是一个重大变革，有利于避免相互攀比，逐步建立起兼顾各类人员的养老保障待遇调整机制。

此外，改革前机关事业单位必须实行全国统一工资制度，由于工资结构不同，机关事业单位按照基本工资配发的退休金与企业人员的基本养老金水平相当，但是加上按照机关津补贴和事业单位绩效工资发的退休生活补贴，机关事业单位退休金就高于企业基本养老金。如今，这一因素不复存在。

更关键的是，同样年龄退休的，计发月数相同，所以缴费越多，待遇水平越高；而同样个人账户积累的，退休越晚，计发月数越少，即除数越小，因而待遇水平越高——这就是“多缴多得”、“长缴多得”的意思。

人社部相关负责人也表示，由于我国地区发展差异大，各个行业、各类单位情况复杂。国务院的改革决定是管总的，具体到一个地区、一个行业、一个单位，还要依据实际情况细化政策措施。

人社部解读机关事业单位工作人员养老保险制度改革精神

国务院日前发布《关于机关事业单位工作人员养老保险制度改革的决定》，这是在全面深化改革背景下的一个重大举措。如何看待这次带有根本性、制度性的改革？对此，记者采访了人力资源社会保障部有关负责人。

改革养老“双轨制”时机成熟、势在必行

这位负责人说，国务院决定实施机关事业单位养老保险制度改革，是改革条件逐渐成熟、社会共识逐渐凝聚的结果。

随着社会主义市场经济体制的逐步建立，国有企业由原来的统收统支逐渐成为自主经营、自负盈亏的市场主体，被赋予用人和工资分配的充分自主权。在这一背景下，再延续企业自管职工退休的制度，难以适应市场平等竞争的需要，也无法为广大职工提供稳定、可靠的养老保障，由“企业保险”转向“社会保险”迫在眉睫。

20 世纪 90 年代以后，我国逐步建立了统筹互济的社会化养老保险制度，均衡了企业之间的退休费用负担，形成了社会统筹与个人账户相结合的基本养老保险制度模式。后来，这一制度又扩大到各类所有制企业和城镇灵活就业人员等群体。到 2014 年年底，已覆盖城镇 3.38 亿职工和退休人员。

机关事业单位由于不像企业那样处于经济体制改革的最前沿，改革的重点是建立规范的公务员制度和事业单位人事管理制度，而养老保障改革的进程相对滞缓，总体仍维持单位退休制度。这是形成“双轨制”的历史原因。

这位负责人表示，随着社会主义市场经济的发展，机关事业单位现行退休制度逐步暴露出一些矛盾：退休费用由财政或单位承担，单位之间负担畸轻畸重，一些地区和单位，特别是一些基层事业单位退休费不堪重负，甚至无法保证及时足额支付；退休费是按“最终工资”的一定比例分档计算的，难以充分体现工作人员整个职业生涯的劳动贡献。

从全社会的角度看也有两个突出问题：由于制度模式不同，机关事业单位与企业之间养老保险关系相互转移接续困难，制约了人力资源合理流动和有效配置；机关事业单位与企业之间的退休费（养老金）待遇确定和调整难以统筹协调，同类人员之间的待遇差距拉大，产生不平衡。

自 20 世纪 90 年代以来，一些地区和行业对改革机关事业单位养老保险制度进行了探索，先后有 28 个省区市开展了局部试点，全国约 2100 万人参加。按照国家统一部署，部分科研院所和经营性文化事业单位相继启动“事业转企业”改革。2008 年，国务院决定在 5 个省市先行开展事业单位养老保险制度改革试点，与事业单位分类改革配套推进。这些改革取得了一些局部经验，为全面实施改革奠定了实践基础。

奠定统筹城乡养老保障体系建设的“里程碑”

这位负责人表示，推进机关事业单位养老保险制度改革，是贯彻党中央全面深化改革、全面推进依法治国的决策在社会保障领域的具体实践，也是我国养老保险体系建设的一项重大突破。

近年来，随着城乡居民养老保险制度的全面建立，广大农村和城镇居民普遍参保，加上企业职工和其他就业群体，社会化的养老保险制度已经覆盖了全国 8.3 亿多人；而机关事业单位职工和退休人员游离在养老保险制度之外，成为制度全覆盖的“短板”和“空白”。现在距离全面建成小康社会的目标期只有 6 年时间，改革机关事业单位养老保险制度是加快推进覆盖城乡居民的社会保障体系建设、确保实现第一个“一百年”目标的重大举措。

同时，这一举措也有利于促进机关事业单位深化改革。近年来，按照公务员法的规定，开始实行公务员辞职辞退制度，部分地区还开展了公务员聘任制试点；事业单位也正在加快分类改革，推行全员聘用制。建立统筹互济、社会化管理的养老保险制度有利于分散单位的退休费用负担，确保机关事业单位养老金发放，维护工作人员的合法权益，是形成能进能出、合理流动的用人机制的制度保证。

不仅如此，机关事业单位工作人员个人不缴费而享受较高水平的退休费，权利与义务不对应，成为近年来社会热议的焦点矛盾之一。改革后机关事业单位与企业实行相同的养老保险基本制度模式和政策，可以逐步化解同类人员待遇差距拉大的矛盾，更好体现制度公平和规则公平。

此外，将现行退休费计发办法改为按缴费水平、缴费年限确定基本养老金待遇，多缴多得、长缴多得，能够更加全面地体现机关事业单位工作人员整个职业生涯的劳动贡献，进一步增强激励性。

“一个统一、五个同步”保证改革顺利推进

国务院副总理马凯在接受全国人大常委会询问时提到，这次改革的基本思路是“一个统一、五个同步”，如何理解它的含义？

这位负责人说，“一个统一”是指，机关事业单位与企业等城镇从业人员统一实行社会统筹和个人账户相结合的基本养老保险制度，都实行单位和个人缴费，都实行与缴费相挂钩的养老金待遇计发办法，从制度和机制上化解“双轨制”矛盾。在此基础上，形成城镇职工和城乡居民基本养老保险并行的两大制度平台，并可

精彩论述

“一个统一、五个同步”的改革设想突出了改革的系统性和协调性，综合平衡前后左右的各种关系，如强调机关与事业单位同步改革，避免单独对事业单位退休制度改革引起不平衡；强调改革在全国范围同步实施，保证改革顺利推进。

——新华社评论员

相互衔接，从而构建起完整的城乡养老保险制度体系。

“五个同步”是：一是机关与事业单位同步改革，避免单独对事业单位退休制度改革引起不平衡。二是职业年金与基本养老保险制度同步建立，在优化保障体系结构的同时保持待遇水平总体不降低。三是养老保险制度改革与完善工资制度同步推进，在增加工资的同时实行个人缴费。四是待遇确定机制与调整机制同步完善，退休待遇计发办法突出体现多缴多得，今后待遇调整要综合考虑经济发展、物价水平、工资增长等因素，并与企业退休人员等群体统筹安排，体现再分配更加注重公平的原则。五是改革在全国范围同步实施，防止地区之间出现先改与后改的矛盾。

他表示，“五个同步”突出了改革的系统性和协调性，综合平衡前后左右的各种关系，有助于形成社会共识，保证改革顺利推进。

我国“减税养老”体系渐成　力促织密养老保障网

据保监会消息称，2015 年内，我国将启动试点个人税收递延型商业养老保险。这也意味着税收优惠将全面覆盖我国养老保险三大支柱，“减税养老”体系渐成。

“减税养老”，也就是对缴纳养老保险实行税收优惠。我国目前的养老保险体系创立于 20 世纪 90 年代，共有三大支柱，第一支柱是政府“兜底”的基础养老保险，第二支柱是企业年金、职业年金，第三支柱是个人商业保险。

作为“兜底”的基础养老保险，是由个人和企业共同缴纳，免税政策已经在我国实行十余年，其中不仅包括个人缴纳中涉及的个人所得税，也包括企业缴纳中涉及的企业所得税。

2014 年 1 月 1 日起，我国开始根据国际惯例，对企业年金、职业年金实施个税递延优惠，也就是说，个人缴纳企业年金涉及的个税，可以延迟到退休领取保险金时再缴纳，降低其当期税务负担。

而对于个人商业养老保险，明年内，也将启动个税递延试点，这也意味着税收优惠将全面覆盖我国养老保险体系中基础养老保险、企业年金、个人商业保险这三大领域。

减 负　　新华社发　徐骏　作

一些专家指出，一个健全的养老体系一定是国家、企业、个人共同承担养老支出，层层保障，税收优惠的全覆盖也将力促我国形成多层次的养老体系，织密养老保障网，迎接老龄化高峰的到来。

值得一提的是，对于探索发展个人商业养老保险的个税递延，早在 2009 年，国务院在推动上海加快发展现代服务业和先进制造业的文件中已明确。财政部、税务总局、保监会、上海市做了大量研究。鉴于此，业内预计该试点最有可能在上海破冰。

“减税养老”能否助推“老有所养”？

保监会消息称，2015 年内，我国将试点个人税收递延型商业养老保险，这也意味着税收优惠也将全面覆盖我国的养老保险三大支柱。在老龄化高峰即将到来之际，用税收杠杆撬动养老金的“大池子”，也将助推“老有所养”。

补足养老体系短板 迎接银发浪潮

我国的养老保险体系有三大支柱，第一支柱是政府“兜底”的基础养老保险，第二支柱是企业年金、职业年金，第三支柱是个人商业保险，有了三大支柱也就有了层层保障，支撑整个养老体系稳固如山。

目前，西方发达国家普遍建立了这三大支柱、三大层次的养老保险体系。以美国为例，整个养老保险体系分为 4 ∶ 4 ∶ 2 结构，40%是国家出，40%靠企业年金等，20%靠个人商业保险。

从我国的养老体系看，由于起步晚、体制尚未理顺等原因，不仅呈现出第二、三支柱十分欠缺的现状，就是一头独大的“第一支柱”在应对老龄化高峰到来之际也开始显得力不从心。

一个健全的养老体系一定是国家、企业、个人共同承担养老支出。但从我国目前的情况看，基础养老保险累计结余 2.8 万亿元，已经初具规模，而其在整个养老保险的“大池子”中所占比重达到六成以上。

补齐第二支柱与第三支柱短板，才能迎接银发浪潮的到来，助推“老有所养”，这已形成共识。刚刚出台的保险新“国十条”明确，把商业保险建成社会保障体系的重要支柱。商业保险要逐步成为个人和家庭商业保障计划的主要承担者、企业发起的养老健康保障计划的重要提供者、社会保险市场化运作的积极参与者。

以税收“小杠杆”撬动养老金“大池子”

2014 年 1 月 1 日起，我国正式开始实施企业年金、职业年金个人所得税递延优惠政策，旨在推动尚处起步和推广阶段的企业年金发展壮大，促进多层次养老保险体系建设。

养老保险的税收递延在西方发达国家已经十分普遍，就是投保人在养老保险缴费和收益环节暂不征收个税，将纳税义务递延至养老金实际领取环节，降低投保人当期税务负担。

美国著名的“401 K计划”，

专家观点

税收递延型养老保险对于个人而言，有“减负”效应；对政府而言，可以缓解养老财政压力，弥补养老资金缺口；对保险行业来说，也可能是保险公司新一轮保费增长的刺激点。

——北京工商大学保险系主任　王绪瑾

就是一种实行个税递延优惠的企业年金。自 1981 年实行 401 K 计划以来，美国企业年金市场得到迅速发展，也为美国的养老金市场提供了源源不断的稳定长期资金来源。

保监会副主席王祖继介绍："通过税收递延的激励政策，可以鼓励社会公众积累几倍甚至十几倍的养老金，这样不仅有利于促进保障体系的建设，而且可以大大减轻财政负担。"

税收是四两拨千斤的杠杆。广东金融学院陆磊表示："这就是通过税收'小杠杆'撬动养老金的'大池子'。合理的税收制度可以使企业年金、个人商业保险等在养老体系中发挥更大的作用。"

有券商测算显示，以上海试点个税递延商业养老保险为例，每年将带来 108 亿元保费收入，而一旦在全国试点，每年带来的保费收入可高达 2000 亿元。

政策落实需到位 "老有所养"道仍远

税收优惠是完善一国养老保险制度的关键环节，但正如一些专家所说，真正实现"老有所养"还需要政策进一步落实到位，整个养老体制进一步理顺等，任重道仍远。

"从个税递延养老险的推出看，主要还得看财税政策的支持力度。"首都经济贸易大学保险系教授庹国柱表示，目前我国个人寿险发展是短板，产品设计需规范，政府需出台相关政策保障消费者利益。

保监会人身保险监管部副主任王治超说，总体来看，我国商业健康保险的发展水平仍较低，全部医疗费用由商业健康保险承担的比例不到 2%，与一些发达国家有很大差距。

在个税递延的税制设计上也需要仔细考量，财政部财科所所长刘尚希也表示，税收递延在政策制定上应避免出现"逆向调节"，造成高收入群体通过购买高额商业养老保险来避税，原则上还应该坚持"富人多缴税"。

一些业内专家也指出，养老是一个很大的市场，比如，美国的退休基金市场总资产近 18 万亿美元，相当于美国经济总量的 80%，企业年金和个人商业养老保险一旦发展起来，将有助于个人增加现期的消费，扩大内需，但这需要一个长期的过程。

美国、日本是如何实施“减税养老”的？

“减税养老”在国内听起来还是个新鲜词，但在国外，尤其是一些已经步入老龄化社会的发达国家早已不是新鲜事。

最著名的“减税养老”莫过于美国的“401 K计划”，“401 K计划”也称“401 K条款”，是指美国《国内税收法》第401条K项规定，对企业年金可以实行个税递延优惠。美国企业为员工设立专门的401 K账户，由员工自主选择证券组合进行投资，收益计入个人账户，供退休时领取。

美国前总统布什曾经在一次演讲上说：“当我年轻的时候，我根本不知道401 K计划，因为我认为它根本不存在，只有固定收益计划是退休收入的主要来源。现在，我们有了固定缴款计划，工人们可以拿出一部分钱，并通过安全的投资看到它升值。”

美国自1981年实行401 K计划以来，企业年金市场得到迅速发展，也为美国的养老金市场提供了源源不断的长期资金来源。

而在日本，其养老保险制度就十分复杂，除国民年金、厚生年金和共济年金等按照法律规定必须建立的公共养老基金之外，还有为公共养老金体系提供有效补充的企业年金、商业养老保险等。与大部分西方发达国家一样，日本也采用个税递延模式发展企业年金市场。

很多日本人为了在退休后能够过上比较富裕的晚年生活，除了参加公共养老基金和企业年金之外，还投保商业养老保险，如果达到一定的年限等条件，可以凭缴纳了养老保险的费用单据，向税务部门申请退税。

短评

实现公平养老迈出关键一步

社会高度关注的养老金“并轨”改革终于有了明确时间表。国务院决定从2014年10月1日起对机关事业单位工作人员养老保险制度进行改革，意味着近4000万机关事业单位人员养老将告别“免缴费”时代。

在全面深化改革的背景下，养老金“并轨”改革决定的公布，迈出实现公平养老的关键一步。一方面，这关键的一步着实不容易，凸显中央回应社会期待、力促养老公平的改革决心；另一方面，改革刚刚起步，还有一系列配套制度政策急需完善细化，确保改革稳妥推进，顺利落地。

作为改革中的“硬骨头”，破解养老金“双轨制”难题一直是社会关注的焦点。机关事业单位现行的退休制度实行了近60年，养老金“双轨制”也并行了20多年，要化解历史积淀下来的机关事业单位和企业间养老待遇差距问题，改革难度很大。早在20世纪90年代，一些地方和行业就开始探索事业单位养老保险改革，2008年国务院还决定广东等五省市先行开展试点，但皆因是自下而上的探索难有大的进展。

要破解这一改革难题，必须有顶层设计，要自上而下推进。此次国务院公布的改革决定，显示了中央动真格的改革决心。“一个统一、五个同步”的改革设想突出了改革的系统性和协调性，综合平衡前后左右的各种关系，如强调机关与事业单位同步改革，避免单独对事业单位退休制度改革引起不平衡；强调改革在全国范围同步实施，保证改革顺利推进。

当前，社会各界对改革期望很高，如何确保并轨顺利推进至关重要。改革不能一蹴而就，要循序渐进。从目前方案看，为确保能顺利推进，改革后的新养老标准与现在水平不会相差太多，其中职业年金将发挥关键作用。尽管不能立竿见影地缩小养老待遇差距，但随着改革的深入推进、企业养老待遇水平的逐年提高以及企业年金和商业养老保险等补充养老的跟进，养老公平的问题将会逐步解决。

鉴于改革牵扯全国公务员、医生、教师、科研人员等群体的切身利益，各地区、行业和单位应及早制定更具体、更细化的实施方案，并针对“老人老办法、新人新办法、中人逐步过渡”的原则分类细化到位，不同类别适用怎样的政策，如何缴费，退休金如何计发，都要有具体操作标准，改革的资金来源也需要厘清，确保改革平稳过渡。同时，要注意平衡各方面利益关系，落实好提高企业退休人员和城乡居民基本养老标准等配套举措，确保“并轨”顺利，让每个人都能拥有一个有保障的晚年。

27. 文化民生“施工图”

——聚焦加快构建现代公共文化服务体系

政府“缺位”、基础薄弱、重投入轻产出、发展不平衡……受地区经济发展不均衡等因素影响，加之文化建设底子薄、欠账多，我国的公共文化服务体系建设仍相对滞后，存在的四大短板成为推动我国公共文化服务体系建设加快改革的催化剂。

中办、国办印发《关于加快构建现代公共文化服务体系的意见》

2015 年 1 月 14 日，中共中央办公厅、国务院办公厅印发《关于加快构建现代公共文化服务体系的意见》，对加快构建现代公共文化服务体系，推进基本公共文化服务标准化均等化，保障人民群众基本文化权益作了全面部署。

意见强调，要按照全面建成小康社会的总体要求，构建体现时代发展趋势、适应社会主义初级阶段基本国情和市场经济要求，符合文化发展规律、具有中国特色的现代公共文化服务体系，为实现中华民族伟大复兴中国梦提供强大精神动力和文化支撑。要以人民为中心，以社会主义核心价值观为引领，坚持正确导向，坚持政府主导、社会参与、共建共享、改革创新的原则，到 2020 年，基本建成覆盖城乡、便捷高效、保基本、促公平的现代公共文化服务体系。

意见提出，要统筹推进公共文化服务均衡发展。因地制宜、分类指导，建立基本公共文化服务标准体系，促进城乡基本公共文化服务均等化，推动革命老区、民族地区、边疆地区、贫困地区公共文化服务实现跨越式发展，保障老年人、未成年人、残疾人、农民工、农村留守妇女儿童等特殊群体享有基本公共文化服务。提升公共文化设施建设、管理和服务水平。

意见强调，要增强公共文化服务发展动力，推动文化事业和文化产业协调发展。引入市场机制，培育和促进文化消费，满足群众多样化的精神文化需求。进一步简政放权，吸引社会资本投入公共文化领域。建立健全政府向社会力量购买公共文化服务机制。鼓励和引导社会力量参与。培育和规范文化类社会组织，大力推进文化志愿服务。

意见指出，要加强公共文化产品和服务供给，提升公共文化服务效能。推进公共文化服务与科技融合发展，提升现代传播能力。建立公共文化服务体系建设协调机制，实现共建共享，提升综合效益。加大公益性文化事业单位改革力度，完善公共文化服务评价工作机制。建立健全公共文化服务财政保障机制。加强基层文化队伍建设。建立健全公共文化服务法律体系。

与意见一同印发的《国家基本公共文化服务指导标准（2015—2020年）》，对各级政府应向人民群众提供的基本公共文化服务项目和硬件设施条件、人员配备等作出了明确规定。在标准的基础上，各地将从实际出发，制定适合本地区的实施标准，并落实保障资金。有关部门将加大监督检查力度，对意见和标准的落实情况进行督查。

细看公共文化服务新政对百姓作出哪些承诺

作为构建现代公共文化服务体系关键性的制度设计，中办、国办公布的《关于加快构建现代公共文化服务体系的意见》就像一张扎实的文化民生“施工图”：任务明确，标准具体，进度明晰。按“图”索骥，我们来看看公共文化服务新政对老百姓作出了哪些承诺。

百姓基本文化权益新政“兜底”

对百姓读书看报、收听广播、观看电视、观赏电影、观看演出、参加文体活动和免费使用公共文化设施等基本文化权益，政府明确了保障底线。

作为意见附件的《国家基本公共文化服务指导标准》，以表格的形式，一目了然：“为农村群众提供数字电影放映服务，其中每年国产新片（院线上映不超过两年）比例不少于1/3”“县级以上设立公共体育场”“为每个县配备用于图书借阅、文艺演出、电影放映等服务的流动文化车”……

标准是政府划定的保障底线，重点是“兜”住百姓享受基本公共文化服务的“底”。上海社科院研究员巫志南梳理出标准的三个特点：一是“提低”，充分体现对现有公共文化基础薄弱、设施简陋、资源匮乏、投入不足地区的有效提升。二是动态平衡，坚持实事求是、量力而行、尽力而为，取各级政府经过努力能够做到的“中准线”，力求在保障人民群众基本文化权益与各级政府公共财政支付能力之间持续保持动态平衡。三是“不降高”，经济社会发展水平较高地区应略高于国家标准，向当地人民群众提供公共文化服务或富有当地特色的公共文化服务。

专家观点

当下基层公共文化服务标准不统一、供需不对路、实效性不强、可持续性差，其深层原因是没有形成以效能为导向的公共文化服务模式。

——文化部副部长　杨志今

“老少边穷”成精准扶贫对象　保障农民工留守家庭

显然，“提高公共文化服务均等化”命题的提出，就是因为目前地区之间、城乡之间、人群之间公共文化服务并不均等。但改善文化民生、提高贫困地区群众和特殊群体文化生活质量，又不能搞“一刀切”。

由是，意见提出，要明确老少边穷地区服务和资源缺口，实行精准扶贫，并将老年人、未成年人、残疾人、农民工、农村留守妇女儿童、生活困难群众作为重点对象。

“关注这部分群体的文化需求，不仅仅是社会公平正义和文明进步的体现，也是现代公共文化服务体系的应有之义。”清华大学公共管理学院院长助理兼政府研究所副所长杨永恒表示。

免费 + 优惠：鼓励降低商演和电影票价

“免费”是意见中引人注目的关键词：公共图书馆、文化馆（站）、公共博物馆（非文物建筑及遗址类）、公共美术馆等公共文化设施免费开放。

免费之外，还要“优惠”。标准特别规定“未成年人、老年人、现役军人、残疾人和低收入人群参观文物建筑及遗址类博物馆实行门票减免，文化遗产日免费参观”。对基本公共文化服务项目之外的文化服务项目，意见鼓励以“优惠”价格提供，比如完善公益性演出补贴制度、支持艺术表演团体提供公益性演出，鼓励在商业性演出和电影放映中安排低价场次或门票，鼓励网络文化运营商开发更多低收费业务。

巫志南认为，“免费 + 优惠”大大拓展了公共文化产品和服务的发展空间，也会培育和带动文化消费市场。

政府为群众公共文化服务“买单”

意见提出，建立健全政府向社会力量购买公共文化服务机制。在标准中就提出要采取政府采购等方式，为农村乡镇每年送戏曲等文艺演出。

“这一方面可以解决公共投入不足的问题，缓解公共服务领域的供需矛盾；另一方面也有助于在公共文化服务领域引入竞争机制，引入私营部门的管理经验，提高效能。”杨永恒如是解读。

目前，文化部、财政部、国家新闻出版广电总局共同制定的关于做好政府向社会力量购买公共文化服务工作的意见和指导性目录，已正式上报中央。

为群众提供对路子服务　将“选择权”交给群众

曾经，一些地方提供的书籍不对群众路子、播放的电影不合观众口味，内容选择上群众既唱不了主角，也当不了裁判，“服务效能”更无从谈起。

基于此，此次意见提出，建立群众文化需求反馈机制，及时准确了解和掌握群众文化需求，制定公共文化服务提供目录，开展“菜单式”“订单式”服务。

精彩论述

治世修文，化育人心。文化本质上根源于群众，还需要回归到群众之中。在构建现代化的文化服务体系、推动文化惠民项目实施的过程中，我们期待多一些家常味，多一些泥土气、小而活的文化产品和接地气的文化设施。

——新华社评论员

巫志南认为，这是将“选择权”交给群众十分重要的一步，但更重要的是，在广泛征询人民群众意愿的前提下，尽可能扩大“菜单”涵盖范围，在“菜”的来源上真正体现群众的主导性和主体性。

工、青、妇、科等拥有大量公共文化资源的领域，也被纳入视野，意见提出，“推动科技馆、工人文化宫、妇女儿童活动中心以及青少年校外活动场所免费提供基本公共文化服务项目”。

让数字文化资源为智能社区“点睛”

目前，互联网渗透融合社会生活各领域和全过程已是不争事实。如巫志南所说，主动积极应用网络技术创新公共文化服务、提高服务效能是明智之举，也是加快提高公共文化服务体现代化发展水平的必然选择。

意见提出加快推进公共文化服务数字化建设的路径：统筹实施全国文化信息资源共享、数字化图书馆博物馆建设、数字农家书屋等项目，构建标准统一、互联互通的公共数字文化服务网络，在基层实现共建共享；鼓励各地整合中华优秀文化资源，开发特色数字文化产品；加强推进数字文化资源在智能社区中的应用，实现“一站式”服务。

乡镇文化站编制至少1人

公共文化服务的重心在基层，乡镇文化站是基层“枢纽”。但在不少地方，不同程度地存在文化专干不专、没编制待遇低，有的文化站工作人员长期被抽调搞乡镇中心工作，文化站被迫常年关门，以至于出现“空气站、牌子站、无人站”的怪现象。

显然，“人”的问题是个突出问题。意见和标准明确，落实每个乡镇综合文化站（中心）编制配备不少于1至2名，规模较大的乡镇适当增加。

“效能”成考评领导干部政绩的重要内容

一些地方缺乏文化自觉，“重经济、轻文化”，单纯追求GDP增长，对文化“说起来重要，干起来次要，忙起来不要”。

意见的这条规定，就是要扭转党政干部的文化政绩观：以效能为导向，制定政府公共文化服务考核指标，作为考核评价领导班子和领导干部政绩的重要内容，纳入科学发展考核体系。建立公共文化机构绩效考评制度，考评结果作为确定预算、收入分配与责任人奖惩的重要依据。

一分部署，九分落实。我们期待各地结合各自实际，也扎扎实实地制定出详尽的施工细则，把这份普惠文化民生的改革新政以工程进度台账的形式得以实现。

透视文化场馆的“尴尬表情”

少年宫唱起“空城计”、儿童图书馆里摆着营销类书籍、工人文化宫变成电影院……一些公共文化服务场馆“有名无实”，没有人管、没有人看，是资源浪费，更是管理失职。

2015年1月14日，中办、国办公布的《关于加快构建现代公共文化服务体系的意见》及附件《国家基本公共文化服务指导标准（2015—2020年）》，要求给群众提供“对路子”的公共文化服务。

“沉没”的成本：工人文化宫里工人少，少年宫里难见少年

文化部网站发布的信息显示，截至2013年底，全国县级以上文化馆、群众艺术馆数量有3000多个，文化站超过4万个，村（社区）文化室25万个。

然而，在一些地区的文化场馆里，要么有名无实，要么唱着“空城计”。广西 2013 年的一份调查报告显示，自治区内仅三成多的青少年去过少年宫。还有不少地方的工人文化宫则“摇身一变”，成了电影院、剧院等商业场所，一些剧目的票价高达几百上千元，远非普通工人能够承担。

尤其在农村、城郊等不太发达的地区，一些文化场馆成了“摆设”。广西一名农村小学老师刘雯坦言，看电视、玩游戏、下水游泳仍然是她的学生在暑假里的主要活动项目。由于缺少有吸引力的活动，缺乏相关的配套设施，文化馆、少年宫纷纷唱起“空城计”。

一边是“成绩单”里越来越多的文化场馆、如火如荼的文化活动，一边又是“工人文化宫里工人少，少年宫里无少年”。“怪象”背后，是“文化场馆们”的“尴尬表情”。

供求“不对路”：需求多样性重视不够，文化场馆难“活”、难“火”

和着文化体制改革的号角，文化产业前进的步伐越迈越快。近年来，动漫作品数量剧增，动漫产业迅速成长；电视剧、电影作品层出不穷，票房屡创新高；文艺界人士频频“下乡”，刮起“走基层”风……文化产业憋足了劲，让自己“膨胀”起来。

然而，尽管文化场馆建了起来，文化活动多了起来，但文化宫、少年宫的“空城计”，体现了双方供求的“不对路”。记者调查发现，一些少儿图书馆摆着营销类、金融类书籍；部分社区阅览室周末不开放；部分文化宫、少年宫因“需要”而被拆掉……专家认为，群众对文化多样化的需求并没有得到足够重视，文化场馆难“活”、难“火”也在所难免。

“我们的人手不够，办个活动都很困难。”北京某文化馆的馆员透露，自己一个月的工资只有两千多元，在北京生活很艰难，有不少同事都离职了，也鲜有优秀的应聘者。“囊中羞涩”的窘境，让不少文化场馆难以支撑起丰富多彩的活动。

文化部的统计数据显示，自“十二五”起到 2013 年底，各级财政累计投入近 200 亿元资金支持公共文化设施免费开放。然而，公共文化服务场馆建起来容易，但若不“适销对路”，也只能空为“沉没成本”。

文化服务要“对路子”，别让群众成了“局外人”

如何提供“对路子”的公共文化服务，是摆在相关部门和人员面前的一道“考题”。不少业内人士认为，把群众请回“公共戏台”，不仅戏好，更要“邀请”好。

“他们需要我们的引导。”沈阳年过七旬的退休幼儿教师刘福媛自办了一个“农民工露天公益舞蹈课堂”，原因是看到许多农民工想要学跳广场舞，却又不敢加入，于是主动邀请、传授。“不要让他们总觉得自己是‘局外人’。”

记者发现，在不少文化部门的通报中，往往把建成的场馆数量和活动次数作为“成绩”。然而，考核的“指挥棒”不能只指着数字，还要关注是否“对路子”。

“对路子”重要的是符合当地的实际情况。秦腔原是甘肃平凉郑家沟村的“拿手好戏”，但随着许多村民进城打工，少有人再唱起。为此，当地搭建了“乡村舞台”，并组织了自乐班，意图把这一传统文化传承下去。还有一些地区的农村，在外打工的农民陆续回乡，利用公共文化平台从事传统手工艺，走上了致富奔小康的道路。

“公共戏台”搭起来了，可若没有人管、没有人看，是浪费更是失职。专家建议，要把选择权、监督权、评价权交给群众，并且要通过对他们引导，让公共文化场馆真正为群众服务。

“坚持人民为中心，是现代公共文化服务体系的要素。”北京大学教授李国新建议，要以公共文化的普遍均等惠及全民作为目标，形成以群众需求为导向的、以经济社会发展为依据的公共服务均等化，体现公平正义。

聚焦特殊群体文化权益

一本杂志翻3年，十几年没摸过乒乓球，请聋残人士听交响乐……因“关注缺位”和“帮扶错位”，近年来特殊群体持续遭遇“文化尴尬”，基本文化权益几可遇不可求。

中办、国办2015年1月14日公布了《关于加快构建现代公共文化服务体系的意见》。其中要求，保障老年人、未成保年人、残疾人、农民工、农村留守妇女儿童等特殊群体享有基本公共文化服务。

近年来，各级有关部门在社会保障、民生福利等“看得见”的方面，给予特殊群体大力帮扶。然而，在“看不见”的文化软服务方面，他们依然相对被“边缘化”和“荒漠化”。

国新办2014年数据显示，我国农民工总量已达2.69亿，其中随迁子女1277万人。为城市发展注入活力的农民工们，已经在安全生产、流行病预防、计生普及等方面享受到社区关怀，精神生活却乏人问津。

一本首尾页磨没了的《青年文摘》，是几名青年农民工3年来唯一的读物。见此情景，作家何香久在2014年“两会”提案《让农民工享受更多文化权益》。“他们的文化生活流出地管不着，流入地不愿管，呈现了‘孤岛化’‘边缘化’‘沙漠化’现象。”

与外出打工者相对的，是留守妇女、老人和儿童。民政部最新公布调查显示，我国农村留守老人数量近5000万人，农村老龄化水平平均高于城镇1.24%；全国妇联2013年发布报告显示，全国留守儿童多达6102.55万人，占全国儿童21.88%。

“他们情感和文化上缺失亟待补位。”福州大学社会学教授甘满堂表示，目前留守儿童、老年人群体已对文化生活“高渴求”，可惜现实条件多有限制。福建将乐县万安学校初一学生陈云抱怨文化生活贫乏，体育活动很少，羽毛球、乒乓球几乎没摸过，唯一几本可怜的课外读物也被翻得发黄。

2006年全国文化事业费投入158亿，用于农村的只有40亿元，2013年占比则达48.6%。近年来，政府持续加大基层文化扶持力量，但过大、过重的历史遗留包袱仍为掣肘，农村依然看书看报难、看戏难、看电影难。

此外，一些基层政府未把农村文化建设纳入政绩考核和社会发展规划，导致农村文化投入少、资源匮乏、设施不完善，精神生活严重匮乏，甚至部分农村出现“白发赌徒”和“赌博童子军”。

1995年以来，全国文化事业费投入从33.39亿元涨至530.49亿。2011年起，中央财政新设“农村文化建设专项资金”，2014年中央财政下拨农村文化建设专项资金45亿元，各地“三下乡”活动也如火如荼开展，大力构建农村“文

不对路子　　新华社发　大巢　作

化低保线”。然而随着帮扶力度的提高，“不接地气”问题有所显现。

在辽宁南部某少数民族自治村村活动室，书架摆着数排崭新的书籍：《论语》《庄子》……当地村干部说，文化帮扶的确送来很多书，但涉及本民族的图书、画册几乎没有。

“你给的不是我想要的。”2013年底沈阳举办了一场音乐会，有关部门表示“是为残疾朋友准备的精神盛宴”。而请来的残疾朋友中有不少聋残人士，“观看”了两个小时的交响乐和美声演唱。

杭州图书馆馆长褚树青表示，对边缘人群的关注提高，是人文关怀和社会进步的体现。专家建议，有关部门宜为农民工、留守妇女儿童、残疾人等特殊群体“量身订制”文化服务，有针对性、平等地开展帮扶，促进基本公共文化服务标准化、均等化，让帮扶政策真正行之有效、掷地有声。

四大短板催生公共文化服务改革

政府“缺位”、基础薄弱、重投入轻产出、发展不平衡……受地区经济发展不均衡等因素影响，加之文化建设底子薄、欠账多，我国的公共文化服务体系建设仍相对滞后，存在的四大短板成为推动我国公共文化服务体系建设加快改革的催化剂。

一是政府在公共文化领域存在“缺位”“越位”“错位”现象。一些地方政府认识不足，没有将公共文化服务体系建设纳入经济社会发展总体规划和科学发展的考评体系，甚至没有纳入财政预算。公益性文化单位内部存在改革滞后，供给与需求脱节、活力不足、效率不高等问题仍普遍存在。公共文化服务结构不合理，流动人口、贫困群体文化服务存在缺位。此外，社会力量参与动力不足，渠道不畅，公共文化服务政府、社会良性互动机制尚未形成。

二是基础薄弱，距离基本建成公共文化服务体系的目标还有差距。资金方面，投入总量仍较小。以2013年为例，我国文化事业费仅相当于教育的2%，卫生的6%，科技的10%。设施方面，覆盖面和服务能力有限。农村特别是城乡接合部、贫困地区、少数民族地区、边疆地区公共文化设施建设还有空白点。资源方面，总量不足与结构失衡的问题并存，城乡基层公共文化资源匮乏、缺乏整合的问题仍然突出。队伍方面，在编不在岗、在岗不尽责、人才队伍不稳定，专业水平参差不齐。

三是重投入轻产出、重建设轻管理现象普遍存在。不少地方把投入的重点放在文化设施、文化场所等硬件建设上，而对配套设备购置及维护、资源建设、服务开展等缺乏应有的资金支持，一些设施处于“空壳”状态，难以正常运行。有的地方管理方式粗放，绩效评价体系不完善，财政资金的整体使用效益有待提高，绩效管理能力亟待加强。

四是公共文化服务体系发展不平衡，均等化水平不高。主要表现在我国公共文化服务体系区域不平衡、城乡不平衡和群体不平衡的现象较为突出。以2013年为例，东部地区文化事业费约占全国总量的43.6%，中部约占22.6%，西部约占28.7%；全国人均文化事业费38.99元，其中东部地区48.23元，中部地区23.58元，只相当于全国平均水平的60%。

尽管如此，近年来，各级政府和文化部门加大建设力度，公共文化服务体系建设呈现出积极发展的良好态势。初步建立覆盖城乡的公共文化服务网络；全国文化信息资源共享工程、数字图书馆推广工程等一批重大文化惠民工程让公共文化服务能力不断提高；各地采取有效措施，创新服务方式，促进公共文化服务效能稳步提升；加强针对特定地区和特殊群体的公共文化产品供给，公共文化服务均等化水平显著提高；加强公共文化立法和制度设计研究，加快推进公共文化服务制度化、规范化。

2014 年进一步加大投入力度，安排中央预算内投资 19 亿元，中央财政农村公共文化建设资金 143.8 亿元。基本实现县有图书馆、文化馆，乡有综合文化站、村有农家书屋。截至 2014 年底，2115 个博物馆、347 个全国爱国主义教育示范基地及 43510 个公共图书馆、美术馆、文化馆（站）实现免费开放；210 个公共文化机构开展组建理事会、完善法人治理结构试点。

短评

公共文化服务要接地气

西北旱区的农家书屋摆放的竟是水稻种植技术书籍、一些县城少年宫经年累月不见少年身影……随着覆盖城乡的公共文化服务体系逐步建立，文化与百姓之间的“地理距离”拉近不少，但一些脱离实际的做法，却让公共文化与百姓之间的“心理距离”依然遥远。更好地提供群众喜闻乐见的文化产品，还需公共文化服务更接地气。

当前，一些地方在提供公共文化服务时与群众需求相脱节现象屡见不鲜，有限的公共资源造成浪费。比如，在广大农村，一些地方提供的书籍不对群众的路子、播放的电影不合观众的口味，内容选择上群众既唱不了主角也当不了裁判。许多建好的农家书屋经常是“铁将军”把门。有的农村以渔业养殖为主要产业，但书屋里却摆放着果树种植的书籍，供需南辕北辙。文化服务与群众需求相脱节，必然导致“这边的广场舞、麻将场热热闹闹，那边的图书屋、文化馆冷冷清清”的尴尬场景。

公共文化服务不接地气，表面上看，是因为一些地方或文化部门创新能力弱，服务意识不强，实际上反映的是却是形式主义、官僚主义的作风问题。比如图书采购，单纯注重数量，应付检查考核，没有真正进行调查研究，群众期盼的好事被办成了面子工程。更有甚者，在一些缺乏有效监管的地方，一些公共文化服务项目还成了部分人发财自肥的“好机会”。有的从二手市场上淘来旧书，价格翻番后又摆进农家书屋里。这些问题的出现制约了公共文化服务体系的建设和完善。

构建现代化的公共文化服务体系，需要更接地气。首先，要从实际出发，从广大群众最现实的基本文化需求出发，了解群众需要什么、欢迎什么，使公共文化服务真正落实到民之所需上。其次，要尊重文化差异性、地域性、多样性，避免标准“一刀切”、内容供给“一锅煮”。此外，还应避免只重视硬件建设而忽略后期管理运营。衡量公共文化服务水平高低，不仅要看博物馆、图书馆、美术馆造得好不好、多不多，更要看建好的设施群众用不用。因此，很有必要完善公共文化设施利用情况的评价反馈机制。

治世修文，化育人心。文化本质上根源于群众，还需要回归到群众之中。在构建现代化的文化服务体系、推动文化惠民项目实施的过程中，我们期待多一些家常味，多一些泥土气、小而活的文化产品和接地气的文化设施。只有当“心理距离”近了，文化的温度才能深扎到百姓的心里。

三农热点篇

28. 破除农业“天花板”、“紧箍咒”

——聚焦中央农村工作会议新部署

加快推进中国特色新型农业现代化，是重大的现实与历史任务。农业现代化是国家现代化的基础和支撑。农业现代化发展状况如何，很大程度上决定着一个国家整个现代化的进程。环顾当今世界，发达国家大多是农业现代化水平较高的国家，而农业落后的国家，则很少迈入现代化国家行列。

中央农村工作会议传递出的五大新信号

中央农村工作会议2014年12月23日在京闭幕。在我国经济步入新常态、农业农村发展进入新阶段的背景下，会议对推进农业现代化做出重大部署。会议传递出哪些新信号？记者第一时间采访了相关专家学者。

面临挑战前所未有　破除“天花板”“紧箍咒”迫在眉睫

会议提出，随着国内外环境条件变化和长期粗放式经营积累的深层次矛盾逐步显现，农业持续稳定发展面临的挑战前所未有。

“我国农业生产正遭遇生产成本上升、财政补贴压力加大两大‘天花板’，以及环境资源双重约束两道‘紧箍咒’，若继续这样下去，农业能否可持续发展需要打上问号。”中国社科院农村所研究员李国祥指出。

目前我国粮食生产实现“十一连增”，农民增收实现“十一连快”。然而在粮食连年丰收的背后，我国农业持续发展的压力明显加大：一方面，我国农业资源禀赋不足，人均耕地和水资源分别占世界平均水平的三分之一、四分之一；另一方面，农业生产过度依赖农药和化肥的投入，造成土壤地力的下降，给农产品质量安全带来隐患。

精彩论述

中国经济正从高速增长向中高速增长的“新常态”转变，作为经济社会发展基础的农业，正在由粗放增长的传统农业向集约发展的现代农业转型。新常态需要新动力，新阶段需要新创举，依靠改革创新推进农业现代化，推动农村改革迈向新征程，是时代的召唤、历史的必然。

——新华社评论员

“靠什么破题‘天花板’、破解‘紧箍咒’？只有靠推进农业现代化建设，靠加快农业发展方式的转变，从依靠拼资源消耗、拼农资投入、拼生态环境的粗放经营，尽快转到注重提高质量和效益的集约经营上来。”中国农科院农业经济与发展研究所研究员朱立志说。

农业已成四化“短板” 推进农业现代化刻不容缓

会议提出，农业现代化是国家现代化的基础和支撑，目前仍是突出“短板”。

“与飞速行进着的城镇化、工业化和信息化相比，我国农业现代化水平相对滞后，严重影响四化的同步发展。此次会议对农业现代化的‘短板’表述，凸显中央对农业现代化的高度重视。”李国祥说。

中国人民大学农业与农村发展学院教授郑风田认为，农业现代化是我国四化建设中的“关键变量”，直接关系到工业化、城镇化的顺利推进。农业现代化发展顺利，劳动力就能转移出来，才能更好促进城镇化发展。如果农业现代化发展不好，劳动力、土地资源等潜力没有充分释放，那么工业化、城镇化也是危险的。

专家指出，从世界经济社会发展历程看，一些国家在工业化、信息化、城镇化建设进程中，注重同步推进农业现代化，从而平稳较快地迈进现代化国家行列。相反，一些国家没有协调好四化关系，忽视了农业现代化，结果伴随着工业化、城镇化、信息化的发展，出现了农业萎缩、农村凋敝、农民贫困的情况，导致社会动荡、经济停滞，现代化进程受阻。

大力发展农业产业化　“第六产业”呼之欲出

会议提出大力发展农业产业化，提出要把产业链、价值链等现代产业组织方式引入农业，促进一二三产业融合互动。

“会议提出三产融合，凸显未来我国农业产业发展的新方向。”国务院发展研究中心农村部部长叶兴庆告诉记者，一二三产业的融合互动，被称为‘第六产业’（1＋2＋3＝6），农业由单纯的农作物生产向农产品加工和流通及休闲服务业等领域交融发展，产业链得以延伸，实现农业附加值的增加和农民的增收。

“三产融合是农业发展的一大趋势，日本、韩国等东亚国家已经探索出比较成熟的发展经验，目前我国一些地区农业发展正在向这一阶段靠近，这是我国迈向农业现代化、实现提质增效的新机遇。”李国祥说。

郑风田指出，应在条件允许的地区推动农产品加工业和休闲农业发展，让现代农业“接二连三”，既能接入加工业的“二产”，也能连接休闲农业的“三产”，延伸现代农业的产业链条，让三产融合成为拉动我国农业农村经济发展的新的增长极。

发展适度规模经营要因地制宜　允许“探索、探索、再探索”

会议提出，发展适度规模经营，方式多种多样，要因地制宜，充分发挥基层和群众首创精神，允许“探索、探索、再探索”。

“发展适度规模经营是实现农业现代化的必由之路。与发达国家相比，我国农业劳动生产率和机械化程度偏低，原因之一在于土地经营过于分散。此次会议提出发展适度规模经营，有利于发挥农业生产的规模效益，提升农业劳动生产率，并促进就业向二三产业转移。”中金公司农业分析师边泉水说。

专家指出，会议提出要因地制宜地发展适度规模经营，体现出对基层首创精神的尊重。

“土地流转已成为实现农业适度规模经营的重要方式。但发展适度规模经营方式多种多样，并非只有土地流转一条路，从各地实践看，还包括土地入股、土地托管等多种形式。”朱立志说。

李国祥认为，会议提出允许“探索、探索、再探索”，这是对农民首创精神的尊重和鼓励。“30多年前大包干，当时中央的意见是‘可以、可以还可以’，中央对群众首创精神的尊重一脉相承。”

首提“人的新农村”　新农村建设内涵变丰富

会议提出，积极稳妥推进新农村建设，加快改善人居环境，提高农民素质，推动“物的新农村”和“人的新农村”建设齐头并进。

“‘物的新农村’是指道路、饮水、电力设施和住房条件等人居环境的改善。推进‘人的新农村’是指建立健全农村基本公共服务、关爱农村‘三留守’群体、留住乡土文化和建设农村的生态文明。会议首次提出‘人的新农村’，凸显中央对新农村建设的更高要求。”国务院发展研究中心研究员程国强说。

长期以来，我国在“物的新农村”方面关注较多，对“人的新农村”建设和关注不够。同时，近年来农村出现了新情况，农民外出打工导致的“空心村”增加，

精彩论述

为尽快地让我国农业现代化与新型工业化、城镇化和信息化协调发展，更加有效地巩固农业在国民经济中的基础地位，更好地满足人们对现代农业的多功能性需要，必须转变农业发展方式，加快推进中国特色新型农业现代化，这是当前我国农业农村工作的迫切任务，关系着国家现代化建设全局，也关系着亿万农民的梦想。

——新华社评论员

“三留守”问题突出，“人的新农村”建设亟需提到日程上来。

对于如何推进“人的新农村”建设，程国强认为，今后一要建立农村留守老人、儿童、妇女的关爱服务体系，建立健全养老、教育、医疗等农村公共服务，让“三留守”有依靠有保障；二要做好农村传统文化、乡土文化的保护，不让农村变成荒芜的农村、留守的农村和记忆中的故园；三要做好农村生态环境的治理和保护，建设农村生态文明。

新型农业现代化道路怎么走?

——专访农业部部长韩长赋

2014年中央农村工作会议提出，坚定不移走中国特色新型农业现代化道路，加快转变农业发展方式。农业部部长韩长赋就贯彻落实会议精神、加快推进农业现代化接受了记者的专访。

主动适应新常态，农业农村经济才能持续健康发展

记者：会议指出，我国经济发展进入新常态，加快推进农业现代化，对稳增长、调结构、惠民生意义重大。新时期应如何推进现代农业发展?

韩长赋：随着我国经济进入新常态、改革进入深水区、经济社会发展进入新阶段，农业发展的内外环境正在发生深刻变化，加快建设现代农业的要求更为迫切。我们要深刻认识到，只有主动适应新常态，农业农村经济才能实现持续健康发展。

适应新常态，首先必须更加重视农业、稳定农业。农业农村是保障经济持续健康发展的“压舱石”，是调节劳动力就业波动的“蓄水池”，是扩大消费新的增长点。只有持续不断夯实农业基础、巩固发展稳粮增收好形势，稳定农产品供给和价格，才能为适应新常态稳定市场信心、扩大回旋空间、增强应对底气。

适应新常态，必须着力解决农业农村经济发展面临的突出问题。新常态下，农业发展面临的新老问题和矛盾将更加突出，只有内强素质、外迎挑战，加快转型、创新发展，才能突破制约，建立起更加稳固的农业基础。

新时期推进现代农业发展，既要立足当前，又要着眼长远；既要完成好稳定产量、保障供给的首要任务，又要兼顾好提高产能、实现可持续发展的长远目标；既要适应国内发展环境，又要放眼国际竞争态势；既要解决好农业问题，又要解决好农民问题。

要坚持走中国特色新型农业现代化道路，把保障国家粮食安全和增加农民收入作为中心目标，以改革创新和科技创新为发展动力，强化政策法治、设施装备、人才服务等支撑保障，建立完善现代农业的产业体系、经营体系、质量保障体系、资源保护体系。

多重风险和矛盾倒逼农业“调结构、转方式”

记者：会议指出，要积极推进结构调整，加快转变发展方式，不断提高农业综合效益和竞争力。为何要“调结构、转方式”，我国农业持续稳定发展面临哪些挑战？

韩长赋：近年来，我国农业现代化加快推进，但各种风险和结构性矛盾也在积累聚集，突出表现在：

——农业资源偏紧和生态环境恶化的制约日益突出，多年来资源条件已经绷得很紧，农业面源污染、耕地质量下降、地下水超采等问题日益凸显；特别是温饱问题解决后，社会公众对生态环境和农产品质量安全要求更高，迫切需要加快转变农业发展方式。

——农村劳动力结构变化的挑战日益突出，农村劳动力大量转移，务农劳动力素质结构性下降，农业兼业化、农民老龄化、农村空心化问题突出，今后“谁来种地”“如何种地”的问题已很现实地摆在我们面前。

——农业生产结构失衡的问题日益突出，区域布局与资源禀赋条件不尽匹配，北粮南运与南水北调并存；粮经饲结构不合理，一些农产品库存增加与部分农产品进口增加并存；种养业结合不紧、循环不畅，地力下降与养殖业粪污未能有效利用并存。

——农业比较效益低与国内外农产品价格倒挂的矛盾日益突出，一方面，国内农业生产成本持续上涨，农产品价格却弱势运行，导致农业比较效益持续走低；

另一方面，国际市场大宗农产品价格下降，已不同程度低于我国国内同类产品价格，导致进口持续增加，成本“地板”与价格“天花板”给我国农业持续发展带来双重挤压。

这些问题都不是短暂现象，带有明显的阶段性特征。这都倒逼着农业必须“调结构、转方式”。

记者：农业“调结构、转方式”的重点在哪？

韩长赋：推进我国农业“调结构、转方式”，要坚持以改革为动力，以科技为引领，以法治为保障。

调结构，重点是根据市场需求变化和资源禀赋特点，科学确定主要农产品自给水平、生产优先序和区域布局，在确保“谷物基本自给、口粮绝对安全”的前提下，不断优化种养结构、产品结构、区域结构。

转方式，重点是推动农业发展由数量增长为主真正转到数量质量效益并重上来，由依靠资源和物质投入真正转到依靠科技进步和提高劳动者素质上来。

发展多种形式适度规模经营是农业现代化的必由之路

记者：会议强调，积极发展多种形式适度规模经营。当前，如何提高规模效益，坚持适度规模经营？

韩长赋：发展多种形式适度规模经营是农业现代化的必由之路，也是农民群众的自觉选择。现在户均不到半公顷地的规模，显然难有高效益。要坚持适度规模经营的发展方向，推进土地经营权有序规范流转，特别是向种田能手流转，引导发展土地入股、土地托管等多种经营形式，培育种植大户、家庭农场、合作社等新型经营主体，提高规模效益。严禁在土地流转中定任务、下指标、将流转面积和比例纳入绩效考核。

鼓励发展多种形式的土地经营权流转市场和服务平台，加强纠纷调解仲裁体系建设。出台管理文件，建立工商企业租赁农户承包地的资格审查、项目审核和风险保障金制度，维护农民权益。

记者：明年是做好农业农村经济工作的关键之年，农业部如何贯彻落实中央精神推进三农工作？

韩长赋：2015 年将坚持以稳粮增收调结构、提质增效转方式为主线，千方百计使粮食产量稳定在 11000 亿斤以上、农民收入增幅保持在 7.5%以上，努力确保不发生重大农产品质量安全事件和区域性重大动物疫情。

完成好明年农业农村经济发展任务，要坚持稳中求进的工作总基调，落实强农惠农政策，稳定发展粮食生产，继续拓宽农民增收渠道，强化农业科技创新和推广，强化农业资源保护，深化农村土地制度、集体产权制度、农产品价格等方面改革，加强农业法治建设，为现代农业注入新动力。

农业发展“挑战前所未有” 转变发展方式迫在眉睫

2014 年的中央农村工作会议指出，随着国内外环境条件变化和长期粗放式经营积累的深层次矛盾逐步显现，农业持续稳定发展面临的挑战前所未有。

业内专家认为，“挑战前所未有”这一表述，说明我国农业发展面临形势格外严峻，转变农业发展方式迫在眉睫。

近年来，我国农业生产成本上升与比较效益下降矛盾更加凸显。土地、人工等生产要素价格持续攀升，农业利润空间受到挤压。“辛辛苦苦种一亩田，不如外出打两天工”，成为一些地区种粮农民不得不面对的现实。

与此同时，农业的国际竞争力不高，农产品内外价差倒挂已成为“新常态”，粮食进口不断增加。海关数据显示，2014 年 1 月至 11 月，我国进口谷物和谷物粉 1714 万吨，比去年同期增加 33.3%；进口大豆 6287 万吨，比去年同期增加 12.3%。

“除了价格的‘天花板’，我国农业面临‘资源、生态’两个‘紧箍咒’制约。”中国农业大学资源与环境学院院长吴文良说。

近年来，我国水、土等资源约束趋紧，农业生态环境不容乐观。中低产田占耕地总面积的 2/3，农业生产年缺水 300 亿立方米。由于过度开发、农药和化肥施用过多，造成地下水超采严重、土壤肥力下降、水污染问题突出。

对此，刚刚闭幕的中央农村工作会议强调，加快转变农业发展方式，不断提高土地产出率、资源利用率、劳动生产率，实现集约发展、可持续发展。

“转变农业发展方式，就是要从以前过度利用农业资源，转向更加注重农业自然资源的保护和合理利用，兼顾当代和长远利益。”中国农科院农业经济与发展研究所研究员朱立志说，要降低农业资源利用强度，在生态脆弱地区，要退耕还林还草还湿和限牧禁牧。

专家们建议，要加快推进地下水超采区综合治理，发展节水农业，建设农业废弃物无害化处理和资源化利用设施，研究出台促进有机肥生产使用的政策措施，继续实施测土配方施肥，开展病虫害统防统治和绿色防控，着力实现化肥、农药施用量零增长。切实做好耕地重金属污染治理，研究做好农膜、秸秆等回收利用。

“转变农业发展方式，就是要从过去粗放式经营，转向集约、高效、环保的生产方式。”中国社科院研究员李国祥说。

中央农村工作会议指出，要把产业链、价值链等现代产业组织方式引入农业。积极发展多种形式适度规模经营。发展各类新型农业经营主体。依靠科技支撑，由“生产导向”向“消费导向”转变。

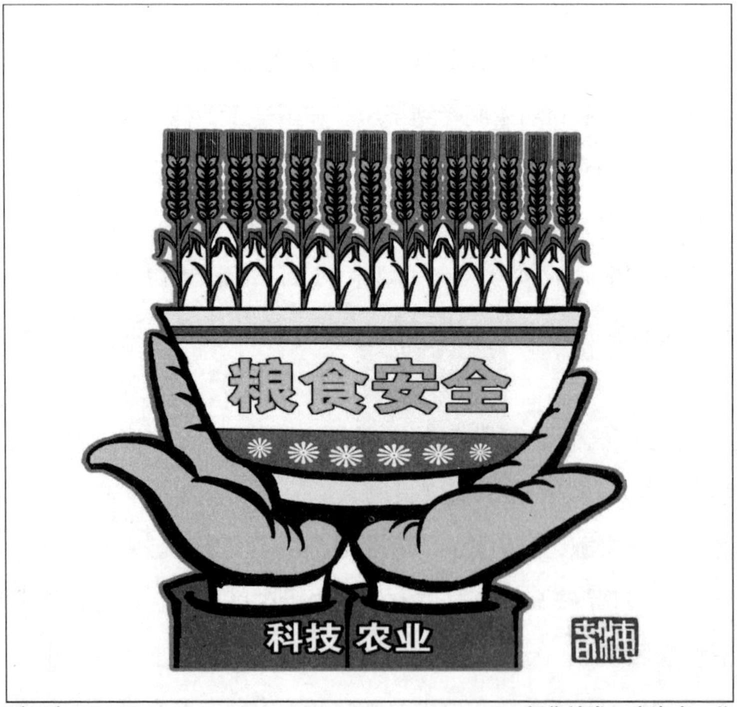

端 牢　　新华社发 商海春 作

农业部总经济师毕美家表示，下一步，我国将开展绿色增产模式攻关，推广高效、多抗的新品种，推进规模化、标准化、机械化，大力推广控肥、控药、控水等节本增效的技术，努力提升土地产出率、投入品利用率、劳动生产率。

“发展高效、集约的生产方式，从根本来说要发展适度规模经营。”李国祥说，要向改革要活力，引导和规范土地经营权有序流转，引导新型农业经营主体采用先进、环保的农业技术，提升农业效率、效益，推动绿色、循环农业发展。

专家们还指出，转变农业发展方式，要从过去不惜一切代价地追求增产，转向不仅关注农产品生产数量，而且更加注重农产品质量安全。当前，我国农产品供给充裕，库存水平高，进口面临较好的国际环境，有条件也有必要推进新一轮的农业结构调整，发展优质、安全、高效的农产品生产，推动农业发展方式的转变。

坚定不移走中国特色新型农业现代化道路

2014 年中央农村工作会议强调，坚定不移走中国特色新型农业现代化道路，加快转变农业发展方式，这是对我国三农工作的重大战略指引，为今后一段时期我国农业和农村工作指明了方向，厘清了路径。

加快推进中国特色新型农业现代化，是重大的现实与历史任务。农业现代化是国家现代化的基础和支撑。农业现代化发展状况如何，很大程度上决定着一个国家整个现代化的进程。环顾当今世界，发达国家大多是农业现代化水平较高的国家，而农业落后的国家，则很少迈入现代化国家行列。

无论与过去相比，还是与世界其他国家相比，今天我国农业现代化取得了明显成效，举世公认。但是，与在国民经济中基础地位要求相比，我国农业的脆弱性仍然明显；与飞速行进着的城镇化和工业化相比，我国农业现代化相对滞后的矛盾仍然十分突出；与人们生活水平提高对农业现代化期待相比，仍然存在着落差；与世界先进国家相比，我国农业现代化的潜力仍然巨大。

如今，我国正处于改造传统农业和实现农业现代化的阶段。农业增长仍然没有完全摆脱过度开垦土地资源和开采地下淡水资源，一味地追求土地等资源生产率，而劳动生产率则相对较低，导致农业生产成本高，农产品缺乏市场竞争力，国际国内农产品价格差扩大，同时也带来了农产品安全隐患多，农业稀缺资源过度消耗，农业生态功能难以发挥的现代农业的世界性通病。

望古知今，登高见远。为尽快地让我国农业现代化与新型工业化、城镇化和信息化协调发展，更加有效地巩固农业在国民经济中的基础地位，更好地满足人们对现代农业的多功能性需要，必须转变农业发展方式，加快推进中国特色新型农业现代化，这是当前我国农业农村工作的迫切任务，关系着国家现代化建设全局，也关系着亿万农民的梦想。

加快推进中国特色新型农业现代化，就是要扭转不惜一切代价一味地追求增产，不仅注重主要农产品数量供给保障，而且要更加注重农产品质量安全保障。当前，我国农产品供给充裕，库存水平高，进口面临较好的国际环境，新形势下我国有条件也有必要推进新一轮的农业结构调整，发展优质、安全、高效农产品生产。

加快推进中国特色新型农业现代化，就是要扭转过去过度利用农业资源的方式，更加注重农业自然资源的保护和合理利用，兼顾当代和长远，适度降低农业稀缺资源利用强度。在农业自然资源过度利用的生态脆弱地区，要通过退耕还林还草还湿和限牧禁牧等途径，保护好国土资源和生物的多样性，发挥好农业的生态修复和保护功能。

加快推进中国特色新型农业现代化，就是要提高我国农业效率和竞争力，更好地节约农业资源和永续地利用农业资源，保障农产品质量安全，发挥农业生态功能，把传统意义上的第一产业发展成为兼容一产、二产和三产的新型产业，更好地胜任我国经济社会发展赋予现代农业的各种功能。

加快推进中国特色新型农业现代化，根本途径和动力是创新。要瞄准世界新一轮农业科技革命，紧扣农业现代化建设需要，加强对生物育种、智能农业、农机装备、生态环保和粮食绿色增产模式等领域的科技攻关。要给农业注入创新的血液，给农业插上科技的翅膀。

加快推进中国特色新型农业现代化，就是要全面深化农村改革。改革是发展的根本动力。过去我国农业发展取得成就，主要靠改革，今后进一步加快推进农业现代化，仍然要靠改革。要紧紧围绕市场在资源配置中的决定性作用和更好发挥政府作用，全面深化农村改革，激发内生动力，营造良好环境，形成加快推进农业现代化的强大合力。

打好新形势下粮食安全这一仗

2014 年中央农村工作会议强调，推进农业现代化，要坚持把保障国家粮食安全作为首要任务，确保谷物基本自给、口粮绝对安全。

当前，我国经济发展进入新常态，农业发展也进入亟须转变发展方式的历史新阶段。虽然我国粮食实现了“十一连增”，但必须看到，粮食安全的基础并不稳固：一方面，国内农业生产成本持续上涨，农产品价格却弱势运行，导致农业比较效益持续走低，而国际市场大宗农产品价格下降，导致进口持续增加，成本“地板”与价格“天花板”严重影响农民种粮积极性；另一方面，我国农业生态环境受损严重，耕地、水资源使用日益紧张，粮食生产遭遇生态资源两道“紧箍咒”，粮食可持续增产的压力前所未有，保障粮食安全的难度越来越大。

民以食为天，国以粮为先。解决好 13 亿人口的吃饭问题，始终是我国治国理政的头等大事，是国际国内复杂局势下掌控经济社会发展以及国家安全大局的基础。在当前经济增速有所放缓、经济发展步入新常态的形势下，粮食安全更加关乎经济的健康发展，关乎社会的和谐稳定，关乎民生的改善提高，我们更要时刻绷紧粮食安全这根弦，打好国家粮食安全这一仗。

打好粮食安全这一仗，加快转变农业发展方式是根本。要以改革为动力，实现从传统农业向现代农业的根本转变。要促进粮食生产由注重数量增长向总量平衡、结构优化和质量安全并重转变；促进农业发展由主要依靠资源消耗向资源节约型、环境友好型转变；促进农业生产条件由主要“靠天吃饭”向提高物质技术装备水平转变；促进农业生产者由传统农民向高素质职业农民转变，走产出高效、产品安全、资源节约、环境友好的现代农业发展道路。

打好粮食安全这一仗，战略上必须坚持以我为主、立足国内、确保产能、适度进口、科技支撑的国家粮食安全战略，把确保谷物基本自给、口粮绝对安全的粮食安全工作重点抓紧、抓实、抓好，使中国人的饭碗任何时候都牢牢端在自己手上，在复杂多变的形势下始终掌握粮食安全的主动权。

打好粮食安全这一仗，必须严守耕地红线。农民可以“非农化”，耕地绝不能“非农化”；划定永久基本农田，是确保产能的基本保障，必须依法依规，使农民“有地可种”，促进“好地种粮”；建设旱涝保收高标准农田，是确保产能的关键途径，必须加大农业综合开发、土地整治等力度，全面提升耕地质量和土地产出水平。

打好粮食安全这一仗，必须坚持走依靠科技进步、提高单产的内涵式发展道路，加快筛选应用一批适宜本地特点、高产优质抗逆性强的新品种，给农业和粮食插上科技的翅膀。加快粮食生产全程机械化进程，大力推进农机深松整地作业，进一步发挥农机在科技兴粮中的载体作用。

打好粮食安全这一仗，要千方百计提高农民种粮的积极性。要继续坚持市场定价原则，完善粮食价格形成机制。在保护农民利益前提下，推动最低收购价、临时收储和农业补贴政策逐步向农产品目标价格制度转变。完善补贴方式，提高补贴的精准性和指向性，建立“谁种补谁”“多种多补”的农业补贴与粮食生产挂钩机制。加快完善主产区利益补偿机制，继续加大对产粮大县的奖励力度，调动主产区生产积极性。

打好粮食安全这一仗，还必须加快农业经营体系创新。加快培育新型农业经营主体，创新农业经营体系，是解决“谁来种粮”、发展现代农业的应对之策。要发展适度规模经营，扶持发展种粮大户、家庭农场、农民合作社、农业产业化龙头企业和社会化服务组织，积极培育新型农业经营主体。要探索建立以家庭承包为基础，以农户为核心主体，新型农业经营主体、土地股份合作社、农业社会化服务组织等多元主体共同经营的新型农业经营体系，促进农业经营的专业化、规模化与组织化，增强粮食生产的可持续发展能力。

打好粮食安全这一仗，还要统筹利用国际国内两个市场、两种资源。适当增加进口、加快农业走出去，是保障粮食安全，确保重要粮食品种有效供给的必然选择。要通过适度进口，做好品种余缺调剂，满足多样化的消费需求，减轻国内资源环境压力。要探索实施全球农业战略，建立安全、稳定、持续的全球农产品供应网络。要把握好进口的规模和节奏，防止个别品种集中大量进口冲击国内生产，给农民增收带来不利影响。

推动农村改革迈向新征程

2014 年中央农村工作会议明确提出，进一步深化农村改革，完善顶层设计，抓好试点试验，确保改有所进、改有所成。

改革创新是发展的根本动力。过去我国农业发展取得巨大成绩，主要靠改革创新；今后进一步加快推进农业现代化，仍然要靠改革创新。

以家庭联产承包责任制为起点，30多年前，农村拉开了全国改革开放的序幕，奠定了今天中国经济社会非凡成就的基础。现在，中国经济正从高速增长向中高速增长的“新常态”转变，作为经济社会发展基础的农业，正在由粗放增长的传统农业向集约发展的现代农业转型。新常态需要新动力，新阶段需要新创举，依靠改革创新推进农业现代化，推动农村改革迈向新征程，是时代的召唤、历史的必然。

2014年是全面深化改革元年，农村改革在创新体制机制、释放改革红利方面迈出了扎实步伐。如对新疆棉花和东北大豆实行目标价格补贴试点，在保护农民利益的前提下，充分发挥市场机制的调节作用；农村土地承包经营权确权登记颁证试点在两个省整建制推进，在其他省区市的多个县整建制实施。《关于引导农村土地经营权有序流转、发展农业适度规模经营的意见》已正式出台；农村集体产权制度、供销社和农垦改革思路逐步清晰；城乡居民社会养老保险制度成功实现并轨……一系列改革举措，正在我国广袤的农村大地上有序推进。

2015年是全面深化改革的关键之年和全面推进依法治国的开局之年。我们要抓住机遇，按照习近平总书记提出的“在提高粮食生产能力上挖掘新潜力，在优化农业结构上开辟新途径，在转变农业发展方式上寻求新突破，在促进农民增收上获得新成效，在建设新农村上迈出新步伐”总体要求，紧紧围绕市场在资源配置中起决定性作用和更好发挥政府作用，进一步推进农村改革，激发内生动力，营造良好环境，形成加快推进农业现代化的强大合力。

进一步推进农村改革，就是要为发挥市场机制在农业资源配置中的决定性作用创造新条件。改革是激发市场活力、形成创新驱动的良方。要厘清政府与市场的作用边界，尽快走出大宗农产品“政策市”的被动局面，为多元市场主体的成长留出足够空间，让市场价格真正反映供求关系。对现阶段需要继续保留的最低收购价等干预性收储，要创新实施机制，在实施主体之间形成适度竞争。推进价补分离改革进程，在总结完善棉花、大豆目标价格补贴试点经验的基础上，择机将部分新产品纳入试点范围，并适时启动目标价格保险试点。

进一步推进农村改革，就是要为建设中国特色现代农业培育符合时代要求的新主体。随着工业化、城镇化深入发展，我国农村劳动力大量转向非农产业就业，农业副业化、劳动力老龄化问题越来越突出。如何在工业化、城镇化“快变量”与农地流转、规模经营“慢变量”之间寻找平衡点，既不贻误时机又不拔苗助长，是农村政策面临的重大课题。应以“三权分置”的思路，在明确集体所有权、稳定农户承包权的基础上，放活土地经营权，引导已离土离乡的承包户将土地经营权向其他愿意留在农村务农的人流转，发展家庭农场、土地股份合作社等新型经营主体。

进一步推进农村改革，要充分尊重农民的首创精神。30多年前的农村改革之所以成功，就是得益于充分尊重农民意愿，得益于充分吸纳农民创举。要破除制约农村改革和农业现代化的观念和机制障碍，允许“探索、探索、再探索”，让亿万农民创造创新的活力得以迸发。

同时要加强顶层设计，更加注重农村改革的系统性、整体性、协同性。要鼓励大胆探索，勇于实践，同时又要做到重大改革于法有据。只有准确把握中央农村工作会议作出的部署，农村改革才能不断迈向新的征程。

29.“农”与“非农”终消散

——聚焦户籍制度改革

城乡二元户籍制度是特定历史时期的产物，在促进城乡经济和社会发展等方面发挥了一定作用。然而，随着中国进入新的发展阶段，二元户籍制度却像一堵无形的墙，给国民贴上不同的标签，按照身份不均地分配公共资源。一旦贻误改革深化的时机，户籍坚冰将会冻结人民的权益诉求和社会的发展活力。当下，户籍制度改革的决心之大、力度之大、涉及面之广、措施之实前所未有，彰显了党和政府以人为本、执政为民的理念和敢于担当、务实进取的作风，也必将最大限度凝聚起改革共识。

我国建立城乡统一户口登记制度　“农”与“非农”将成为历史

“建立城乡统一的户口登记制度。取消农业户口与非农业户口性质区分和由此衍生的蓝印户口等户口类型，统一登记为居民户口。”2014 年 7 月 30 日公布的国务院《关于进一步推进户籍制度改革的意见》明确了上述改革举措。这标志着我国实行了半个多世纪的“农业”和“非农业”二元户籍管理模式将退出历史舞台。

“这次户籍制度改革决心之大、力度之大、涉及面之广、措施之实是前所未有的。”公安部副部长黄明在同日举行的新闻发布会上表示，《意见》是当前和今后一个时期指导全国户籍制度改革的纲领性文件，这一重大改革开始进入全面实施阶段。

不再以“农业”和“非农业”区分户口性质之后，如何逐渐剥离与户籍相挂钩的诸多社会福利，将是改革的焦点和难点所在。《意见》对此进行了阐释：进一步调整户口迁移政策，统一城乡户口登记制度，全面实施居住证制度，加快建设和共享国家人口基础信息库，稳步推进义务教育、就业服务、基本养老、基本医疗卫生、住房保障等城镇基本公共服务覆盖全部常住人口。

根据《意见》所明确的发展目标，到2020年，将基本建立与全面建成小康社会相适应，有效支撑社会管理和公共服务，依法保障公民权利，以人为本、科学高效、规范有序的新型户籍制度，努力实现1亿左右农业转移人口和其他常住人口在城镇落户。

自20世纪50年代以来，我国以供应城镇居民定量粮为依据，来划分“农业户口”和“非农业户口”，并实行二元管理制度。这一制度在特定历史条件下基本适应了国家对劳动力、消费品等实行计划分配的需要，在促进城乡经济和社会发展等方面发挥了一定作用。但随着社会主义市场经济的确立，农村剩余劳动力进城务工经商，从事非农产业人员数量大大增加，“二元制”户口管理模式已逐渐不适应当前经济社会发展的客观要求。

一项助圆亿万人市民梦的重大改革

国务院印发的《关于进一步推进户籍制度改革的意见》（以下简称《意见》），是当前和今后一个时期指导全国各地推进户籍制度改革的纲领性文件。就《意见》的出台背景、重要意义和主要内容等，公安部副部长黄明接受了记者的专访。

问：请简要介绍一下《意见》出台的背景和过程。

答：改革开放以来，国家出台了一系列户籍制度改革政策措施，在解决农业

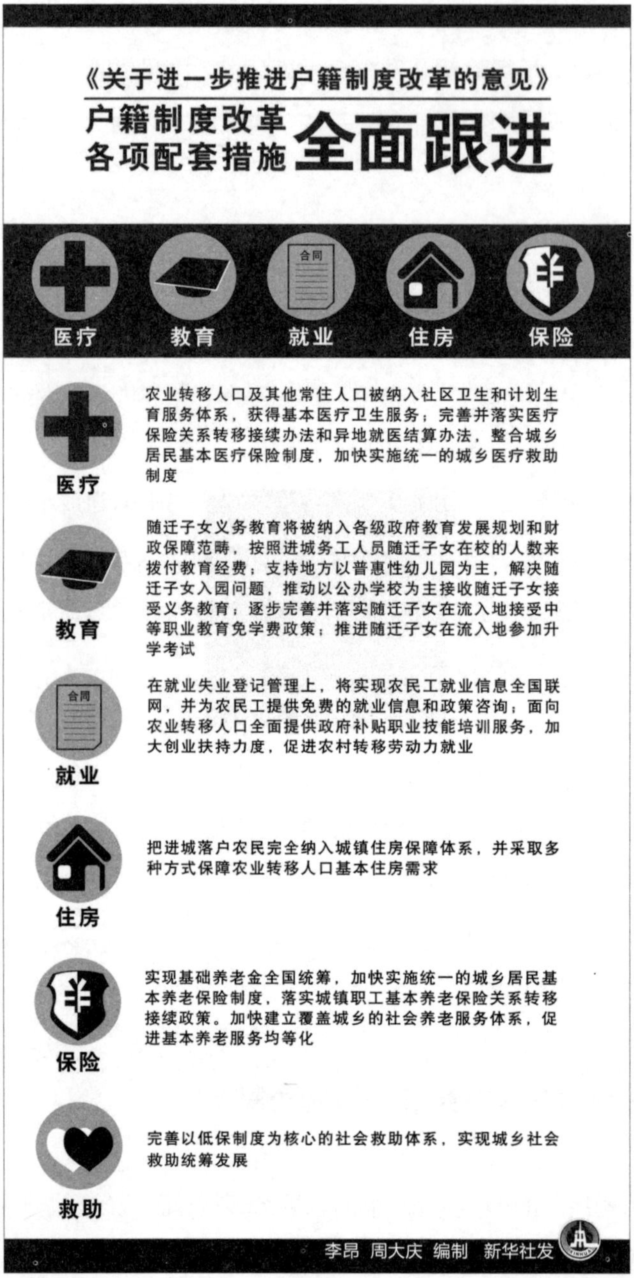

转移人口及其他常住人口落户城镇方面取得了一定成效。但是，许多长期在城镇稳定就业的农业转移人口及其他常住人口还没有落户，许多农业转移人口还未能在教育、就业、医疗、养老、住房保障等方面享受城镇居民的基本公共服务，这些都对户籍制度形成了问题倒逼、提出了改革要求。党的十八大和十八届三中全会对加快推进户籍制度改革作出了部署，指明了方向，明确了路径。

党中央、国务院高度重视户籍制度改革工作。习近平总书记多次作出重要指示批示，先后主持召开中央全面深化改革领导小组会议、中央政治局常委会议和中央政治局会议，李克强总理主持召开国务院常务会议，研究审议进一步推进户籍制度改革的意见。中央领导同志还多次听取汇报，开展实地调研，对户籍制度改革政策研究提出要求。为深入贯彻落实中央的部署要求，2013 年以来，公安部会同国家发展改革委、中央农办、人力资源社会保障部等12个部门组成专门工作班子，全力开展《意见》研究起草工作。在广泛深入调研、系统总结各地经验的基础上，12个部门梳理研究了一系列专题，在形成《意见》初稿后，由公安部、国家发展改革委等6个部门负责同志带队分赴东、中、西部省区市广泛征求意见，深入研究论证，并认真开展了政策效果评估和数据测算。其间，认真听取了各地群众特别是广大农民工的意见，听取了人大代表、政协委员和专家学者的意见。国务院办公厅多次召开座谈会、协调会征求各地区各部门的意见。可以说，《意见》凝聚了广大干部群众的智慧。

问：进一步推进户籍制度改革的重大意义是什么？《意见》的主要特点体现在哪些方面？

答：进一步推进户籍制度改革，是党的十八大和十八届三中全会确定的全面深化改革的重要内容，是一项牵一发动全身的基础性改革，事关工业化、信息化、城镇化和农业现代化同步发展，事关社会公平正义和亿万人民福祉，事关全面建成小康社会伟大进程。《意见》的出台，标志着户籍制度改革这一基础性改革开始进入全面实施阶段。

《意见》紧紧围绕推进以人为核心的新型城镇化建设的内在要求，明确提出了进一步推进户籍制度改革的指导思想、目标任务、政策措施和实现路径，是指导当前和今后一个时期户籍制度改革的纲领性文件。与以往相比，这次出台的《意见》有三个明显特点：一是这次改革是对户籍政策的一次总体调整，是在中央对新型城镇化建设作出全面规划后，决定在全国实施差别化落户政策，这对合理布局大中小城市和小城镇、合理引导人口分布将产生十分重要的作用。二是这次改革是按照中央全面深化改革的总体部署进行的综合配套改革，与教育、就业、医疗、养老、住房保障、土地等方面的改革统筹配套、协同推进。三是这次改革是对新型户籍制度的一次整体构建，还包括统一城乡户口登记制度、建立居住证制度、健全人口信息管理制度等多个方面。可以说，这次户籍制度改革决心之大、力度之大、范围之广、措施之实是前所未有的。

问：大家都知道，户籍制度改革很难，那么到底难在哪里？针对这些难点，改革要遵循哪些原则？

答：户籍制度改革是一项复杂的系统工程，面临的情况复杂、需要兼顾的因素多、统筹推进的难度大。一是我国人口众多、城乡和区域发展差距较大，难以平衡；二是许多公共服务和社会福利政策长期与户籍直接挂钩，难以剥离；三是各类群体发展愿望和利益诉求多元多样，难以协调。这些深层次矛盾决定了推进户籍制度改革的复杂性、艰巨性和长期性，必须立足当前、着眼长远，综合施策、协同攻坚。

对此，《意见》明确提出了推进户籍制度改革需要把握的四项原则：一是坚持积极稳妥、规范有序。就是要立足基本国情，积极稳妥推进，优先解决存量，有序引导增量，合理引导预期，不急躁、不冒进，一定要防止不切实际、一哄而上。二是坚持以人为本、尊重群众意愿。就是要充分尊重城乡居民自主定居意愿，让他们自主选择自己的人生道路和职业发展方向，不能采取强迫的做法，群众要不要进城、何时进城、进哪个城，都要让群众自己选择，坚决防止把农民"拉进城"、"被落户"。三是坚持因地制宜、区别对待。就是要充分考虑当地经济社会发展水平和综合承载能力，以及提供基本公共服务的能力，由各地根据中央的总体要求和政策安排，因地制宜实施差别化落户政策，不分配指标，不层层加码，给地方留有空间。四是坚持统筹配套、提供基本保障。就是要不断扩大教育、就业、医疗、养老、住房保障等城镇基本公共服务覆盖面，积极推进城镇基本公共服务由主要对本地户籍人口提供向对常住人口提供转变，加快实现基本公共服务均等化。

问：这次户籍制度改革的发展目标是什么？

答：《意见》提出了到2020年户籍制度改革的发展目标，主要包括两个方面：一是有序推进农业转移人口市民化。进一步调整户口迁移政策，努力实现1亿左右农业转移人口和其他常住人口在城镇落户；稳步推进义务教育、就业服务、基本养老、基本医疗卫生、住房保障等城镇基本公共服务覆盖全部常住人口，逐步解决在城镇就业居住而没有落户人员享有城镇基本公共服务的问题。二是基本建立新型户籍制度。通过进一步推进户籍制度改革，统一城乡户口登记制度，全面实施居住证制度，基本建立以合法稳定住所和合法稳定就业为基本条件、以经常居住地登记为基本形式的户口迁移登记制度，建成国家人口基础信息库，实现跨部门、跨地区信息整合和共享，以适应全面建成小康社会的需要，为推进国家治理体系和治理能力现代化提供有力支撑。

问：实现1亿左右农业转移人口和其他常住人口在城镇落户目标，这个总量很庞大，实现这个目标有没有把握?

答：实现1亿左右人口落户城镇的目标十分重要，目的在于推进以人为核心的城镇化，让符合条件的农业转移人口真正实现“市民梦”，融入城市社会，提升人民群众生活水平和质量。

《国家新型城镇化规划（2014—2020年）》已经公布了这一发展目标，户籍制度改革要与新型城镇化发展同步，也提出了同样的目标。实现1亿左右人口落户城镇，是就全国而言的总体预计目标，是一个大约数目，可以多一点，也可以少一点，要一切从实际出发，实事求是。应当说，这也是一个符合实际的目标，公安部和国家统计局对政策效果进行了整体评估，并根据农业转移人口存量和将产生的增量，以及新型城镇化发展趋势等因素，对未来几年进城落户人口总量进行了认真测算，实现这个目标是比较有把握的。

问：《意见》对“全面放开建制镇和小城市落户限制，有序放开中等城市落户限制，合理确定大城市落户条件，严格控制特大城市人口规模”作出了具体规定，应当怎样理解?

答：近年来，我国城镇化快速推进，取得举世瞩目的成就。但同时也应看到，城镇空间分布和规模结构不合理、与资源环境承载能力不匹配的问题仍十分突出。东部一些城镇密集地区资源环境约束趋紧，中西部资源环境承载能力较强地区的城镇化潜力有待挖掘；中小城市和小城镇集聚产业和人口不足，潜力没有得到充分发挥；特大城市和部分大城市人口压力偏大，与综合承载能力之间的矛盾加剧，空气污染、交通拥堵、公共安全问题等“城市病”日益严重，需要有效控制人口规模。因此，需要兼顾大中小城市和建制镇、东中西部地区的不同实际，根据人口规模和综合承载能力的不同情况，实施差别化落户政策。具体来讲：

全面放开建制镇和小城市落户限制，就是基本没有门槛。只要群众有意愿，有合法稳定的住所，哪怕是租房子，都可以落户。

有序放开中等城市落户限制，就是门槛较低。只要具有合法稳定就业和合法稳定住所（含租赁）等条件，按照先后顺序排队，有落户意愿的，一般都可以落户。

合理确定大城市落户条件，就是降低门槛。国际经验表明，城市具有一定规模对经济发展、城市交通、居民生活、节约资源有利，但过犹不及。我国大城市情况不尽相同，落户政策也要根据综合承载能力和可能，相应有所区别。城区人口100万至300万的城市还有发展空间，能放开落户条件的尽量放开。城区人口300万至500万的城市要适度控制落户规模和节奏，防止人口发展过快，落户条件就要严格一些。

专家观点

要通过推进户籍制度改革，统一城乡的户口登记制度，全面实施居住证制度，基本建立以合法稳定住所和合法稳定就业为基本条件、以经常居住地登记为基本形式的户口迁移登记制度，建成国家人口基础信息库，实现跨部门、跨地区的信息整合和共享。

——公安部副部长　黄明

严格控制特大城市人口规模，这个政策导向是非常明确的。目前一些特大城市尤其是千万人口以上的城市人口压力很大，已经消化不了，不能再扩大人口规模，增加新的负担。首先，要严格户口迁移政策，改进和完善现行落户政策。要坚持因城施策、一城一策，根据城市实际情况，建立完善积分落户制度，按照总量控制、公开透明、公平公正的原则，合理解决落户问题。户籍人口比重比较低的城市，要逐步提高户籍人口比重。其次，特大城市要科学定位城市功能，加快产业转型升级，适当疏散经济功能和其他功能，引导人口有出有进，使人口结构更加合理。

问：为什么要以人口规模来确定各类城市落户政策?

答：这次户籍制度改革没有简单以城市行政级别来确定落户政策，主要考虑是，城市行政级别难以真实反映当前我国各类城市的人口实际情况。比如，相同行政级别的城市人口规模差异较大，同样是地级市，有的人口超过800万，有的只有二三十万。同样行政级别的城市，地域、环境等综合承载能力差别也很大，有的还有很大的发展空间，有的已经很紧张。按照人口规模来确定各类城市落户政策，不与城市行政级别直接挂钩，不仅符合各地实际，而且也有利于各地因地制宜地确定落户政策，有利于引导人口在大中小城市和小城镇有序落户。

至于新的城市类别划分标准，目前国家发展改革委正会同有关部门抓紧研究。

问：我国已经实施户籍制度和居民身份证制度，为什么还要建立居住证制度？国家层面居住证制度的政策什么时候出台？

答：建立居住证制度，是一个过渡性的制度安排，主要是为了建立健全与居住年限等条件相挂钩的基本公共服务提供机制，解决那些已经在城镇就业居住但未落户的农业转移人口及其他常住人口在教育、就业、医疗、养老、住房保障等方面的实际困难。

公安部在总结各地做法、深入调查研究的基础上，形成了《居住证管理办法》草案。目前，由国务院法制办和公安部牵头，会同有关部门正组织广泛听取各地各部门的意见，待进一步修改完善后报国务院审批。按照中央的要求，《居住证管理办法》今年将要出台。主要是明确居住证的功能定位，规范居住证申领条件、办理程序以及居住证持有人权利义务等基本内容。待《办法》出台后，由各地从本地实际出发，因地制宜制定具体实施意见；已经探索实施这一制度的，要及时修订、有效衔接。

问：《意见》提出要统筹推进教育、就业、医疗、养老、住房保障、农村产权、财力保障等相关领域配套改革，如何理解？

答：按照党中央、国务院的部署，这次户籍制度改革要与有关经济社会领域改革统筹配套，有序推进农业转移人口市民化。既要加快推进户籍制度改革，进一步调整户口迁移政策，公平有序地解决符合条件的农业转移人口及其他常住人口在城镇落户的问题，确保他们全面平等享有当地常住户口居民同等的待遇；又要协同推进相关领域配套改革，积极推进城镇基本公共服务由主要对本地户籍人口提供向对常住人口提供转变，让在城镇就业居住半年以上但未落户的农业转移人口和其他常住人口在子女教育、就业扶持、医疗卫生、社会保险、住房保障等方面逐步享受当地居民同等的基本公共服务。因此，《意见》明确提出要切实保障农业转移人口及其他常住人口合法权益，要求各有关部门要按照职能分工，抓紧制定教育、就业、医疗、养老、住房保障、农村产权、财力保障等方面的配套政策，完善法规，落实经费保障。

问：建立城乡统一的户口登记制度，具有什么实际意义？

答：《意见》明确提出，取消农业户口与非农业户口性质区分和由此衍生的蓝印户口等户口类型，统一登记为居民户口，体现户籍制度的人口登记管理功能。这意味着将不再区分农村娃与城市娃，标志着城里人和农村人身份上的统一，打破了几十年来城乡分割的户籍壁垒，是社会发展的一大进步。还要建立与统一城乡户口登记制度相适应的教育、卫生计生、就业、社保、住房、土地及人口统计制度，逐步实现城乡居民平等享有公共服务和社会福利待遇。户口登记制度统一后，将不再以农业户口与非农业户口为依据区分农村人与城里人，改为根据居住地的不同来区分城镇人口和农村人口，根据从事的职业区分农业人口与非农业人口。当然，由于城乡发展不平衡，居住在农村的居民与居住在城里的居民原先存在的待遇差别的消除，需要有一个过程，需要加快推进基本公共服务均等化、加快推进城乡一体化发展，还要加快推进农村土地确权、登记、颁证，维护好农民的土地承包经营权、宅基地使用权和集体收益分配权。

精彩论述

当下，户籍制度改革的决心之大、力度之大、涉及面之广、措施之实前所未有，彰显了党和政府以人为本、执政为民的理念和敢于担当、务实进取的作风，也必将最大限度凝聚起改革共识。

——新华社评论员

问：《意见》提出，要建设和完善国家人口基础信息库，请介绍目前工作进展情况。

答：建立健全实际居住人口登记制度，加快人口信息系统的建设和应用，是推进国家治理体系和治理能力现代化的重要基础。多年来，公安部和各地公安机关高度重视、大力加强户口登记管理规范化建设，为每一个公民编制了唯一且终身不变的公民身份号码，建成了覆盖全国 13 亿人口、以公民身份号码为唯一标识的全国人口基本信息资源库，为建设和完善国家人口基础信息库打下了坚实基础。

按照中央提出的建设四大基础信息库的部署要求，公安部牵头负责，国家发展改革委、外交部、民政部、教育部、人力资源社会保障部、国家卫生计生委、工业信息化部、住房城乡建设部、国家税务总局、国家统计局、中国保监会等部门参加，大力推进国家人口基础信息库建设。目前，项目总体推进顺利，按照计划安排，年底前开始面向各共建单位开通人口信息共享服务。

数解户籍制度改革

备受关注的国务院《关于进一步推进户籍制度改革的意见》公之于众，标志着进一步推进户籍制度改革开始进入全面实施阶段。

户籍制度改革事关亿万国人的福祉，是一项必须优先推进的基础性改革，其改革决心之大、力度之大、涉及面之广、措施之实均属空前。如何解读这一改革？

“一”种身份：统一登记为居民户口

意见中的最大亮点，莫过于建立城乡统一的户口登记制度。这意味着以“农业”和“非农业”区分户口性质的城乡二元户籍制度将成为历史，由此衍生的蓝印户口等户口类型也将作古，今后每一位中国公民的户口均统一登记为居民户口，体现户籍制度的人口登记管理功能。

意见同时明确，将建立与统一城乡户口登记制度相适应的教育、卫生计生、就业、社保、住房、土地及人口统计制度。

公安部副部长黄明介绍，将建立健全实际居住人口登记制度，加强和完善

用不上了　　新华社发　朱慧卿　作

人口统计调查，全面、准确掌握人口规模、人员结构、地区分布等情况。建设和完善覆盖全国人口、以公民身份号码为唯一标识、以人口基础信息为基准的国家人口基础信息库，分类完善劳动就业、教育、收入、社保、房产、信用、卫生计生、税务、婚姻、民族等信息系统，逐步实现跨部门、跨地区信息整合和共享，为制定人口发展战略和政策提供信息支持，为人口服务和管理提供支撑。

“两”大目标：1 亿人落户城镇、建立新型户籍制度

“这次户籍制度改革，就是要努力实现 1 亿左右农业转移人口及其他常住人口在城镇落户，让在城镇就业居住的农业转移人口和其他常住人口暂时没有落户的，能够逐步享受当地的基本公共服务，这是一个重要的目标。”黄明说。

根据意见，户籍制度改革还有另一个重要目标，即基本建立与全面建成小康社会相适应，有效支撑社会管理和公共服务，依法保障公民权利，以人为本、科学高效、规范有序的新型户籍制度。

对于新型户籍制度的内涵，黄明进行了阐释：要通过推进户籍制度改革，统一城乡的户口登记制度，全面实施居住证制度，基本建立以合法稳定住所和合法稳定就业为基本条件、以经常居住地登记为基本形式的户口迁移登记制度，建成国家人口基础信息库，实现跨部门、跨地区的信息整合和共享。

对于这两大发展目标，意见给出了明确的时间点——2020 年。

“三”个特点：总体调整、综合配套、整体构建

黄明介绍，此次户籍制度改革有三个比较鲜明的特点：

一是对户籍政策的一次总体调整。与以往相比，过去的历次改革一般都是局部的、部分的、条文的调整，某一个方面的调整。这次是在中央对新型城镇化建设作出全面的规划后，决定在全国实施差别化的落户政策，这对合理布局大中小城市和小城镇、合理引导人口的分布将起到十分重要的作用。

二是按照中央全面深化改革的统一部署进行的一次综合配套的改革。户籍制度的改革不仅是户籍制度本身单项的改革，而是各有关部门统筹配套推进的改革。

三是对新型户籍制度的一次整体构建。这次户籍制度改革不仅是落户政策的调整，还包括要建立城乡统一的户口登记制度，全面实施居住证制度，健全人口信息管理制度等多个方面。

“四”级落户：全面放开、有序放开、合理确定、严格控制

意见进一步调整了户口迁移政策，按照人口规模来划分并确定各类城市的落户政策。

全面放开建制镇和小城市落户限制。在县级市市区、县人民政府驻地镇和其他建制镇有合法稳定住所（含租赁）的人员，本人及其共同居住生活的配偶、未成年子女、父母等，可以在当地申请登记常住户口。

有序放开中等城市落户限制。在城区人口 50 万至 100 万的城市合法稳定就业并有合法稳定住所（含租赁），同时按照国家规定参加城镇社会保险达到一定年限的人员，本人及其共同居住生活的配偶、未成年子女、父母等，可以在当地申请登记常住户口。

合理确定大城市落户条件。在城区人口 100 万至 300 万的城市合法稳定就业达到一定年限并有合法稳定住所（含租赁），同时按照国家规定参加城镇社会保险达到一定年限的人员，本人及其共同居住生活的配偶、未成年子女、父母等，可以在当地申请登记常住户口。城区人口 300 万至 500 万的城市，要适度控制落户规模和节奏，可以对合法稳定就业的范围、年限和合法稳定住所（含租赁）的范围、条件等作出较严格的规定，也可结合本地实际，建立积分落户制度。

严格控制特大城市人口规模。改进城区人口 500 万以上的城市现行落户政策，建立完善积分落户制度。根据综合承载能力和经济社会发展需要，以具有合法稳定就业和合法稳定住所（含租赁）、参加城镇社会保险年限、连续居住年限等为主要指标，合理设置积分分值。按照总量控制、公开透明、有序办理、公平公正的原则，达到规定分值的流动人口本人及其共同居住生活的配偶、未成年子女、父母等，可以在当地申请登记常住户口。

“这是根据我国国情和特大城市的实际情况作出的政策安排。”黄明说。

“N”项配套：就业、教育、医保等全面跟进

在户籍制度自身改革的同时，各项配套措施如何落到实处？这是人们更为关注的问题。结合意见，教育部、财政部、卫生计生委等相关部委负责人进行了一一介绍。

——就业失业：在就业失业登记管理上，将实现农民工就业信息全国联网，并为农民工提供免费的就业信息和政策咨询；面向农业转移人口全面提供政府补贴职业技能培训服务，加大创业扶持力度，促进农村转移劳动力就业。

——子女教育：随迁子女义务教育将被纳入各级政府教育发展规划和财政保障范畴，按照进城务工人员随迁子女在校的人数来拨付教育经费；支持地方以普惠性幼儿园为主，解决随迁子女入园问题，推动以公办学校为主接收随迁子女接受义务教育；逐步完善并落实随迁子女在流入地接受中等职业教育免学费政策；推进随迁子女在流入地参加升学考试。

——医疗卫生：农业转移人口及其他常住人口被纳入社区卫生和计划生育服务体系，获得基本医疗卫生服务；完善并落实医疗保险关系转移接续办法和异地就医结算办法，整合城乡居民基本医疗保险制度，加快实施统一的城乡医疗救助制度。

——养老保险：实现基础养老金全国统筹，加快实施统一的城乡居民基本养老保险制度，落实城镇职工基本养老保险关系转移接续政策。加快建立覆盖城乡的社会养老服务体系，促进基本养老服务均等化。

——社会救助：完善以低保制度为核心的社会救助体系，实现城乡社会救助统筹发展。

——住房保障：把进城落户农民完全纳入城镇住房保障体系，并采取多种方式保障农业转移人口基本住房需求。

中国户籍制度改革历史回眸

新中国成立以来，我国户籍制度经历了怎样的改革发展历程？我们带您一起回眸。

第一部户口管理条例出台

1951 年 7 月 16 日，公安部公布《城市户口管理暂行条例》，规定了对人口出生、死亡、迁入、迁出、“社会变动”（社会身份）等事项的管制办法。这是新中国成立后第一部户口管理条例，基本统一了全国城市的户口登记制度。

1955 年，《国务院关于建立经常户口等级制度的指示》的发布统一了全国城乡的户口登记工作，规定全国城市、集镇、乡村都要建立户口登记制度，户口登记的统计时间为每年一次。

“农”与“非农”二元格局确立

1958 年 1 月全国人大常委会通过《中华人民共和国户口登记条例》，第一次明确将城乡居民区分为“农业户口”和“非农业户口”两种不同户籍，奠定了我国现行户籍管理制度的基本格局。

1964 年 8 月《公安部关于处理户口迁移的规定（草案）》出台，集中体现了该时期户口迁移的两个“严加限制”基本精神，即：对从农村迁往城市、集镇的要严加限制；对从集镇迁往城市的要严加限制。

实施居民身份证制度 小城镇户籍逐步放开

1984 年 10 月，《国务院关于农民进入集镇落户问题的通知》颁布，户籍严控制度开始松动。通知规定，农民可以自理口粮进集镇落户，并同集镇居民一样享有同等权利，履行同等义务。

1985 年 7 月，《公安部关于城镇暂住人口管理的暂行规定》的出台标志着城市暂住人口管理制度走向健全，同年 9 月，作为人口管理现代化基础的居民身份证制度颁布实施。

1997 年 6 月，《国务院批转公安部小城镇户籍管理制度改革试点方案和关于完善农村户籍管理制度意见的通知》出台，规定已在小城镇就业、居住并符合一定条件的农村人口，可以在小城镇办理城镇常住户口。

1998年7月，《国务院批转公安部关于解决当前户口管理工作中几个突出问题意见的通知》让户籍制度进一步松动。根据此通知，新生婴儿随父落户、夫妻分居、老人投靠子女以及在城市投资、兴办实业、购买商品房的公民及随其共同居住的直系亲属，凡在城市有合法固定的住房、合法稳定的职业或者生活来源，已居住一定年限并符合当地政府有关规定的，可准予落户。

2001年3月颁布的《国务院批转公安部关于推进小城镇户籍管理制度改革意见的通知》，标志着小城镇户籍制度改革全面推进。通知规定，对办理小城镇常住户口的人员不再实行计划指标管理。

2012年2月，《国务院办公厅关于积极稳妥推进户籍管理制度改革的通知》指出，要引导非农产业和农村人口有序向中小城市和建制镇转移，逐步满足符合条件的农村人口落户需求，逐步实现城乡基本公共服务均等化。

新型户籍制度改革目标确立

2013年11月，《中共中央关于全面深化改革若干重大问题的决定》指出，要“创新人口管理，加快户籍制度改革，全面放开建制镇和小城市落户限制，有序放开中等城市落户限制，合理确定大城市落户条件，严格控制特大城市人口规模。”

经过近一年酝酿，《国务院关于进一步推进户籍制度改革的意见》于2014年7月30日正式发布。意见规定，要进一步调整户口迁移政策，统一城乡户口登记制度，全面实施居住证制度，加快建设和共享国家人口基础信息库，稳步推进义务教育、就业服务、基本养老、基本医疗卫生、住房保障等城镇基本公共服务覆盖全部常住人口。到2020年，基本建立与全面建成小康社会相适应，有效支撑社会管理和公共服务，依法保障公民权利，以人为本、科学高效、规范有序的新型户籍制度，努力实现1亿左右农业转移人口和其他常住人口在城镇落户。

短评

用户籍制度改革筑牢公平公正之基

国务院公布的《关于进一步推进户籍制度改革的意见》，标志着这项重要改革进入全面实施阶段。亿万群众的期盼与热望，不仅在于城乡户口登记的统一，更在于消除不同户口所附着的利益差异，将公平公正的美好愿景一步步照进现实。

城乡二元户籍制度是特定历史时期的产物，在促进城乡经济和社会发展等方面发挥了一定作用。然而，随着中国进入新的发展阶段，二元户籍制度却像一堵无形的墙，给国民贴上不同的标签，按照身份不均地分配公共资源。一旦贻误改革深化的时机，户籍坚冰将会冻结人民的权益诉求和社会的发展活力。当下，户籍制度改革的决心之大、力度之大、涉及面之广、措施之实前所未有，彰显了党和政府以人为本、执政为民的理念和敢于担当、务实进取的作风，也必将最大限度凝聚起改革共识。

对于改革全面深化而言，户籍制度改革牵一发而动全身，是一项必须优先推进的基础性工程。与过去的局部调整相比，此次户籍制度改革有一个整体构架，是一次总体调整，教育、就业、医疗、养老、住房保障、农村产权改革等一系列配套措施将全面跟进，并给出明确的时间安排，既是对人民的庄严承诺，也让改革的蓝图日渐清晰。

改革由问题倒逼而产生，又在不断解决问题中逐步深化。应当看到，中国城乡之间、区域之间、大小城市之间的发展差距仍然较大；许多福利待遇与户籍制度长期挂钩、难以剥离；各类群体的利益诉求多元多样、难以协调，这些不容回避的难题和难以逾越的国情，决定了户籍制度改革将是一个艰巨、复杂和长期的过程。如何迎难而上、逆流而进，考验着改革操盘者的勇气和智慧。人们坚信，在科学的顶层设计和广泛的民意支撑之下，消融户籍壁垒可期，实现公平公正可待。

30.“量”增更要“质”优

——聚焦我国粮食生产与农业格局新变化

随着我国农业生产力水平的提高和消费结构的转变，我国农产品供求关系逐步从卖方市场向买方市场转变，人们在满足温饱的基本需求之后，越来越关注“舌尖上的安全”、“舌尖上的美味”，不仅要吃饱吃好，还要吃得健康。面对这种需求变化，把农业生产从追求数量为主转向数量、质量并重，才能更好地服务群众，促进农业健康发展。

聚焦我国粮食持续增产背后的三大社会关切

2014 年 12 月 4 日，国家统计局发布的数据显示，2014 年全国粮食总产量 60709.9 万吨（12142 亿斤），比 2013 年增长 0.9%。这意味着，在去年我国粮食总产量首次突破 6 亿吨，实现“十连增”的基础上，2014 年我国粮食总产量实现十一年连续增产。

粮食生产何以在前期遭受旱涝灾害仍能增产？持续丰收为何进口依然增加？继续增产的后劲有多大？新华社记者日前采访了相关部门和专家。

为何遭受旱涝灾害仍能增产？

2014 年夏季，我国河南、辽宁等地发生严重旱情，大旱之年何以再获丰收成为人们的疑问。

统计局公报显示，今年全国谷物单位面积产量 5889.4 公斤 / 公顷，比 2013 年减少 4.8 公斤 / 公顷，下降 0.1%。

记者从农业部了解到，这主要是因为辽宁旱灾造成部分地区玉米有所减产。但今年小麦、稻谷的增产情况较好。

“虽然今年局部地区灾情较重，尤其是北方地区遭受‘卡脖旱’，秋粮生产受到影响。但由于只是灌溉条件差的丘陵山区受旱影响较重，水源条件好的地区影响不大。另外，冬小麦、晚稻生长期间，主产区气象条件接近常年，有些地区甚至好于上年，对作物生长发育及产量有利。”国家统计局农村司高级统计师侯锐说。

“今年河南大旱多集中在丘陵山区，并非粮食主产区；大旱对辽宁影响虽较大，但比 2009 年的旱情要轻。”国家气象中心研究员毛留喜表示。

“我国产粮区分布十分广阔，一个地方受灾歉收，若其他地方风调雨顺，可以达到‘丰歉平衡’。”农业部现代农业示范区管理办公室主任聂新鹏告诉记者，去年南方发生洪涝灾害，但北方整体风调雨顺，今年尽管河南等地局地大旱，但产粮大省黑龙江粮食总产再创历史新高。加之有关部门和地方及时采取了抗旱措施，今年旱情影响并没出现此前想象的大。

业内专家指出，随着科技力量不断注入，我国农业抗灾能力逐年提高，例如东北地区，由于采用现代化温湿育秧技术，减少霜冻害和低温冷害，扩大了玉米的种植带和水稻的种植面积，促进了粮食生产发展。

持续丰收为何进口仍在激增?

虽然粮食产量连年增加，但近年来粮食进口呈现出激增局面。来自海关总署的数据显示，今年前 10 个月，我国累计进口谷物及谷物粉 1565 万吨，较去年同期增 46.3%。进口的谷物和谷物粉种类主要包括小麦、稻谷及大米、玉米、大麦等。

“国内外粮食价差是驱动中国粮食进口较快增长的主因。”中国农业大学经济与管理学院教授韩一军说，我国劳动力、化肥农药等成本不断增加，实行最低收购价和临时收储政策，提高了价格水平，而欧美等国粮食生产规模大，单位成本相对较低。

“过去两年来，国际价格处于持续下降通道。一些国内企业为降低成本，加大了粮食进口量。”韩一军说。

记者了解到，除了价格因素，品种余缺调剂也是粮食进口增长主要原因之一。我国强筋小麦、弱筋小麦、啤酒大麦等专用品种仍供不应求，需要通过适量进口来弥补国内不足。为了满足消费者的多样化需求，也需要进口泰国香米、意大利通心粉等产品。

专家们指出，虽然今年小麦等谷物进口增长较快，但就整体比例而言，我国主粮进口占国内粮食产量的比重不到3%，适度进口也符合国家的战略部署。

“十一连增”后粮食增产会持续吗？

我国粮食产量连年增加的趋势还能持续多久？这是很多人的疑问。

专家们表示，粮食增产不可能永远持续下去，假如在粮食生长关键期发生大范围严重的自然灾害，就有可能出现减产。

当前，我国粮食生产面临多重挑战。资料显示，我国耕地、水资源对粮食生产的约束持续加剧。农田设施老化，全国大型灌区骨干工程完好率仅60%，中低产田占耕地面积约为三分之二，全国约有一半“望天田”；农技贡献率整体不高，耕地质量退化、地下水超采严重问题突出。

“未来要注重提高粮食综合生产能力。”韩一军说，粮食产量年际间有所波动，从市场、自然角度来说都是正常的，如果粮食综合生产能力在高水平上，哪怕出现减产，甚至连续减产也并不可怕。

国务院发展研究中心农村经济研究部部长叶兴庆说，在目前我国粮食产能中，有一些属于透支未来的不健康产能，应切实退出这部分产能。通过增加健康产能来弥补不健康产能退出造成的缺口。

专家建议，提高粮食综合生产能力，必须做强现代种业，加强高效栽培、科学施肥、土壤改良、病虫害防治、农业节水、旱作农业等领域的科技集成创新和推广；加快建立新型农业经营体系，促进农业经营的专业化、规模化与组织化，增强农业的可持续发展能力。

我国农业格局和生产模式发生四大变化

“湖广熟、天下足”“南粮北运”“面朝黄土背朝天”……这些传统印象中的粮食生产状况，如今正发生天翻地覆的变化。

一是产粮区域快速北移。

长江中下游是传统的粮食生产区域，素有“湖广熟、天下足”的美誉。如今，长江中下游五省份（江西、江苏、湖南、湖北、安徽）虽然仍位列我国13个粮食主产区内，但由于其水稻种植面积明显减少，对全国粮食产量的贡献率已明显下降。

相反，以往历史上的关外“不毛之地”东北地区，如今已成为粮食最主要的产区。目前东北四省（区）（黑龙江、吉林、辽宁、内蒙古）秋粮产量几占全国的三分之一。“北大仓”黑龙江，自2011年起连续四年成为我国产粮“状元”，年粮食总产量占全国十分之一强。

这也导致几千年来“南粮北运”格局转变为“北粮南运”。史书记载，明朝京杭大运河从南向北运粮的漕船达9000多艘，清朝每年从南方征收北运的漕粮多达400万石。如今，在黑龙江、吉林、内蒙古、安徽、江西等全国5个粮食调出省（区）中，东北地区就占了3个。

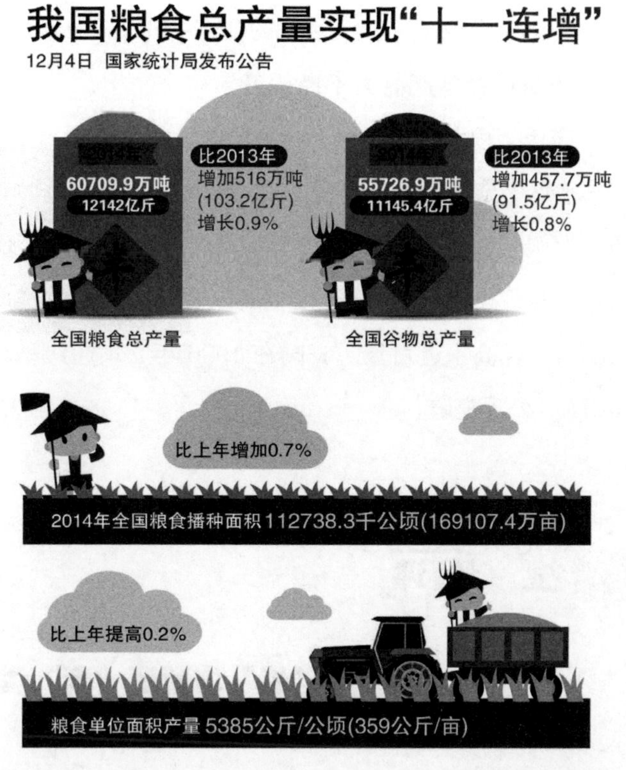

新华社发（大巢制图）

二是产粮区域高度集中。

数据显示，目前我国共有13个粮食主产省区，产量占全国总产量的75%，东北成为产量最集中地区之一，十年来全国粮食增产了3500亿斤，东北四省（区）贡献了40%。全国超10亿斤的产粮大县有400多个，产量占全国一半以上。超100亿斤的产粮大市（地）有33个、产量占全国的43%。粮食产区集中度明显提高。

三是机械化耕种水平大幅提升。

传统农业"牛耕马犁""扬鞭喝号"，以及农民"面朝黄土背朝天"的景象，如今已发生根本性变化，我国粮食生产已从人力、畜力为主转到以机械化为主的历史新阶段。

数据显示，我国农作物耕种收综合机械化水平超过60%、比10年前提高近30个百分点，其中，水稻、小麦、玉米三大粮食作物耕种收综合机械化率均超过75%。我国小麦生产基本实现全过程机械化，水稻机械种植、收获水平分别从10年前的6%、27%，提高到现在的38%、81%，玉米机收水平从2%提高到55%。

四是粮食单产能力不断提升。

在历年粮食播种面积下行的同时，我国粮食产量依然保持连年丰收，其原因在于粮食单产能力不断提升。以占我国三大粮食作物产量的比例超过三分之一的稻谷为例，1949年以来，我国水稻亩产经历两次飞跃，一是20世纪50年代后期水稻矮秆化，二是70年代中期以后杂交水稻的推广应用，两次飞跃均使全国水稻亩产提高了近百斤。我国在1996年立项超级稻计划，目前，水稻亩产正在向1000公斤突破。

短评

"量"增更要"质"优

今年我国粮食生产喜获"十一连增"，这是在中国经济增速下行背景

“漏洞” 新华社发 赵乃育 作

下取得的不俗成就，可喜可贺。

欣喜之余还要看到，虽然产量不断提高，但与发达国家相比，我国粮食生产仍然无法摆脱靠化肥农药和大水漫灌提高产量的粗放生产模式。目前，我国亩均化肥用量21.2公斤，是世界平均水平的4.1倍，化肥平均利用率在30%左右，比发达国家低20个百分点，粮食生产呈现出“大农、大水、大肥”的明显特征。

化肥投入不少，利用率却连年走低，还容易造成土壤板结，导致耕地质量下降。目前我国耕地土壤有机质平均含量仅为1.8%，比20世纪90年代初下降0.35个百分点。即便是东北最为肥沃的黑土地，其有机质含量也只有2.9%，比20世纪80年代降低了1个百分点。粗放的耕种模式，不仅透支地力和产能，还极易导致农田污染，引发农产品重金属超标等安全问题。

我国粮食年产量已连续七年稳稳站在万亿斤大关之上，今后，在保证总量平稳的同时，更要注重粮食品质的提升，“量”增的同时更要做到“质”优。

“质”优的一个关键，就是要更加关注粮食生产的质量效率，依靠良法良种，大力提高科技在粮食生产中的贡献率。发达国家的经验显示，当一个国家的人均GDP跨入八千至一万美元阶段，化肥和农药在粮食耕种过程中的投入将出现不增反减趋势。目前，我国正向这一阶段迈进，摒弃“大农、大水、大肥”，让科技成为粮食单产提升的主力军，显得非常重要。去年，我国农业科技进步贡献率达到55.2%，与德国、英国、法国等的90%以上还存在明显差距，科技兴粮的提升空间还很充裕。

专家观点

在目前我国粮食产能中，有一些属于透支未来的不健康产能，应切实退出这部分产能。通过增加健康产能来弥补不健康产能退出造成的缺口。

——国务院发展研究中心农村经济研究部部长　叶兴庆

“质”优最直观的体现，就是要更加注重农产品品质。随着我国农业生产力水平的提高和消费结构的转变，我国农产品供求关系逐步从卖方市场向买方市场转变，人们在满足温饱的基本需求之后，越来越关注“舌尖上的安全”、“舌尖上的美味”，不仅要吃饱吃好，还要吃得健康。面对这种需求变化，把农业生产从追求数量为主转向数量、质量并重，才能更好地服务群众，促进农业健康发展。

31. 新兴城民的期盼

——聚焦农民工服务工作

农民工作为我国产业工人的主体，为国家现代化建设和经济社会发展作出了巨大贡献。但是多年来，农民工在城市所受到的待遇却屡屡让人感到心酸。国务院近日印发《关于进一步做好为农民工服务工作的意见》，让人们看到了加快解决农民工相关问题的希望，感受到了党和国家关心这一庞大群体的温暖。

国务院印发《关于进一步做好为农民工服务工作的意见》

国务院印发《关于进一步做好为农民工服务工作的意见》(以下简称《意见》)，部署进一步做好新形势下为农民工服务工作，切实解决农民工面临的突出问题，有序推进农民工市民化。

《意见》指出，农民工已成为我国产业工人的主体，是推动国家现代化建设的重要力量，为经济社会发展作出了巨大贡献。近年来，党中央、国务院出台了一系列政策措施，推动农民工转移就业规模持续扩大，职业技能不断提高，工资收入大幅增加，参加社会保险人数较快增长。但目前，农民工就业稳定性不强，劳动保障权益受侵害的现象还时有发生，享受基本公共服务的范围仍然较小，大量长期在城镇就业的农民工还未落户。

《意见》明确，有序推进农民工市民化，要坚持以人为本、公平对待，坚持统筹兼顾、优化布局，坚持城乡一体、改革创新，坚持分类推进、逐步实施。到2020年，转移农业劳动力总量继续增加，每年开展农民工职业技能培训2000万人次，农民工综合素质显著提高、劳动条件明显改善、工资基本无拖欠并稳定增长、参加社会保险全覆盖，引导约1亿人在中西部地区就近城镇化，努力实现1亿左右农业转移人口和其他常住人口在城镇落户，未落户的也能享受城镇基本公共服务，农民工群体逐步融入城镇，为实现农民工市民化目标打下坚实基础。

《意见》提出了四个方面的政策措施。一是着力稳定和扩大农民工就业创业。实施农民工职业技能提升计划，努力实现未升入普通高中、普通高等院校的农村应届初高中毕业生都能接受职业教育；大力发展服务业特别是家庭服务业和中小微企业，开发适合农民工的就业岗位；将农民工纳入创业政策扶持范围。

二是着力维护农民工的劳动保障权益。落实农民工与城镇职工同工同酬原则；扩大农民工参加城镇社会保险覆盖面；实施农民工职业病防治和帮扶行动，保障符合条件的无法追溯用人单位及用人单位无法承担相应责任的农民工职业病患者享受相应的生活和医疗待遇。

三是着力推动农民工逐步实现平等享受城镇基本公共服务和在城镇落户。公办义务教育学校要普遍对农民工随迁子女开放；完善社区卫生计生服务网络，将

精彩论述

民工不应是城市的过客，而应成为城市的主人。让城市的基本公共服务更多惠及广大农民工，这是各级政府应当承担的责任，也是建设和谐社会的要求。

——新华社评论员

农民工纳入服务范围；统筹规划城镇常住人口规模和建设用地面积，将解决农民工住房问题纳入住房发展规划；有序推进农民工在城镇落户。

四是着力促进农民工社会融合。把农民工纳入城市公共文化服务体系；加强对农民工的人文关怀；通过依托各类学校开设农民工夜校等方式，开展新市民培训。

《意见》强调，要进一步加强对农民工工作的领导，各级人民政府要把农民工工作列入经济社会发展总体规划和政府目标考核内容，加强统筹协调和工作指导。

“服务”二字传递哪些信号？

“这个意见的主旨是‘为农民工服务’，对农民工的尊重跃然纸上。”中国社会科学院世界社保中心主任郑秉文说，“农民工市民化是我国新型城镇化的核心，此时出台这个意见可谓正当其时”。

2006 年，国务院曾印发《国务院关于解决农民工问题的若干意见》。“这次的意见立足新的形势，是对过去的发展和深化。”人力资源和社会保障部国际劳动保障研究所所长莫荣说，“尤其是‘服务’二字，体现了意见以人为本、公平对待的基本原则”。

郑秉文指出，新型城镇化是我国未来的发展方向，而城镇化的核心就是人的城镇化，这已逐步成为社会的共识。

意见明确，有序推进、逐步实现有条件有意愿的农民工市民化。“这也充分体现了对农民工的尊重！”郑秉文说，“有的农民工愿意‘脚踏双舟’——在城市工作，回家乡养老。我们不能强迫他们进城落户，因此‘为农民工服务’的定位准确、合理。”

“农民工已成为我国产业工人的主体，《意见》这一判断十分准确。”莫荣说，农民工早已在加工制造业、建筑业、采掘业及环卫、家政、餐饮等服务业中占从业人员半数以上。

据人社部统计，截至 2013 年底，我国就业人员达到 7.7 亿，农民工总量则达到 2.69 亿，比上年增加 633 万人，将近 1310 万全年城镇新增就业人数的一半，其中外出农民工 1.66 亿人。

“从这组数据可以看出，农民工的市民化对城镇化是何等重要，而《意见》提出的措施也十分具有针对性。”莫荣说，“例如实施农民工职业技能提升计划和加快发展农村新成长劳动力职业教育。只有技能提升了，劳动生产率才能提高，工资水平也才能相应提高，工作才能变得更稳定。这些措施的关键是把‘服务’搞好。”

《意见》明确，到 2020 年，转移农业劳动力总量继续增加，每年开展农民工职业技能培训 2000 万人次，农民工综合素质显著提高、劳动条件明显改善、工资基本无拖欠并稳定增长、参加社会保险全覆盖，引导约 1 亿人在中西部地区就近城镇化，努力实现 1 亿左右农业转移人口和其他常住人口在城镇落户，未落户的也能享受城镇基本公共服务，农民工群体逐步融入城镇，为实现农民工市民化目标打下坚实基础。

讨薪，就差一点儿　新华社发　冯印澄　作

“稳定就业、劳动权益保障、公共服务均等化是我国城镇化面临的主要问题，这些问题集中体现在农民工群体身上。”郑秉文说，“目标虽然确立了，但真正实现仍然有很大的难度。”

例如，截至 2013 年底，参加工伤保险的农民工人数只有 7263 万人，占总数 27% 左右，其他险种参保率则更低，实现全覆盖任重道远。

“目标实现无疑将为我国的城镇化扫清了前沿阵地，否则，农民工只能是分母。”郑秉文说。

我们需要怎样的公平

——与农民工面对面

公平，比黄金更重要。对庞大的农民工群体而言，其呼唤和期待尤为迫切。

截至2013年底，我国就业人员达到7.7亿，农民工总量则达到2.69亿，成为我国产业工人的主体。然而，目前农民工就业稳定性不强，劳动保障权益受侵害的现象还时有发生，享受基本公共服务的范围仍然较小。记者与多位农民工面对面，倾听他们的心声。

心声一：劳动权益需得保障

来自重庆市开县镇安镇39岁的陈勇，外出务工已有近20年了。谈到自己最需要的，他说是按时领到工资。“干我们这一行的，被拖欠工资是常有的事情，年底最担心的就是老板能不能按时给我们发工资。”

双保险　　新华社发　赵乃育　作

“辛辛苦苦一年多，拿到工资本就是天经地义的事情，但是工资被拖欠却成了常事。”陈勇说，“一旦遇到老板不发工资，我们这些打工的真是一点儿办法也没有，举报、打官司都得耗时间，我们拖不起。有些工友为了要回工资做出过激行为，那都是被逼的。”

中国政法大学民商法学院教授金英杰说，农民工案件往往时间长、程序多，调查取证比较困难。大量的劳动争议案件必须经过劳动仲裁，法院一审、二审、强制执行才能完成，维权之路过于漫长，而很多案子到了执行阶段，由于企业没有可以被执行的财产，农民赢了官司也拿不到钱。这也导致了不少农民工为讨薪作出过激行为。

湖北省就业促进会会长周腊元认为，农民工权益保障方面的问题不仅需要总体规划，而且需要可操作性的细则，重在落实。

心声二：社会保障更完善

今年50多岁的湖北籍农民工老王正为自己的养老发愁。由于在多地打工，养老保险已“断档”。“此前在浙江打工几年，保险一直在交，前不久回到湖北，办理保险转移却迟迟没有办下来。”

其实，像老王这样在保险方面遇到问题的农民工不在少数。周腊元说，由于工作流动性大，不少农民工在“转移”保险的过程中，面临输入地愿意转、输出地不愿意接的困境。约60%的养老保险统筹基金会滞留在最初的参保地，而返乡后的待遇却全部由输出地来负担。

在南昌建材一条街打工的农民工老熊告诉记者，他们所从事的建材切割工作危险性高，然而工厂并没有为他们办理工伤保险。如果发生工伤，工友们会为“旷工”拿不到工资提心吊胆，病情稍有好转，就急切地再次上岗。

记者了解到，2013年参加工伤保险的农民工人数为7263万人，比上年末增加84万人。尽管农民工参保覆盖面在扩大，然而在一些小规模、作坊式小企业，工伤保险参保率仍然较低，生产安全保障措施不到位，危险机器操作培训缺乏。

心声三：户籍管理更公平

湖北孝感小伙小周来武汉打工5年多，“安居梦”却一直难圆。“靠一己之力买房很困难，想通过贷款来分担买房的压力。可是因为我是外地户口，找了多家银行，都不愿意放贷给我。”即将谈婚论嫁的小周现在感到非常为难。

在武汉读高二的小秦说，还有一年就要高考了，因为老家不在武汉，面临回家乡高考的难题。“两个地方的考试内容、难度都不一样，不知道咋办？”

周腊元说，像小周、小秦这样的例子不胜枚举——由于城乡二元壁垒的存在，城市与乡村、本地人口与外来人口户籍上，附着的住房、医疗、教育等利益仍存在不小的鸿沟。

这位专家认为，解决农民工户籍问题尤为重要。因为由此衍生的留守儿童、空巢老人、夫妻分居等问题已给农村社会造成不良影响。随着越来越多新生代农民工在城市转移就业，对他们的户籍诉求应优先满足。

短评

服务农民工不能有“恩赐”思想

农民工作为我国产业工人的主体，为国家现代化建设和经济社会发展作出了巨大贡献。但是多年来，农民工在城市所受到的待遇却屡屡让人感到心酸。国务院近日印发《关于进一步做好为农民工服务工作的意见》，让人们看到了加快解决农民工相关问题的希望，感受到了党和国家关心这一庞大群体的温暖。

专家观点

农民工权益保障方面的问题不仅需要总体规划，而且需要可操作性的细则，重在落实。

——湖北省就业促进会会长　周腊元

客观地说，各级政府近年来在服务农民工方面的确做了不少工作，诸如推动农民工转移就业，提高农民工的职业技能，帮助农民工增加收入等等。不过，农民工进城落户、农民工子女教育、社会保障带着走等他们更加迫切的需求，对他们而言依然是“难于上青天”。

作为城市的建设者，农民工理应与当地户籍人口享受同等的基本公共服务。令人遗憾的是，一些地方有关部门嘴上喊着重视农民工的权益，实际上总是戴着有色眼镜来看待农民工，在服务农民工方面缺少应有的责任感和自觉性，甚至把本应给予他们的服务看成一种施舍。

农民工所受到的非公正待遇问题，有着特殊的历史原因，解决起来也决非易事，但这不应成为久拖不决的理由。农民工不应是城市的过客，而应成为城市的主人。让城市的基本公共服务更多惠及广大农民工，这是各级政府应当承担的责任，也是建设和谐社会的要求。

进一步深化改革，突破制度瓶颈，更加人性化地处理农民工所关心的问题，帮助广大农民工逐步融入城市，让他们早些享受到应有的权利，让社会公平正义的阳光普照大地。

32. 留住乡亲　留住乡愁

——聚焦传统村落保护

党的十八大以来，党中央高度重视弘扬中华优秀传统文化，强调树立文化自信。作为承载中华民族历史和文化记忆的传统村落，究竟应该怎样认识？保护现状如何？存在哪些问题？如何看待保护传统村落的意义？列入目录会得到什么保护？保护工作尚存哪些挑战和误区？

首获中央财政支持　传统村落保护仍“喜中有忧”

中国传统村落保护正引起国家的高度关注。从 2014 年开始，中央财政将用 3 年时间集中投入超过 100 亿元推动传统村落保护工作。这是中央财政首次针对传统村落保护拨付资金。

目前，2014 年面向第一批 327 个传统村落的 16.8 亿元补助资金已全部拨付到位。首批受益传统村落每村可获平均 300 万元资金用于环境改善和基础设施建设等，此外，中央财政还投入 7 亿元用于这些村落的文物和文化遗产保护。

财政部副部长刘昆在接受新华社记者采访时表示，随着 2014 年第一批传统村落补助资金拨付到位，年内还将结合实际情况再启动一批，明、后年将加快步伐。

2012 年，全国首次启动对中国传统村落的大调查，初步掌握了近 2 万个传统村落信息。此后两年内，住建部等部门分两批筛选出1561个有重要保护价值的村落，列入国家传统村落保护名录。

2014年，随着传统村落保护指导意见、保护规划管理办法等一系列规章制度的发布，国家层面传统村落保护体系初步建成。

保护传统村落 新华社发 程硕 作

住建部村镇建设司司长赵晖说，对列入名录的村庄，我国计划通过中央、地方、村民和社会的共同努力，加大投入，用3年时间使其村落文化遗产得到基本保护，具备基本的生产生活条件、基本的防灾安全保障、基本的保护管理机制，逐步增强传统村落保护发展的综合能力。

他透露，第三批名单也即将公布，名录中的重要传统村落将增至2500个左右。

“传统村落国家名录的建立，对于传统村落保护只是万里长征走完的第一步。”赵晖说，如何改变全社会的观念、如何开展保护、如何解决资金问题、村落文化遗产如何调查、修复以及建档等，将是更加艰巨的任务。

他还警示，当前必须意识到，保护传统村落也是新型城镇化的重要内容，应警惕村庄数量减少的趋势，避免新农村建设城市化的错误趋向，避免农村失去特色、失去乡愁。

根据中南大学中国村落文化研究中心的调查，近年来，长江流域、黄河流域等地颇具历史、民族、地域和建筑文化价值的传统村落数量正以“平均约3天1个”的速度在快速消亡。

精彩论述

传统村落是乡村历史、文化、自然遗产的"活化石"和"博物馆"。几千年来，村落不仅是农业文明最直接的活态存在，更是一部部鲜活的、续写中华民族文明史的"活史书"。

——新华社评论员

该研究中心主任胡彬彬告诉记者，跟踪调查显示，2004 年，该区域传统村落总数为 9707 个，至 2010 年仅幸存 5709 个。而今年夏天对其中 2010 年尚存的 1033 个传统村落回访发现，有 461 个因各种原因消亡，仅幸存 572 个，4 年间总数消失了 44.6%，平均每年递减 11.1%，平均约 3 天就有 1 个传统村落消亡。

"我国传统村落正在遭遇千年来未有的大变局。"胡彬彬担忧地表示，农村人口涌向城市，大量村落被空置，甚至遭遗弃，而交通、信息网络改善、人口流动增加等正加剧外部文化渗透农村的速度，延续几千年的传统村落及其文化面临消失的危险。

新华社多路小分队深入各地调研也发现，传统村落快速消亡的背后，是城镇化快速推进背景下全国村庄数量的减少。

住建部刚刚完成的全国村庄调查报告显示，1978 年至 2012 年，全国行政村总量从 69 万个减少到 58.8 万个，年均减少 3152 个；自然村数量从 1984 年的 420 万个减少至 2012 年的 267 万个，共减少 153 万个，年均减少约 5.5 万个。

针对 2008 年到 2013 年全国约 10%村庄的抽样调查进一步显示，5 年间消失了 2982 个行政村、12624 个自然村，其中因城镇化减少的行政村数占行政村减少总数的 71%，东部地区占比更高达 80%。

直击传统村落保护三大怪相

大拆大建、张冠李戴“假古董”、过度商业化……尽管近年来我国已经启动传统村落保护工作，但是新华社记者近日深入福建、广东、湖南等全国多地调研发现，保护过程中仍出现了令人忧虑的三大怪相。

怪相一：拆建频繁“二次破坏”令人忧

山西太谷县城南的武家花园原有 7 所大宅院，各式街门、院门、腰墙门、过道门 20 多座，亭台楼榭等房间共 200 多间，曾是太谷县少有的保存完好的明清建筑。

然而，一项最新调研显示，这样一处集中体现我国古代“晋”地风貌的建筑群，今年却被县里列为城市片区改造重点工程，让道开发商，惨遭强拆。

“城镇化进程中，不少基层干部存在急功近利的政绩观，认为传统村落如无开发价值，不能提升当地 GDP，与其花钱费力保护，不如让其消亡。有的甚至可能因经济利益驱动，官商联动，大行‘强拆’之道。”中南大学中国村落文化研究中心主任胡彬彬说，如果再不重视这一问题，传统村落将消亡得更快。

记者调研发现，在“新农村建设”“城镇化”浪潮中，因为认识不足，很多极具特色的古村落在被整合、拆建、挪移中消亡。

夹杂在一片红砖瓷瓦的新式农村楼房中，占地近 4485 平方米、拥有 108 个房间、始建于清乾隆时期的福建尤溪玉井坊郑氏大厝在夕阳映照下美丽又孤寂。

“这样的古民居村里本来有六座，现在只剩下这一座了。如果不保

专家观点

普查完后，要确定古村落的发展规划，同时要避免类似城市的“规划性破坏”。要考虑村落的历史形象、文化形态和独特性，融入农村的建设中去。当然，还要建设新的乡村文化生活，包括构筑现代的文化设施、开发旅游等，要统一考虑、相互协调，不要对立，更不能“除旧更新”。

——知名作家　冯骥才

护，这最后一个也将消失了。”福建省尤溪县西滨镇镇长蔡濠担忧地说。

“现在有种观点认为新型城镇化就是拆掉农村，撤村并城，把农民拉进城、赶上楼，多余的地搞房地产。”中国城市科学研究会副秘书长曹昌智指出，要警惕片面理解城镇化的现象，不符合自然规律的城镇化会把整个农耕文明的形态破坏掉。

怪相二：张冠李戴“假古董”令人笑

明明是宋朝建筑，拆掉后重建了“明清一条街”；原本遗留的街区颇具明清特色，却被拆掉仿建了牌坊，用上了钢筋混凝土；古时江南古桥用石头建造，如今却用水泥重修……

调研中记者发现，一些地方麻木“拆古”，一些地方却疯狂“造古”，造出了很多形态像古建筑的“假古董”，令人啼笑皆非。

“现在有人错误地理解保护古城、古镇、古村落就是恢复历史建筑，重建古建筑物，热衷于盖庙修塔，新建传统特色街，以致拆了‘真古董’去做‘假古董’。”80高龄的同济大学国家历史文化名城研究中心主任阮仪三忧心忡忡地告诉记者。

“国外经验最重要的一条是，保护历史建筑的原真性。”阮仪三说，保护的目的是留存真的东西，用古老的建筑语言留存历史。“拆古镇建新镇、拆古董建‘假古董’，是误人子弟，愚弄历史。”

记者调查同时发现，一些地方由于盲目复古，热心搜罗抢拆各类古民居，凑拼新的“古村落”。一些古民居建筑和砖木石构件的倒卖更为火热，合法的和非法的都很起劲。

“浙江、江苏都在搞徽派建筑的马头墙（其实原来是封火墙），就连贵州镇远也在改徽派建筑。贵州的吊脚楼全部刷漆，现在都搞成蓝颜色的瓦，刷成白墙。”曹昌智说，由于没有找到地方特点，很多地方“东施效颦”，丢掉了原来的特色，这不是保护古村落的应有之义。

怪相三：盲目开发“过度商业化”令人怕

过度商业化，正在逐渐侵蚀传统村落。一些开发商把古村落当景点，把遗产当卖点，随心所欲地增加景点，然后将古村圈起来收取门票。

朱家峪村位于山东省章丘市官庄乡境内，1371年明洪武年间，朱氏进村，因系国姓，故名朱家峪。六百余年来这里保存有大量自然、人文景观，被誉为“齐鲁第一古村，江北聚落标本”，也是山东省唯一的“中国历史文化名村”，是电视剧《闯关东》的外景拍摄地。

然而，火起来的朱家峪村却因有企业投资搞旅游、村民被集体迁出而在参评国家传统村落名录时遭到专家质疑。

“我们保护古村落的目的是保护传统的生活形态，不是搞个空壳，搞个外景地。”曹昌智说，“中央财政首次拨钱给传统村落，我们更担心一些地方拿着钱搞房地产开发和旅游开发。”

记者调查发现，现有收取门票的古村落旅游景区景点的经营企业，分属国营、民营、村集体、外来投资等不同性质，政府宏观调控很难，客观上对古村落的管理与保护带来诸多不确定因素。

目前我国还没有一项专门针对古村落开发与保护的法规条文。专家呼吁，古村落保护和开发，保护应放在首位，切不能随意出让经营权。对此，中国民间文艺家协会主席冯骥才呼吁：“不能把旅游作为村落保护的唯一出路。如果村落都被开发旅游了，那么另一个悲剧就诞生了。”

保护不是冻结　发展不止于经济

——住建部回应传统村落保护焦点问题

传统村落浓缩了中国传统文化的精华，承载着中华民族的历史记忆。住建部、文化部、国家文物局、财政部四部门近日准备联合公布新一批国家传统村落名单，由此列入国家传统村落名录的村落将从目前的1561个扩增至约2500个。

如何看待保护传统村落的意义？列入目录会得到什么保护？保护工作尚存哪些挑战和误区？记者专访了住建部村镇建设司司长赵晖，回应社会关注的传统村落保护焦点问题。

传统村落保护上升至国家层面

记者：当前强调传统村落保护发展意义何在？

赵晖：启动保护传统村落，是精神世界富裕起来的标志，是我国城乡建设思想进一步成熟的标志，也是认识发展本质、生活本质等一系列价值观的丰富和提升。

过去几十年，我国经济和城镇化快速发展中出现了一些急于现代化的倾向，导致视角变窄，过度聚焦经济发展、西方文明以及城市的形态和文化。那些偏远的、传统的、较穷的村落往往被忽略，甚至被认为是落后的象征。

传统村落从被忽视、被破坏到被重视、被保护是社会发展的普遍规律。设立国家传统村落名录是村落保护的导向和号召，意味着保护工作上升到国家层面。我们的视角更宽了，内心世界更有余量了，价值认识更完善了，更有文化自信了。

认定传统村落不是“给帽子”而是“找宝贝”

记者：列入国家传统村落名录会得到怎样的保护？

赵晖：认定传统村落不是给“帽子”，而是为国家和民族找“宝贝”。对列入名录的村庄，目标是通过中央、地方、村民和社会的共同努力，加大投入，用3年时间使村落文化遗产得到基本保护，具备基本的生产生活条件、基本的防灾安全保障、基本的保护管理机制，逐步增强传统村落保护发展的综合能力。对没列入国家传统村落名录的村庄不是不保护，够不上国家级传统村落的，会指导地方建设省、市、县级传统村落保护名录。

最大挑战是公众意识问题

记者：保护传统村落面临哪些主要挑战？

赵晖：传统村落的价值主要体现在建筑、历史、文化、经济、艺术、社会六方面，目前保护利用工作存在一些偏差，偏重经济价值的开发利用。保护传统村落最大的挑战是公众意识问题，表现在多方面：

一是社会认识不够。一些开发商或旅游公司过于追求经济价值，对传统村落过度开发；

二是很多游客保护传统文化意识不强，盲目猎奇和追求新鲜刺激，旅游公司则为了迎合游客对传统村落进行过度开发；

三是村民自身认识不足，长期经济落后导致文化自卑，认为自己的东西就是落后、需要抛弃的，城里的就是好的，为了追求所谓“好的”而对自身的遗产不珍惜，轻易丢弃、毁坏、改变；

四是政府管理、指导力度不够，重开发，轻保护。

反对“博物馆式”开发和过度商业化

记者：如何看待一些地方出现的“博物馆式”开发？

赵晖：传统村落应该是活态保护，过度或不当开发都是传统村落保护面临的挑战。要避免传统村落成为博物馆中的摆设，坚决反对“博物馆式”开发。

我们始终的提法是“传统村落保护发展”。保护绝不是冻结，发展也绝不止于经济。保护是发展的基础，发展是保护的途径。

记者：旅游开发是否是传统村落发展的主要出路？

赵晖：地方保护传统村落热衷于搞旅游，这是好事，但要坚持适度有序。我们反对整村旅游开发和过度商业化。发展旅游、休闲度假等是传统村落保护利用的重要途径，但不是唯一途径。发展成教育基地、研究基地、文化艺术场所、现代农业、一村一品等也是很好的方式。

加强村落活态保护，就是保护原住民原有的生产生活场所和方式。要严控商业开发面积，尽量避免和减少对原住居民日常生活的干扰，更不得将村民整体或多数迁出由商业企业统一承包经营，不得不加区分将沿街传统民居一律改建商铺。

核心是尊重村民意愿

记者：保护传统村落过程中，如何满足村民改善生活需求？

赵晖：改善农村人居环境是广大农民的期盼。保护传统村落，核心要尊重村民意愿，这是基本原则。这就要改变过去自上而下、一刀切做法，与村民一起讨论保护方式，改进村落基础设施、完善公共服务、提高生产生活品质。

对于村民希望改善生活环境的需求，我们强调传统民居等建筑形态上不要动，但内部可以完善生活功能，如原先厨房厕所条件很差的，可在外观不改变的基础上进行内部改造。同样，在不破坏整村布局的前提下，也可以对村内道路进行修缮、导入供水、污水处理等设施。这样做既延续传统风貌，又让原住村民能享受到卫生、舒适、方便的现代化生活。

认为“城镇化就是拆村庄建城市”是一种短视

记者：有观点认为新型城镇化就是拆掉农村，对此您怎么看？

赵晖：新型城镇化建设的一项重要原则就是传承文化。对具有悠久农耕文明的中国来说，传统村落是包括城市居民在内全民族的根，保护传统村落是新型城镇化的一个组成部分，有助于避免新农村建设城市化的错误趋向，避免农村失去特色、失去乡愁。

认为“城镇化就是拆了村庄建城市”的观点是城镇化中期容易出现的短视和片面认识。中央方针很明确，就是坚持四化同步，坚持城乡发展一体化。对当前农村出现的“空心化”趋势，一种观点认为没什么人住，就该拆了、搬了，这是错误的。只要有人世世代代居住、有人在那里生产，我们就应该努力把那里的基础设施搞上去、把生活环境搞好。

过去我们盲目追求城市规模扩大，城市建筑求洋求异，把很多城市的价值观带到了农村。新型城镇化下，不能让乡村成为城市经济文化的附庸，而要从传统村落和传统民居中挖掘民族传统的生存方式、审美理念、建造技艺和社会伦理等方面的智慧和优势，传承并弘扬，改进其不足，作为指导当代城乡建设的重要依据。

短评

让民族文化根脉薪火相传

建立国家传统村落名录、中央财政拨付每个村落平均300万元的资金支持，这既体现了中央层面对保护传统村落的重视，更警醒全社会：在发展前进中，必须守护好中华民族的精神家园，让民族文化的根脉薪火相传。

快速发展中，人们渐渐发现，作为一个文明古国和农耕大国，伴随着城镇化、工业化、农业现代化，传统村落一方面默默消亡，另一方面正不断遭受“建设性、开发性、旅游性”二次破坏，必须引起高度警惕。

传统村落是乡村历史、文化、自然遗产的“活化石”和“博物馆”。

几千年来，村落不仅是农业文明最直接的活态存在，更是一部部鲜活的、续写中华民族文明史的“活史书”。通过一个小小村落，中华民族培育形成了家国文化的秩序观念，构建形成中国社会最基层的伦理与道德体系，并代代传承久远悠长的民族历史。从根本上说，传统村落是中华文明的“基因库”，是中华民族的精神家园。时至今日，散布在中国大地上的传统村落，仍然是一个个具有活力、并传承文化和发挥功能的社会有机体，生生不息、薪火相传。

习近平总书记指出：“博大精深的中华优秀传统文化是我们在世界文化激荡中站稳脚跟的根基。”今天，必须从树立文化自信的高度认识传统村落保护工作，从中继承中华民族的优秀传统和文化，进一步增强文化软实力，为发展贡献强大的精神动力和智力支撑。

生态文明篇

中国热点问题 2015

33.“霾”怨如何治

——聚焦大气污染防治

2013年以来，我国东部地区多次出现重度灰霾天气，持续时间长、影响范围大。中国环科院数据显示：2014年2月19日至26日，我国发生大范围持续严重空气污染，持续时间长达7天，涉及北京、天津、河北等15个省区市。专家指出，当前我国大气污染呈现明显的区域性特征。京津冀、长三角、珠三角地区，大气污染不再局限于单个城市内，城市间大气污染变化过程呈现明显的同步性，区域性污染特征十分显著。辽宁中部城市群、湖南长株潭地区以及成渝地区等城市密度大、能源消费集中的区域也出现了区域性大气污染。

我国修法拟取消环保罚款50万元封顶
重典治霾严厉处罚不设上限

一面是我国大气污染向煤烟与机动车尾气复合型过渡、区域性大气环境问题日益突出、雾霾频发，一面是治污属地管理难成合力、环境违法成本低、企业宁罚不改……大气污染如何防、十面“霾”伏怎么破？

2014年12月22日提交全国人大常委会首次审议的大气污染防治法修订草案

打出一记重拳。草案取消了现行法律对造成大气污染事故企业事业单位罚款“最高不超过50万元”的封顶。此举将大大增加违法企事业单位的违法成本。

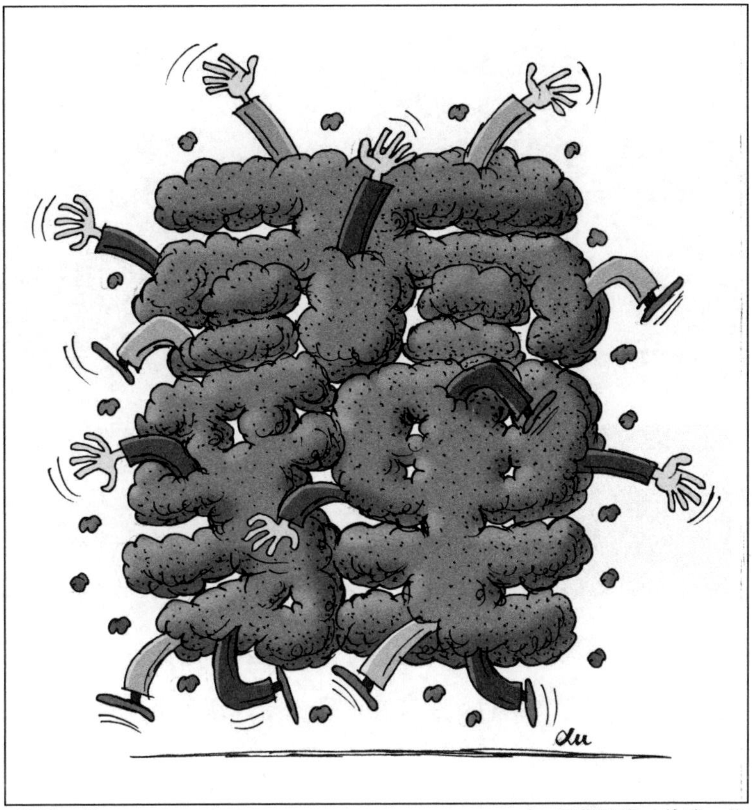

“霾”没　　新华社发　徐骏　作

草案第95条规定：造成大气污染事故的，对直接负责的主管人员和其他直接责任人员可以处上一年度从本企业事业单位取得收入50%以下的罚款。对造成一般或者较大大气污染事故的，按照污染事故造成直接损失的1倍以上3倍以下计算罚款；对造成重大或者特大大气污染事故的，按造成直接损失的3倍以上5倍以下计罚。

法学专家表示，取消造成大气污染事故环保罚款50万元上限额度，变为按倍数计罚，是重典治霾的具体体现，必将对污染企业产生震慑作用。

中国政法大学环境保护法专家王灿发教授分析认为，按倍数计算罚款，操作起来要复杂一些，污染事故损失评估有一定难度。如若被罚款单位不服，行政机关就会当被告，应加快环境损害鉴定评估机构的建设。

时任环境保护部部长周生贤对修订草案作说明时介绍，现行大气污染防治法1987年制定，上次修订是2000年。源头治理薄弱、管控对象单一；总量控制范

精彩论述

修法，就是要进一步明确环保“硬杠杠”，强化地方“一把手”在环保上的法律责任，让政府真正担负起环境保护的职责。

——新华社评论员

围小，重点难点针对不够；问责机制不严，处罚力度不够，现行法已不能适应新形势的需要。

此外，为贯彻落实新修订的环保法“按日计罚”，草案明确规定了“按日计罚”的几种情况：超过污染物排放标准或超过重点大气污染物排放总量控制指标排放大气污染物的；未依法取得排污许可证排放大气污染物的；通过逃避监管的方式排放大气污染物的；建筑施工或者储存易产生扬尘的物料未采取有效措施防治扬尘污染的。

重典治霾，严厉处罚。草案还规定，未取得排污许可证排放、超标排放、通过偷排、篡改或者伪造监督数据等逃避监管的方式排放大气污染物的，被责令停止排污、限制生产、停产整治，拒不执行的，依照环保法的规定，由公安机关对直接负责的主管人员和其他直接责任人予以拘留。

修法驱霾会不会为“单双号限行常态化”开绿灯？

大气污染防治法修订草案，一个法条引人瞩目，再次挑动人们关于是否“单双号限行常态化”的敏感神经。

在修订草案的“机动车船大气污染防治”专门一节中，第45条规定，“省、自治区、直辖市人民政府根据本行政区域大气污染防治的需要和机动车排放污染状况，可以规定限制、禁止机动车通行的类型、排放控制区域和时间，并向社会公告。”

记者采访的多位法学专家认为，向地方政府授权，应对授权条款有所规制，补偿机制更加明确、完善，防止地方保护和部门利益法制化。

专家认为：给地方政府授权大

中国政法大学环境法专家王灿发教授分析认为，这个条款给了地方政府一个很大的权力，政府可以规定哪些车不能在某个区域、时间行驶，比如北京市规定，大卡车白天不能进入五环以内，这就是限制一定的区域；规定哪一天哪个尾号的机动车不能上路行驶；规定一个时间段外地车不能进入某些区域等等。就修订草案第 45 条来说，这是给政府一个制定规则的权力，属于授权性立法，是对地方政府的立法授权。如果这个条款作为法律正式规定下来，有可能成为地方单双号限行常态化的依据。

长期研究环保法律的北京大学教授汪劲认为，限制公民人身自由和财产权利行使的规则应当由法律进行规定，政府只有在法定条件出现的情况下，才能依照法定条件，根据法律授权采取相应措施。因此，他建议，对相应条款做进一步明确细化。

中国人民大学法学院副教授竺效介绍，提交全国人大常委会审议的修订草案第 45 条，与之前在国务院法制办公开征求意见阶段的条款有区别，提高了使用这项权限的政府的级别。征求意见稿是授权“县级以上人民政府”，提交全国人大常委会审议的修订草案则修改为“省级人民政府”。法律修改就是兼听各方意见，不断完善的过程。

竺效说，如果是单双号限行，那么草案第 45 条中“规定限制、禁止机动车通行的类型、排放控制区域和时间”，这个表述就比较笼统。比如是临时限行还是常态化限行，排放控制是否区分高排放、低排放的排污水平，这两类标准，交叉排列组合，就可以划分出不同类型的限行措施，每种类型的适用条件，以及限行以后相应的补偿措施，都需要有明确的规则。

专家建议：严格设定授权条件细化补偿措施

汪劲认为，草案第 45 条涉及公民出行和机动车财产权利的行使。要授权地方政府，则应严格设定相应的授权条件，比如当可能发生严重大气污染的时候，或者空气中某些污染物指标达到一定数值，或者即将出现严重大气污染紧急状态时等等，这些严格限定的前置条件不但要有，还要在法条中明确列举出来。

不但要有前置条件，还要有相应的细化补偿措施。竺效说，因为“单双号限行常态化”是对公民合法财产的所有权进行了限制，就需要合理的补偿措施。补偿可以包括多种方式，比如车船使用税等税收的减免，保险费用的调整等。总之，配套措施需要精细化。

“每一种限行的类型、限制条件、补偿与否、如何补偿等都应当在法律条文中予以明确，而且应该由国务院制定配套的规则。做出不同的限行规定和相应的补偿规定，才能够让现在各个地方的各种限行方案有一个更好的法律依据，更加公平合理。”竺效说。

即使是紧急状况，政府行动也应当审慎

修订草案中新增加的第六章“重污染天气应对”中的第72条规定，县级以上地方人民政府应当依据重污染天气的预警等级，及时启动应急预案，根据应急需要可以采取责令有关企业停产或者限产、限制或者禁止部分机动车行使、禁止燃放烟花爆竹、停止工地土石方作业和建筑物拆除施工等应急措施。

即使是紧急情况，政府行动也应当审慎。王灿发说，第72条就是立法授权政府可以行使紧急命令权，特别是发生严重大气污染紧急情况时，可以让机动车停止行使、工厂停工等。给予政府一定的紧急命令权，这是很多国家通行的规则，但是政府紧急命令权一定要具体化，比如规定污染达到什么程度、持续多长时间，都要制定具体的规定进行配套。

北京市环保局机动车排放管理处处长李昆生认为，根据APEC北京会议之后对减排数据的分析，单双号减排效果，与淘汰国一国二黄标车、老旧车的减排效果等同。北京市下一步将在集中淘汰这些黄标车、老旧车上下功夫，从而达到减排效果。

大气污染防治法修订三个亮点

联防联控、源头治理、强调科技治霾……大气污染防治法的修改，拟将近年来治理雾霾的经验法制化，修订案草案亮点频现。

联防联控避免“各自为战”

2013年以来，我国东部地区多次出现重度灰霾天气，持续时间长、影响范围大。中国环科院数据显示：2014年2月19日至26日，我国发生大范围持续严重空气污染，持续时间长达7天，涉及北京、天津、河北等15个省区市。

专家指出，当前我国大气污染呈现明显的区域性特征。京津冀、长三角、珠三角地区，大气污染不再局限于单个城市内，城市间大气污染变化过程呈现明显的同步性，区域性污染特征十分显著。辽宁中部城市群、湖南长株潭地区以及成渝地区等城市密度大、能源消费集中的区域也出现了区域性大气污染。

中国环科院副院长柴发合介绍：“现行大气污染防治法缺乏大气污染防治的区域协作机制，只提到城市空气污染的防治，未涉及如何解决区域性大气污染问题，导致行政辖区‘各自为战’，难以形成治污合力。”

“去年以来，京津冀、长三角、珠三角分别建立了区域大气污染防治协作机制，在目标措施制定、重污染天气共同应对等方面开展了有益尝试，积累了经验。”柴发合说，“修订草案中设立了重点区域大气污染联合防治专章，规定了由国家建立重点区域大气污染联防联控机制，统筹协调区域内大气

疲于抵抗　　新华社发　大巢　作

污染防治工作，对大气污染防治工作实施统一规划、统一标准，明确协同控制目标。”

总量控制源头治理力争“雾开霾散”

修订草案规定，国家对重点大气污染物排放实行总量控制。中国政法大学教授王灿发说：“任何环境都有环境容量，也就是大气的自净能力所能容纳的容量。可能每一个排放源浓度都达标，但是排放源太多，仍然可能会超过大气环境容量，造成污染，因此必须实行总量控制。”

环境保护部部长周生贤22日对修订草案作说明时介绍，根据现行法律规定，实行总量控制的“两控区”——酸雨控制区和二氧化硫控制区，仅占全国国土面积的11.4%，不能适应全国总量减排的需要。

王灿发说：“原来就在这两个控制区里实行总量控制，现在全国大气污染物排放量都很大，很多城市都出现雾霾天气，所以必须全国都实行总量控制，才能改变大气污染的现况。”

草案规定了省级政府应当按照国务院的规定削减和控制本行政区域的重点大气污染物排放总量，并将重点大气污染物排放总量控制指标分解落实到市、县，再由市、县政府分解落实到排污单位。

柴发合说：“为了加强污染物源头治理，修订草案还将燃煤、机动车、废气、扬尘和恶臭等大气污染防治内容合并，形成‘大气污染防治措施’专门一章，分节规定防治内容，进一步加强了大气污染防治的监督管理，强化了燃煤、工业排放、机动车船和扬尘等大气污染防治措施。”

科技治霾要“爬坡过坎”

环保部科技司司长熊跃辉说，创新驱动是解决环保制约瓶颈和污染问题的重要手段，也是强化环境管理的重要支撑。

记者在调研中了解到，当前我国很多科研院所、高校和部门已广泛开展雾霾研究，但数据共享难、科研遭条块化和体制性割裂，研究重复多、科技成果转化难等问题较为突出，治霾研究进展缓慢。业内专家建议，应加快建立大气科研数据共享平台，打破雾霾研究机构间的“壁垒”，推动各地科技治霾水平尽快提高。

草案提出，国家鼓励和支持大气污染防治的科学技术研究，推广先进适用的大气污染防治技术和装备，促进科技成果转化，发挥科学技术在大气污染防治中的支撑作用；鼓励和支持开发、利用清洁能源。

中国科学院生态环境研究中心研究员贺泓认为，草案中明确了“促进科技成果转化，发挥科学技术在大气污染防治中的支撑作用”，就是表明要打破治理雾霾的科技藩篱，促进信息共享和成果转化，让科技在治霾中发挥更大、更好的作用。如果草案审议通过后实施，国家还会出台更加具体的措施，进一步具体理顺科技治霾的体制机制。

短评

戴上法律“紧箍”，强化“一把手”真抓环保

大气污染防治法修订草案，在大大强化法律治污手段的同时，也大大强化了地方主管部门的环保责任，以法律的“紧箍”，促使“一把手”抓好环保。

难找“病根” 新华社发 商海春 作

草案规定了国家实行大气环保目标责任制和考核评价制度。县级以上人民政府应当将大气环保目标任务完成情

况纳入考核内容，作为对负责人考核评价的重要依据。对超过国家重点大气污染排放总量控制指标或者未完成目标的地区，省级以上政府环保主管部门应当会同监察等部门约谈当地政府主要负责人。

对于政府责任，在现行大气污染防治法中也有规定，但是条款十分笼统，对于地方“一把手”对环境损害如何负责没有具体规定。本次修法，目标责任制、考核评价制度、约谈等制度都写入了草案，拟以法律的形式固定下来，就是要严格约束“一把手”。政府没完成环保减排目标，就是没完成整个任务，就是不合格。

现实中，在不少地方“一把手”心里，经济第一位，环保“靠边站”。为追求经济发展，有些“一把手”干预环评，甚至制定一些“土政策”，让环保部门难以独立执法，暗保高耗能、高污染的落后产能“摸黑上马”；有些地方“一把手”在环保工作中要么“只挂帅不出征”地做做样子，要么“新官不理旧事”，前任搞的污染与己无关。

修法，就是要进一步明确环保“硬杠杠”，强化地方“一把手”在环保上的法律责任，让政府真正担负起环境保护的职责。

34. 饮水思“安”

——聚焦“水安全”

饮用水污染、水生态破坏、地下水枯竭……当前，我国越来越多地方遭遇水安全问题，水安全已成为实施可持续发展战略不得不面对的一道坎。水安全既关系到人们的生活，也关系到工农业生产，要想彻底迈过这道坎，必须破解“多龙治水”的格局，以法治手段增强管理部门“一盘棋”的意识以及治理效果。

中国水安全问题调查

水安全问题正在成为中华民族的“心腹之患”。

这是红色的警讯——

全国十大水系水质一半污染；国控重点湖泊水质四成污染；31 个大型淡水湖泊水质 17 个污染；9 个重要海湾中，辽东湾、渤海湾和胶州湾水质差，长江口、杭州湾、闽江口和珠江口水质极差……

记者近期深入全国多个省市调研后了解到，伴随人口增加、经济发展和城市化进程加快，水资源短缺、水环境污染、水生态受损情况触目惊心，水安全正在成为新时期经济社会发展的基础性、全局性和战略性问题。

呵 护　　新华社发　商海春　作

“心腹之患”

“每天早晨先把水缸、水桶添满，洗菜水不敢倒，留着冲厕所。”今年下半年的一段时间，北京市通州区马驹桥镇温馨家园等多个小区分时段停水，居民刘女士让儿子特意买几个桶专门储水。

水厂表示，今年雨水少，区域内新楼盘入住人口增加，地下水位降低，供水严重不足。

马驹桥的这一幕，是日趋严峻的城市缺水状况的缩影。

“水资源严重短缺、水环境严重污染、水生态严重受损，三者交互影响、彼此叠加。”环境保护部等七部门组成的联合调研组在对京津冀地区生态环境保护问题开展调研后，如此评价当前京津冀地区的水安全。

史上，京津冀土肥水美。而今，呈现在调查者眼中的是怎样的情景呢？

——人均水资源仅 286 立方米，远低于国际公认的人均 500 立方米的“极度缺水标准”。地下水严重超采，形成了全国最大的地下水漏斗区；

——地表水劣Ⅴ类（丧失使用功能的水）断面比例达 30%以上，受污染的地下水占三分之一；

——平原区河流普遍断流，湿地萎缩，功能衰退。

海河，流经京畿，滋养一方。但 2013 年调查，其主要支流皆重度污染，Ⅲ类以上污染水超过 60%。

京津冀如此，全国亦然。

《2013中国环境状况公报》显示，全国地表水总体轻度污染，其中黄河、淮河、海河、辽河、松花江五大水系水质污染，全国4778个地下水监测点中，约六成水质较差和极差。

再看湖泊。同一份公报显示，国控重点湖泊中，水质为污染级的占39.3%。31个大型淡水湖泊中，17个为中度污染或轻度污染，白洋淀、阳澄湖、鄱阳湖、洞庭湖、镜泊湖赫然在列，滇池水质重度污染。而且，大量天然湖泊消失或大面积缩减，“第一大淡水湖”鄱阳湖和“气蒸云梦泽”的洞庭湖湖面大幅缩小，“水情即省情”的湖北湖泊面积锐减、湿地萎缩。

现实是沉重的——全国657个城市中，有300多个属于联合国人居署评价标准的“严重缺水”和“缺水”城市。

趋势是严峻的——水污染已由支流向主干延伸，由城市向农村蔓延，由地表水向地下水渗透，由陆地向海域发展。

“目前，全国年用水总量近6200亿立方米，正常年份缺水500多亿立方米。随着经济社会发展和全球气候变化影响加剧，水资源供需矛盾将更加尖锐。”水利部水资源管理司副司长陈明说。

世界银行在一份报告中发出警告：用水需求与有限供给之间差距的扩大，以及大面积污染造成的水质恶化，有可能在中国引发一场严重的缺水危机。

这一警告，绝非危言耸听，它正在变成现实威胁。

湖北经济学院院长吕忠梅，从事环境法研究30多年。她一针见血地指出：“雾霾大范围发生，人们经常碰到，因此被称作国家的‘心肺之患’。而水安全问题，正在构成中华民族的‘心腹之患’。”

短视恶果

“发达国家一两百年工业化进程中分阶段出现的环境问题，在我国近30多年的快速发展中集中显现。”环境保护部部长周生贤充满忧虑地说，“作为世界上最大的发展中国家，我国处于工业化、城镇化快速发展过程中，发展不平衡、不协调、不可持续的问题依然突出。”

河北沧县小朱庄村村民朱建勇，看到从地下抽上来的水散发着异味，并呈铁红色，惊慌莫名。村里一家养殖场的主人称，数百只鸡因饮用这样的水相继死亡。

监测显示,村子附近的建新化工厂不仅向河流排污,还向周边沟渠倾倒废渣。这个发生在去年 4 月的生态事件，虽已过去一年多，但村民至今想来，仍心有余悸。

“过去我们沧州挖几米深就能得到地下水，而现在一些地方要深入地下几百米才能抽到水，有时即使抽到也是污染水。”当地一位基层干部说。

只顾眼前利益、注重一己之私——“扭曲的义利观”是造成耗水过度、水质污染的重要社会心理动因。

盲目拉高速度、片面追求 GDP——“被污染的政绩观和发展观”是危害水安全的重要现实“推手”。

环境保护部环境规划院副院长兼总工王金南说：“在水环境形势极其严峻的海河流域，各地都在发展钢铁、煤炭、化工、建材、电力、造纸等高耗能、高污染产业，只顾发展，不管环境。”

水污染加剧多半是人为因素造成的，正是由于人们向大自然无度索取，使得本已稀缺和变脏的水，变得更稀缺、更脏。

根据《全国水资源综合规划》，在全国主要江河湖库划定的 6834 个水功能区中，有 33%的水功能区化学需氧量或氨氮现状污染物入河量超过其纳污能力，且为其纳污能力的 4—5 倍，部分河流（段）甚至高达 13 倍。

全国政协委员、新疆师范大学副校长牛汝极说：“一些地方不顾水资源约束和水环境容量极限，不顾企业是否高污染高耗水，只要是见效快、获利多的项目就争相上马，以求短期内做大 GDP。”

水安全的危急状况，有没有人管呢？这又牵扯到“九龙治水”的体制因素。

资料显示，目前长江流域已建水库 4 万多座，已建和在建水电站超过 2400 座。长江水利委员会有关负责人接受记者采访时介绍，上游水库群涉及多家企业，其调度和管理又涉及水利、电力、交通等多个部门。水库调度运用大都各自为战，在遭遇大洪水或干旱时，有时甚至会放大下游洪水或加剧枯水程度。

“在我国，跨行政区流域水污染事故时有发生，流域统筹协调不力的问题突出。”上海市环保局局长张全说。

吕忠梅用三个“分割”来形容水安全保护立法难以落到实处的原因：一是流域管理上的“条块分割”，二是区域管理上的“城乡分割”，三是同一流域水源功能管理上的“部门分割”。

“这导致水资源的优化配置和有效保护的多重负效应，不利于水资源的统筹、协调管理及可持续利用。”吕忠梅说。

伤痕难以修复、短视必结恶果。

为从根本上控制水质恶化，全国水污染防治费用节节攀升。“十二五”期间，全国重点流域水污染防治投入将达5000亿元，年均1000亿元。虽然国家投入巨大，但水污染问题依然久治不愈。

从1994年开始，养育了全国六分之一人口的淮河流域，成为我国历史上首次大规模流域水污染防治的“先导”。经过20年不懈治理，国家投入资金数百亿元，才算遏制住淮河不断加重的“病情”。2013年，淮河流域国家监测断面中，水质为轻度污染。

太湖同样因为污染问题成为全国重点治理的“三江三湖”之一。2007年无

精彩论述

保障水安全是长期而复杂的工程，必须以依法治水思维破解“多龙治水”之困，以最严格的水资源管理制度和踏石留印的劲头保护、开发、利用好现有水资源，实现天蓝、地绿、水净的美丽中国目标。

——新华社评论员

锡水污染事件爆发以后，政府先后投入800多亿元资金治理，代价不可谓不大，然而，太湖水质仍然不容乐观。

曲格平，中国环保事业的开拓者之一。1972年曾作为中国政府代表团成员出席联合国第一次人类环境会议。

“40多年过去了，水的问题愈演愈烈。”回顾来路、检视当前，这位84岁的老人发出了“锥心之问”——“再不抓紧行动，难道真的要让最后一滴水成为人类悔恨的眼泪？”

无路可退

诚然，水安全问题有天灾因素。水利部门核算结果表明，由于气候变化和人类活动的影响，自20世纪80年代以来，黄河、淮河、海河、辽河流域水资源总量减少13%，从而进一步加剧了北方的“水饥渴”。

然而，天灾难免，人祸可除。面对残酷现实，我们没有退路：

——节水是治本之策。

“当前打好‘水安全保卫战’的关键环节是节水，要从观念、意识、措施等各方面把节水放在优先位置，大力推进农业节水、工业节水、生活节水，加快推进节水型社会建设。”全国节水办公室原常务副主任吴季松说。

统计显示，目前我国万元工业增加值用水量仍为世界先进水平的2至3倍；农田灌溉水有效利用系数为0.52，远低于0.7至0.8的世界先进水平。

——体制改革是关键。

专家认为，针对水资源开发和水环境保护之间的脱节，应加快改革步伐，建立以流域水环境管理为核心的管理体制。

必须发挥好政府和市场各自的作用。水利部部长陈雷表示，加快推行城镇居民用水阶梯水价制度，非居民用水超计划、超定额累进加价制度；开展水资源使用权确权登记，构建全国和区域性水权交易平台，探索水权流转实现形式。

——统筹兼顾是根本。

山水林田湖是“生命共同体”，治水必须统筹兼顾，与治山、治林、治田等有机结合，协调解决水资源、水环境、水生态、水灾害问题。

精彩论述

当前，各地严峻的水安全形势是我们必须重视的“新常态”。相关部门应时刻紧绷保障水安全这根弦，彻底摸清我国河、湖、地下水等水资源新情况新变化，从长远着眼，在科学调研、合理规划的基础上，有针对性地及时启动相关水利工程设施建设。

——新华社评论员

面对地表水、地下水及近海污染的多重考验，加强水环境治理的思路创新迫在眉睫。为此，周生贤等提出实施陆海统筹的生态系统保护修复理念。

——调水是辅助。

专家认为，调水不能作为解决水安全问题的主渠道，而应在严格节水和治水的条件下，辅以适当调水。

“现在一缺水，就想到调水；水质污染了，也想到调水。我们必须转变观念，从向老天爷要水转变到自身节水，小到每个家庭每个人节约一滴水，大到农业耕作方式的改变和工业产业结构的调整。”王金南说。

……

国家高度重视水资源保护和水污染治理，提出了“节水优先、空间均衡、系统治理、两手发力”的治水新思路。今年的政府工作报告也明确提出“坚决向污染宣战”。

一些实质性举措已经相继推出，变化正在发生——

新修订的《环境保护法》于2015年元旦正式实施；俗称“水十条”的《水污染防治行动计划》也在紧锣密鼓制定中；

2014年5月1日起，北京居民实施阶梯水价，3档水价分别为每立方米5元、7元、9元，多用水多负担；

宁夏、江西等7省区正在开展不同类型的水权试点，力争二三年内在水资源使用权确权登记、水权交易流转等方面率先突破；

民间环保组织和社会力量参与，成为一支重要力量："公众环境研究中心"致力于"中国水污染地图"绘制；"绿色江南"致力于太湖流域水环境保护；

"环保问政"正在倒逼政绩考核向"绿色"转轨。

……

水是生命之源，水是梦想之基。

守护水安全，是当代每个人必须肩负的重大责任，任务艰巨、光阴紧迫。

国家出台规划保护365个水质较好湖泊

环境保护部、国家发展改革委、财政部日前联合印发《水质较好湖泊生态环境保护总体规划（2013—2020年）》，提出为保护湖泊生态环境，避免走"先污染、后治理"老路，将对365个水质较好湖泊进行保护。

三部委表示，我国将对水质较好湖泊划分为5个自然分布区域进行保护，即东北湖区、东部湖区、云贵湖区、蒙新湖区和青藏湖区。

自"九五"以来，国家对污染严重的太湖、巢湖、滇池开展了大规模的治理工作，初步遏制了"三湖"水质恶化的趋势，但"三湖"治理效果并未达到理想状态。"随着湖泊流域人口增长和经济发展，特别是近年来种植养殖业、旅游业、采矿业以及沿湖工业和城镇化不断发展，保护'一湖清水'的压力越来越大。"中国环境科学研究院副院长郑丙辉博士说。

专家认为，开展水质较好湖泊生态环境保护，折射出国家湖泊治理的思路有所调整，即既要治劣、更要保优。此举有利于扭转过去污染越重越能得到重视、越能得到国家财政支持的"逆政策效应"，有助于避免重走太湖、滇池等多个湖泊"先污染、后治理"的老路。

郑丙辉分析，从政策侧重点看，规划由过去重点关注富营养化等水质变化，向关注整个流域生态系统健康转变，对水体营养程度变化、湖水咸化、生物多样性变化等生态环境问题予以全面关注；从保护范围看，由过去重点关注东部湖区等发达地区的湖泊或城市内湖，向全国五大湖区广覆盖转变，对西部等偏远地区的湖泊也给予应有重视；从保护资金看，水质较好湖泊生态环境保护项目资金主要由地方为主，中央财政资金视情况予以适当补助，以引导各地积极拓宽融资渠道、创新投融资机制。

规划明确，将优先选择水质较好、重要饮用水水源或具有重要生态功能的湖泊。环保部将参照《重点流域水污染防治专项规划实施情况考核暂行办法》对规划内湖泊水质保护目标进行考核。

短评

正视水安全"新常态"

近年来，我国水安全面临着前所未有的严峻局面：大旱、水污染、"水窝子里没水喝"等涉水"痛点"时常发作。然而，不少江河流域的水利工程建设还停留在20世纪80年代以前的水平，与全新的水情形势严重脱节，不利于保障水安全。正视水安全"新常态"，规划推进新水情形势下的治水工作已是燃眉之急。

古人云，善治国者，必重水利。水利对中国这样一个农业大国来说，是发展的基本保障，是涉及民生的头等大事。新中国成立以来，尤其是20世纪50年代开始的大规模治理河道、修建水库等众多水利工程设施，对减少水患、增加灌溉面积、推动农业生产等都发挥了积极作用，不仅取得显著成效，更体现出我国"集中力量办大事"的优势，一些设施至今还在发挥积极作用。

然而，在不少地区水情已经发生很大变化。如海河流域，不仅曾经通航的大运河已经基本无水，其余多条天然河流也长期断流，导致以往多条为消除水患而修建的工程设施使用率不高；在京津冀地区，人均水资源仅286立方米，远低于国际公认的人均500立方米的“极度缺水标准”；在洞庭湖区，一些市县“水窝子里没水喝”的尴尬局面已持续很久。可以说，水资源短缺、水污染严重、水生态恶化等问题已严重影响城市生态环境，甚至制约经济的可持续发展。

当前，各地严峻的水安全形势是我们必须重视的“新常态”。相关部门应时刻紧绷保障水安全这根弦，彻底摸清我国河、湖、地下水等水资源新情况新变化，从长远着眼，在科学调研、合理规划的基础上，有针对性及时启动相关水利工程设施建设。

水安全“新常态”对相关应对措施提出了不同以往的要求。这要求决策者需要依据最新水情，结合区域内城市发展、人口分布等生产生活需求，及时规划、调整水利工程设施，推动区域内水资源分布空间均衡，在新型工业化、城镇化和农业现代化进程中融入科学治水思维，为区域可持续发展提供水安全保障。

习近平总书记提出的“节水优先、空间均衡、系统治理、两手发力”治水思路高屋建瓴地指出如何应对水安全“新常态”。各级政府部门应按照这一战略要求，充分发挥政府作用和市场机制，扩大投入力度，提高水治理能力，用科学方法和思维保障饮水安全，呵护我们共同的生命载体。

全国水源地水质逾一成未达标　水利部门详解其因

水利部最新调查评价结果显示，通过对4555个集中式饮用水水源地的调查，水质达标率为86%。其中，水库型水源地达标率为90.5%，地下水水源地为80.9%左右，河道型水源地为89%左右，湖泊为65%左右。

水利部负责此次调查的相关负责人告诉记者，地下水水源地水质不达标区域，主要分布在长江以北地区；地表水水源地水质不达标区域，主要在水污染较为严重的流域和地区。

“水源地水质不达标不仅增加制水工艺的复杂性，而且新出现的不达标将造成一些水厂原有净水工艺需要调整，增加建设和运行成本。更有甚者，有的水质不达标问题很难处理，影响水厂的良性运行和用户的饮水安全。”水利部农村饮水安全中心副主任闫冠宇说。

调查显示，我国水源地水质不达标的原因，既有自然因素，一些地区受资源条件限制，水质本底值存在超标情况；也有人为因素，水污染问题严峻，湖库型水源地富营养化问题日趋严重，大量重工业项目布设在大江大河沿岸，江河及周边的流动污染源风险较大，直接威胁水源安全。

据 2013 年水利系统监测资料，全国开展监测的 20.8 万公里重要江河河段中，全年Ⅰ—Ⅲ类水河长占 68.6%，比 2012 年提高 1.6%，但Ⅴ类及劣Ⅴ类河长仍有 20.6%；全国开发利用程度较高和面积较大的 120 个主要湖泊全年总体水质Ⅰ—Ⅲ类有 39 个，占评价总数的 32.5%；开展评价的 5134 个水功能区中，满足水域功能目标的 2538 个，占 49.4%。

水利部称，目前全国仍有部分饮用水源保护区划分方案未获省级人民政府批复，特别是对跨行政区水源地，保护和受益主体不一致，保护责任和管理措施难以落实。水源地保护管理机制和能力有待完善提高，现行相关法律法规可操作性有待加强。随着城市发展、人口和排污越来越集中，水源保护面临更大压力。

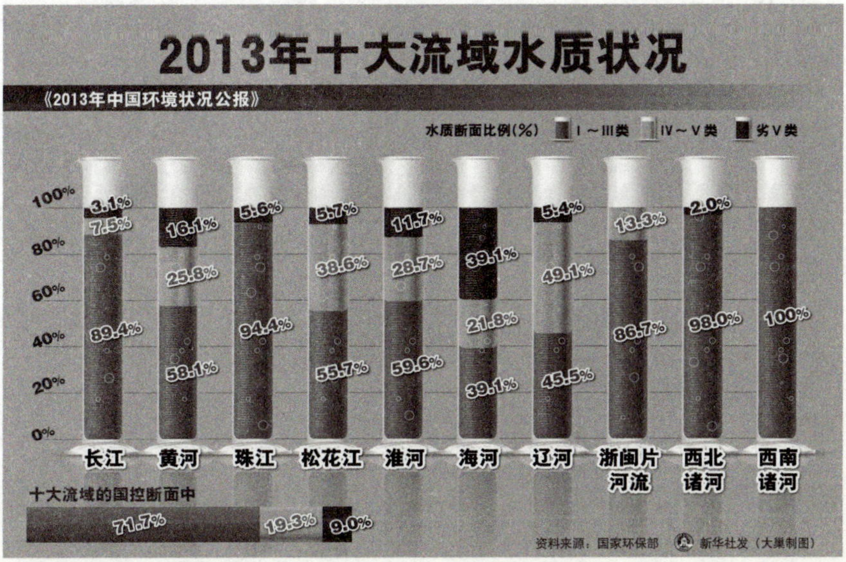

一位全国人大代表的水安全忧思录

“越研究越令人畏惧！”

连任三届全国人大代表的湖北省政协副主席、湖北经济学院院长吕忠梅，是一位从事环境法研究30多年的专家，从2009年开始持续研究中国水安全问题，每年形成几十万字的水资源可持续发展年度报告。记者最近对她作了专访。

“水安全危机必须引起高度重视”

问：水安全问题到底严重到什么程度？

答：以水资源紧张、水污染严重、水污染安全事故频发、水生态系统破坏以及洪涝灾害为特征的水安全危机，已成为我国可持续发展的重要制约，必须高度重视。具体表现在：

一是水资源短缺形势严峻。我国总体上是一个干旱缺水的国家，水资源人均占有量仅相当于世界人均水平的四分之一。在城市化快速推进的背景下，城市缺水范围不断扩大，缺水程度加剧。工农业生产存在大量水资源浪费情况，部分调水工程加剧局部水资源紧缺。

二是水质污染与饮水安全问题突出。全国水质污染状况总体堪忧。以2011年水利部水资源公报公布的数据为例，全国主要流域的I至III类水质断面占64.2%，劣V类占17.2%，其中，海河流域为重度污染，黄河、淮河、辽河流域为中度污染；化肥使用量逐年攀升，农村面源污染压力不断加重，对环境质量产生越来越大的影响；受水质恶化影响，全国居民生活饮水安全形势严峻。此外，地下水超采以及污染带来的公共安全隐患日益明显。

三是重大水环境污染事故频发，严重威胁群众生命财产安全。国内近几年每年发生的水污染事故都在1700起以上。

四是由于围湖造田、筑坝拦汊、填湖造地以及过度城市建设与房地产开发，使水生态空间萎缩，生物多样性减少。

五是经历几次大规模“围湖造田”“围湖造地”运动，影响了湖泊生态平衡，加剧了污染。由于蓄水量下降，水体萎缩，一些湖泊资源丰富地区旱灾频发，生态系统遭受重创。

“理应纳入新型国家安全战略”

问：如何看待水安全问题的战略地位？

答：水安全问题是非传统安全的重要元素，水是生命之源、生产之要、生态之基，是经济社会发展不可替代的基础支撑，是生态环境改善不可分割的保障系统，具有很强的公益性、基础性、战略性。

进一步分析，水安全问题不仅事关农业农村发展，而且事关经济社会发展全局，不仅关系到防洪、供水、粮食等安全，而且关系经济安全、生态安全、国家安全，兼具非传统安全中的经济、文化、社会、生态、资源等多种安全元素，理应纳入新型国家安全战略。

三管齐下确保“水安全”

问：今天该用何种方式确保水安全？

答：按照依法治水的思路，要确保水安全，需要满足3方面要求。

一是完善立法。目前水资源保护法律法规体系尚不完善，与水资源保护法律相配套的法规、条例尚不全面；水权制度也不完善，水权交易在法律上没有明确依据。

二是严格执法。目前存在管理机构和职责不适应水资源保护的现实，导致执法不能或者执法不严，水安全保护立法难以落实的情况较为普遍。其中，既有流域管理上的“条块分割”、区域管理上的“城乡分割”，也有同一流域水源功能管理上的“部门分割”。

三是全民守法。要加强公民环境教育，提倡绿色消费，培养理性消费观。

解决“心腹之患”难度更大

问：解决水安全问题有多大难度？

答：如果说范围不断扩大的雾霾是人们的“心肺之患”，那么包括水污染等在内的水安全问题，就是“心腹之患”。水体一旦被污染，治理和恢复过程比防治大气污染还要困难。

由于覆盖面很广，水污染有时比较隐蔽而不容易发现，加上跨区域管理体制不顺以及面源污染问题，治理起来非常困难，治理时间更长，资金投入会更大。受污染的水一旦被人饮用，会直接进入人体循环系统，影响健康，而且这种危害可能是潜在的与长期的。

警惕最后一滴水是我们的眼泪

问：怎么看未来水形势？

答：专家预计，我国将在2030年左右出现用水高峰，届时全国用水总量将达到上限，供需矛盾会更加突出。

另一方面，全民节水意识不强，生产生活中浪费水、污染水、破坏水现象十分普遍，加剧了水资源供给压力。当务之急是大力建设节水型社会，尤其是水资源较为丰富的南方地区更要引起警觉。

如果不能很好节水、护水、治污，广泛发动人民群众参与，那么人类的最后一滴水真可能就是我们的眼泪。

城市饮水安全三大焦点透视

是什么因素影响饮水安全？如何解决“水脏”“水黄”问题，让百姓喝上放心水？记者近日就此展开调查。

水源缺少和污染已成饮水安全头号问题

兰州、武汉、靖江……短短一个月之内，我国就有三座城市发生饮水安全问题，再次牵动人们的神经。

这只是我国饮水安全环境日益脆弱的一个缩影。近几十年来，因工业发展和城镇化推进造成的水资源过度开发和水污染，已经开始威胁城市千家万户的饮水安全。因为不符合国家水质标准要求，多个省份的水务公司进入了环保部的督查“黑名单”。

水利部资料显示，我国人均水资源量仅为世界人均水平的四分之一，全国年平均缺水量高达500多亿立方米。水资源分布不均，北方缺水尤为严重，淮河流

水“惑” 新华社发 商海春 作

域及其以北地区的国土面积占全国的63.5%，但水资源仅占全国的19%。

国际公认的极度缺水警戒线是人均500立方米，而北京、天津等城市的人均水资源量不足200立方米。

北京市政府门户网站“首都之窗”显示，目前北京居民喝的每三杯水中，就有两杯为地下水。而令人不安的是，据北京市水务局数据，北京地下水位已由1999年的平均12米左右下降到2010年的平均24米左右，在北京地面上已形成2650平方公里沉降区。

出于对饮用水安全的担忧，越来越多的城市人开始更多地饮用桶装水、瓶装水，使用过滤器、净水器……然而，市场上层出不穷的净水装置也难以让人安心。

饮水安全的前提是水源安全。“但现在好水越来越少，水源地水质变差，令人忧虑。”清华大学环境学院水业政策研究中心主任傅涛认为，要解决饮用水安全问题，首先要从源头抓起。

目前全国有400多座城市缺水，其中110座严重缺水。除了水少，水还在变“脏”，让自来水水质雪上加霜。

记者调查中发现，生态补偿机制尚未建立，也让水源地地区面临水资源保护和经济发展的两难选择。发源于江西安远县的东江一路南下，惠泽河源、惠州、东莞、广州、深圳、香港，约4000万人的生活用水依靠东江。然而，这个稀土、钼矿、电气石储量丰富的小县城，为了保护东江源，至今未能摘掉国家重点扶持贫困县的帽子。

在供水能力方面，一些地区尤其是西南地区水源工程建设严重滞后，工程性缺水问题十分突出。西北等地资源性缺水问题长期得不到解决。

在一些地方的水源地，由于上游和沿岸保护红线范围内并未实施有效保护，水源地周边垃圾遍地、矿山私采乱开，水面开发旅游、网箱养鱼，水质遭到严重污染。还有一些企业将没有经过处理的超标污水直接排入河流，造成水源污染。

供水管网“二次污染”造成“最后一公里”安全隐患

“水源、供水企业、二次供水是饮用水安全的三个关键环节。供水管网的‘二次污染’也是影响城市供水质量的重要因素。”傅涛说。

即使水厂的出水水质合格，但在输水过程中，仍可能遭受“二次污染”的威胁。

水源变差，就需要自来水水厂采取多种措施保障水质。

2012年7月1日起，我国开始强制实施新版的《生活饮用水卫生标准》。这一标准被业界称为“堪比欧盟，甚至有些指标超过欧盟标准”。在106项强制标准下，各地都采取措施力求达标。然而从20世纪90年代后期，政府在供水领域投入不足，导致城镇自来水管网中，相当数量的不达标管网长期运行。

南昌水业公司投入一千多万元用于添置满足新国标需求的检测设备，经检测其出厂水质达标。但仍有不少南昌市民反映，水里有异味难以饮用，有关部门发现，问题就出在二次供水管理和设备上。

放眼全国，尽管进行了大范围的管网改造，但仍有不少低质管网和超年限服役管网。在长期使用过程中，老旧水管易腐蚀、结垢，产生微生物细菌种子，与水中营养物发生反应，形成“二次污染”。

据业内调查，个别城市的供水设施使用年限已接近甚至超过50年，跑冒滴漏现象普遍。因管网老化或挖掘破坏而造成的爆管事故等也时有发生。在北京，老城区管网漏损率达15%至20%。

由于市政供水管网压力不够，一些老旧小区六层以上的建筑都需要借助二次加压实现供水，有些二次供水水箱处于无人看管状态，常年未清洗、消毒或未盖加锁，影响了水质。

水龙头铅超标也是一个隐患。温州市家庭作坊生产的“毒水龙头”被曝光，经检测其锌含量大大超出国家标准。

目前，我国二次供水设施的监管法规仍是空白。但在《全国城镇供水设施改造与建设“十二五”规划及2020年远景目标通知》中，记者看到有4100亿元投资将用于加快推进城镇供水设施改造与建设。

谁来保障饮水安全?

保障饮用水安全是保障和改善民生的基本任务，一旦发生水质污染，谁来保证饮水安全?

专家认为，解决饮用水安全问题的根本在于确保饮用水水源地安全。

中国科学院生态环境研究中心研究员王子健认为，在重要水源地，应加强监测，建立完善的预警系统。

备用水源地建设对城市极其重要。在兰州苯污染事件中，由于兰州本地没有备用水源，使得保障饮水安全难上加难。

由于缺水，很多地方没有能力建设备用水源地。在北京，应急备用水源已经作为常态使用。

除了建设备用水源，饮用水安全事件还警示各地应加强日常水质管理。供水企业应对一定时期的水质状况进行分析，对水环境发生的影响变化进行检测，按照需要适时给出变化的警戒信息及相应对策。

“国家应建立饮用水安全信息统一公布制度。”中科院政策与管理科学研究所副所长王毅说，一旦信息公开制度形成并成为常态，在出现水质污染时便可有效应急，将危险降到最低。

2013年初，住建部下发通知，要求各地供水企业在年底前建立水质信息公布制度，加快水质信息公开，接受社会监督。同年1月15日，北京市自来水集团首次在官网公布自来水水质信息。

为应对南水北调水进京后可能存在的“水黄”，北京自来水集团正筹建应急饮用水储备中心，将储备3万桶桶装水、80万瓶瓶装水，能够满足50万人一天的基本饮水需求。

“为保障饮用水安全，制定专门法势在必行。”全国工商联环境商会秘书长骆建华认为，饮用水安全管理法律体系亟待健全，应尽快制定《饮用水安全法》，对水源地、水输送、水生产、水消费等都作出规范。

《全国城市饮用水安全保障规划(2006—2020)》提出，到2020年，国家将全面改善设市城市和县级城镇的饮用水安全状况，建立起比较完善的饮用水安全保障体系。

环境保护部曾先后启动了全国城市、城镇和乡镇集中式饮用水水源地基础环境状况调查工作，同时加大了饮用水水源地保护的执法监督力度。

目前我国已有《重点流域水污染防治十二五规划》《全国地下水污染防治规划（2011—2020年）》以及《水质较好湖泊生态环境保护总体规划（2013—2020年）》。

令人欣慰的消息是，环保部正会同有关部门紧锣密鼓地编制《水污染防治行动计划》并组织实施，重点是保护饮用水水源地、水质较好湖泊等高功能水体，消灭劣V类等污染严重水体，加强饮用水环境安全保障，开展集中式饮用水水源地和规划考核断面水质监测。

中国工程院院士王浩说，自来水从水源地、水厂、管网到用户家中，都要有相应的管理规范，政府、企业、公众包括物业公司均须负起责任。

短评

用法治破解“多龙治水”之困

饮用水污染、水生态破坏、地下水枯竭……当前，我国越来越多地方遭遇水安全问题，水安全已成为实施可持续发展战略不得不面对的一道坎。水安全既关系到人们的生活，也关系到工农业生产，要想彻底迈过这道坎，必须破解“多龙治水”的格局，以法治手段增强管理部门“一盘棋”的意识以及治理效果。

兰州、武汉、靖江……2014年4月10日至5月9日，一个月之内，我国就有3座城市因饮水问题牵动公众神经；国内一些原本水资源丰富、景色秀丽的地方，经过几十年的发展，虽然经济实现快速增长，却耗费了极大的环境成本。发展带来的环境“牺牲”之中，水安全首当其冲，一些地区的水资源要么极度匮乏，要么严重污染，陷入了人民生活和工农业生产“叫渴不迭”的窘境。

这种现象大量存在，不外乎一些地方陷入发展“误区”。相比于矿产、森林等资源，水资源变化速度快、影响范围广，水安全管理也具有明显的跨区域特征。但在水安全治理上，一些地方没有把本区域对发展的需求、对水资源开发的力度放在全局和整个流域的角度去考虑，应对政策措施自然局限于一城一地，缺乏统筹协调与联动。

以简单的河流管理为例，不少河道是行政区划的天然界限，河道两侧属于不同城市管理，即使在同一城市，水利、交通、园林、环保等多个部门都负有责任。然而，都负有责任往往意味着都不负责任，让一些部门有了“踢皮球”的空间，阻碍了整个河道的统一规划、统一治理，反倒有越治越污的趋势。

水多了、水少了、水脏了，都会带来水危机；无论是部门分割所带来的“多龙治水”，还是地区分割所带来的“多龙治水”，都会使水危机加剧，解决的正确路径只能是依法治水。要在法治的框架内，对管理者业已习惯的条块分割格局“动动刀子”。

说到底，条条块块的扯皮无非为了争“利”躲“责”，而“一盘棋”意识恰恰能够从区域、流域层面对水资源和有关建设进行统一规划、进一步细化权责。不仅仅包括全国范围内的水资源调配，大江大河流域的全面治理，也要对小流域河流、小面积湖泊进行统筹规划，划定“红线”，以改变当前普遍存在的各自圈水、不顾下游的现象。

中国水问题的治理与水危机的消除，最终只能走法治之路，只有以强有力的涉水良法作基础，才能真正解决部门分割和地区分割所造成和加强的治水难题。20多年来，我国先后颁布了水法、环境保护法、水污染防治法等法律法规。接下来，还需要各地、各流域依照情况制定相关的流域水环境工作条例、“河长制”原则等，建立起水安全法律体系，为依法治水实现法律保障。

把“绿水青山”兑现为“金山银山”，就要将水安全上升到国家安全的高度加以认识。保障水安全是长期而复杂的工程，必须以依法治水思维破解“多龙治水”之困，以最严格的水资源管理制度和踏石留印的劲头保护、开发、利用好现有水资源，实现天蓝、地绿、水净的美丽中国目标。

35. “垃圾围城”怎么破?

——聚焦“垃圾围城”

不管你是不是一名环保主义者，不管你承不承认物质不灭和能量守恒定律，在垃圾这个问题上，你都深深参与其中，你是重要的一环。你是垃圾的制造者，处理不当的话，也注定是受害者。

“垃圾围城”六大焦透视

随着城镇化的加速推进，“垃圾围城”愈发成为城市发展之痛。

垃圾处理形势究竟怎样？应该怎么看待垃圾焚烧？垃圾分类难在哪里？“垃圾围城”能否得到缓解？围绕这些热点话题，记者专访了中国城市环境卫生协会有关负责人。

垃圾处理设施能力不足问题愈发凸显

问：怎么看“垃圾围城”现象？

答：在我们看来，“垃圾围城”是一个形容词，形容当前垃圾处理工作面临严峻形势。2012 年全国城市生活垃圾清运量达到 1.71 亿吨，比 2011 年增长 700 万吨，增长速度有增无减，总量很大。超负荷运转也大大缩短了垃圾处理场的寿命，设施能力不足问题愈发凸显。针对这种情况，2011 年，国务院常务会议专门研究了垃圾处理问题，出台了《关于进一步加强城市生活垃圾处理工作的意见》，提出了运用综合手段，全面解决垃圾处理问题。这一意见是垃圾处理的一个纲领性文件，目标任务已经明确，下一步依靠各级政府认真落实。

垃圾处理能力的增长超过产生量的增长

问：“垃圾围城”现象能否得到缓解？能否给出一个时间表？

答：目前，我国垃圾处理水平有所提高。2012 年我们受住房建设部委托，承接了生活垃圾处理设施等级评定活动，累计有 490 座填埋场达到无害化处理要求，约占全国填埋场总数的 84%。

尽管垃圾增长速度很快，但是目前垃圾处理能力的增长已经超过了产生量的增长，据我们所知，2012 年国务院办公厅印发《“十二五”全国城镇生活垃圾无害化处理设施建设规划》，这是第一次以国务院名义出台的垃圾处理设施建设规划，总投资达到 2636 亿元，新建处理能力 39 万吨／日。2013 年，全国设市城市生活垃圾无害化处理能力达 44.6 万吨每日，比 2011 年提高了 9%，无害化处理率 84.8%，比 2011 年提高近 5 个百分点。按照这个增长速度，“十二五”末设市城市无害化处理率达到 90%的目标可以实现，处理设施能力不足问题是能够明显缓解的。

当然，这需要全社会的努力。政府要持续加大投入，完善相关标准，制定健

精彩论述

破解垃圾围城困局，政府责无旁贷。这不仅意味着政府要将更多的公共财政资金投向垃圾处置，要以更严谨的态度和更负责任的决策来制定垃圾处理政策法规、布局垃圾处置设施，更要求政府以对人民群众根本利益负责的态度，铁腕治理垃圾处理问题，把相关政策措施真正落到实处。

——新华社评论员

全规范，加大设施建设力度，加强监管；企业要高标准运行，把握企业利润与公共利益的平衡；其他社会组织和公众要积极参与，出谋划策和监督，大家都朝着一个解决问题的方向努力。

焚烧技术是解决垃圾问题的理性选择

问：目前，一些城市大量建设垃圾焚烧厂，而一些群众反对在周边建设，究竟应该怎样看焚烧这种处理方式？

答：与一些发达国家相比，我国填埋比例偏高，焚烧比例较低。填埋为主，意味着要不断占用土地资源。一些城市特别是东部沿海地区和特大城市已没有土地可供填埋，采用焚烧技术是当前解决垃圾问题的理性选择。

焚烧处理方式已经在国外发展了 100 多年，技术成熟。我国从 1988 年开始引进国外先进的垃圾焚烧处理技术，经过 20 多年的消化和科技攻关，已经基本掌握国外主流的焚烧技术，主要装备实现了国产化。从目前已经建设运行的设施来看，去年检查的 54 座炉排炉型焚烧厂全部通过了无害化评定，其中评定为 A 级以上的占 93%，是可以达到无害化处理要求的。在“十二五”规划中也明确提出了垃圾焚烧处理能力要占全国处理总能力的 35%以上，东部地区要达到 48%以上。今后，焚烧处理将在我国垃圾处理系统中占重要地位。

垃圾焚烧产生的二噁英可知、可防、可控

问：垃圾焚烧产生的二噁英如何处理？

答：二噁英是可知、可防、可控的，它的主要来源不是生活垃圾焚烧，在焚烧炉内充分燃烧是减少生成的根本，同时可以通过布袋过滤、活性炭吸附等技术措施，有效减少二噁英的排放。而规范的焚烧设施建设运行，实际上是大大削减了二噁英排放。目前我们已经有了较健全的建设、运行、维护、评价标准，国内外的排放标准都是安全的。我们不可能最终消灭二噁英，但我们可以在综合考虑环境、经济、人体健康风险等多种因素的情况下采取措施，减少二噁英的排放。

垃圾分类开始起步

问：尽管一些城市推行垃圾分类，但是实际执行情况并不尽如人意。从全国来看，垃圾分类进行得如何？

答：垃圾减量分类工作已经开始起步。各方普遍认识到垃圾分类是全社会的工作，要从每个家庭、社区和单位做起，减量分类工作与经济社会发展、国民素质和勤俭节约的消费理念紧密相关，现阶段应着重考虑设施建设和源头减量。

垃圾分类推进五大难点

问：您刚才提到垃圾分类工作开始起步，推进这项工作主要难在哪？

答：一是对垃圾分类的认识还不一致，大家普遍有了认识，但路径、技术路线还不是非常清晰，我们的“拾荒大军”和废品回收体系已经把垃圾总量的20%至30%回收了。

困 局　　新华社发　徐骏　作

二是分类意识变成自觉行动还需要时间。由于垃圾分类的行为对于个人来说是可做可不做的事情，专门分类反而会多花时间和精力，多数人都会把垃圾分类的行为无限期延迟，理由有很多，诸如不理解垃圾如何分类、没有时间、垃圾后端不配套而缺乏信心等。

三是缺乏垃圾分类的协作机制。在推进垃圾分类过程中，相关单位和部门之间的配合度不够，垃圾分类工作单靠一个部门完成难度很大。

四是缺乏相应的经济政策配套支持，资金缺乏保障，很多城市实行垃圾源头分类后，后续的分类收运车辆、处理处置设施配套较困难，导致垃圾分类后又集中运输和处理处置，使居民的分类收集热情大大受挫。

五是缺乏约束机制。由于垃圾分类还未形成固有的社会行为规范，对公众垃圾不分类的行为，除了监督和规劝，找不到其他更有效和有力的措施。2013年9月，国务院印发《关于加强城市基础设施建设的意见》，就垃圾处理问题提出了明确要求，提出要开展垃圾分类示范城市，相信垃圾分类工作将会有大的进展。

垃圾困局，你是制造者也是埋单者

不管你是不是一名环保主义者，不管你承不承认物质不灭和能量守恒定律，在垃圾这个问题上，你都深深参与其中，你是重要的一环。你是垃圾的制造者，处理不当的话，也注定是受害者。

面对垃圾，第一次感到灵魂深处的震撼，是2009年和摄影师王久良一起踏访北京的“野垃圾场”。冬天的北京没有树叶，凄厉的北风吹过，垃圾场周边的树枝上挂满了五颜六色的塑料袋，像嘲笑我们的妖怪。

塑料袋、包装盒、玻璃瓶、牙刷、衣裤、泡沫板、馒头、蛋糕、炸鸡腿、电池、粪便……许多你生活中熟悉的物品，以一种不熟悉的形态展示在你面前，它们山一样堆在那里，淌着黑水，散着恶臭，一天比一天腐烂。

挑战你神经的还不是气味，是在垃圾上寻找食物的羊和鸡。每天上午10点多，放羊的村民赶着羊准时路过，羊群欢叫着冲上垃圾场，翻捡头天夜里城里人留下的“垃圾盛宴”；而鸡的步伐更加从容，它们不需要着急赶路，天黑前的时间足够它们享受美餐。距离垃圾堆不远，是一片藕塘，这里的莲花出自垃圾水滋养的淤泥想不染怕也不行了。

若干天后，这些莲藕、鸡和羊，也许会香喷喷地出现在你的餐桌上，开始它们生命中的下一个轮回。

王久良说：“就是从看到这些的那一刻起，我就发誓吃饭绝不剩下一粒粮食，绝不用一次性用品。”

四年后，又一次关注“垃圾围城”，有喜有忧：

在政府和民间的共同努力下，北京的“野垃圾场”还有，但已经很难找到了，乡村也有了垃圾回收体系。

正规垃圾填埋场上空盘旋的秃鹫没有了，恶臭也小了很多。因为采取了“全覆膜分隔掩埋”，通俗地说，就是将垃圾压缩后用塑料膜打成一个个“3米×3米”的大包，像包饺子一样一层一层堆起来。但垃圾渗滤液的问题也越来越凸显了，在阿苏卫垃圾填埋场外，二德庄村边的小河散发着恶臭，黑色的污水顺流而下直接流入温榆河，而温榆河畔是北京的豪华别墅区。

垃圾焚烧厂、餐厨处理设备越来越精良，在终端园区确实很难闻到垃圾的腐臭，但垃圾分类收集和运输的脚步却依然迟缓，垃圾运输车辆的密闭和气味仍然令人担忧。所以，不要以为你住别墅吃喝“高大上”就可以不为环境污染所累，不要因为你不用付费就随意扔掉垃圾而自得，不要因为你偷懒不对垃圾进行分类也没人管而放肆。垃圾困局，你是制造者，也是埋单者。

起步起了20年：垃圾分类缘何踏步不前

2014年，北京市非居民垃圾处理费从过去的每吨25元上调为300元，增幅达11倍，明确释放出政府管理部门希望依靠市场化手段推进垃圾分类和减量的决心。

早在20世纪90年代，国内众多城市已经开始提倡垃圾分类收集处理。1993年，北京率先制定《城市市容环境卫生条例》，对“城市生活废弃物逐步实行分类收集”；2000年，北京、上海、广州、深圳、杭州等8城市被列为全国首批生活垃圾分类试点城市……

然而20年后的今天，记者站在北京最繁华、最时尚的CBD国贸核心区，随意打开建外SOHO社区的分类垃圾箱，看到的依然是废纸、饮料瓶、牛奶包装、塑料餐盒和食物残渣的共生体。除了定时来翻捡饮料瓶的拾荒者，你很难判断哪些垃圾能够被回收和再利用。

20年来，政府投入巨资试图引导居民对垃圾进行简单分类，使它们能够被资源化利用。但垃圾分类的尝试在国内多个城市至今仍然处于原地踏步的窘境，没有被居民接受，长期处于“试行”状态。是居民素质问题，还是垃圾处理收费过低？是政府监管不力，还是产业链生态失衡？在两个多月的调研中，记者试图求解垃圾分类困局。

孙大妈的困扰：期待分类管理精细化

孙大妈住在北京市东城区一个垃圾分类试点小区。小区每个单元门口，都摆着三个一米多高的垃圾桶。按照墙上的分类指示，绿、蓝、灰三个垃圾桶分别装厨余垃圾、可回收垃圾和其他垃圾。

在孙大妈看来，小区内阻碍居民生活垃圾分类的因素，至少有四层：

“小区刚开始推行垃圾分类的时候，是绿、蓝、黑垃圾桶各一个，但据我观察，离单元楼口最近的那个桶总是最先装满，然后人们才会多走一步扔其他桶。”孙大妈告诉记者，“像我这样进行认真分类的居民，常常看到厨余垃圾桶爆满，不得不扔到其他垃圾桶里。”

后来，孙大妈发现单元门口的垃圾桶变成了两个黑桶，一个蓝桶；而地下停车库的垃圾桶则变为两个绿桶。“也不知道是环卫运输垃圾时调换的，还是桶坏了换的，反正不管哪个桶，里面的垃圾都没有分类，环卫来了也是一车拉走”。

“每天都有拾荒者来翻捡垃圾中的纸板、饮料瓶等，他们在翻捡时，图省事，把这个桶的垃圾翻出来，留下有价值的，剩余的就手扔进另一个桶，这样一来，即使原先分好类的垃圾，也全乱了。”孙大妈说。

仔细勤俭的孙大妈每天会把家里的废纸盒、饮料瓶、易拉罐等“可以卖钱”的垃圾留下来，一个月卖一次。但这个好习惯遭到了儿子、媳妇的反对，“一个饮料瓶几分钱，一斤废纸三、四毛钱。一个月卖不了十块钱，又占地方。”

像这样流于形式的垃圾分类试点小区在北京、广州、上海等许多城市普遍存在。广州市城市管理综合执法局局长危伟汉介绍，2013 年广州市城镇社区基本开展了垃圾分类推广，但开展较好的小区仅为 30%，“很多街镇流于形式，没有进展”。

在上海，杨浦区的建德国际公寓是上海市选定的试点小区之一，但居委会的工作人员透露，虽然志愿者会对分类进行指导，但居民自觉将家中干湿垃圾分类的比例只能达到 30%至 40%。

在民间环保组织“宜居广州”总干事“巴索风云”看来，很多居民不是不知道要对垃圾进行分类，而是嫌麻烦，而且垃圾种类太多，搞不清哪些可再生，哪些不可回收。“巴索风云”告诉记者，经过抽样调查发现，87%的人知道所在小区在做垃圾分类，但知道垃圾分四类的只有20%多，能回答如何分的只有7%。垃圾分类工作目前主要依靠街道和社区去做，但这只是他们工作中很不重要的一环，也没有严格的考核机制。

面对没有被分类的垃圾，焚烧厂或填埋场也没有更好的办法。“垃圾被送到这里后都是混在一起焚烧。”北京高安屯垃圾焚烧有限公司负责人告诉记者，在北京，每天产生垃圾1.77万吨，其中一半焚烧、生化处理，另一半直接填埋。中国资源利用协会秘书长王吉位认为，这些被焚烧或填埋的废弃物，如果前期分类得当，相当一部分是可以被利用的。

鸿 沟　　　　新华社发　朱慧卿　作

“一说到垃圾分类，许多地方都会在居民小区摆放分类垃圾桶，在单元门口贴张告示，却从不调查一下小区每天的各类垃圾有多少，年轻人和老年人扔垃圾的习惯有什么不同，垃圾桶是否应该按照各类垃圾量的多少来设置，拾荒者能不能利用起来，环卫一天该何时清运？”中国城市建设研究院总工程师、垃圾问题专家徐海云认为，“做好垃圾分类的前提是垃圾管理精细化。”

“蚂蚁雄兵”折戟羊城：期待分类收集正规化

想利用拾荒大军这支垃圾分类有生力量的不仅仅是徐海云。广州市分类得环境管理有限公司总经理杨静山，2008 年从 IT 公司老板改行进入垃圾分类领域，与越秀区东山街开展垃圾分类合作。他把自己的计划称为“蚂蚁雄兵”，希望利用市场化手段收编“拾荒大军”和“收卖点”，将垃圾利用产业化、规模化。他一度收编了东山街的 100 多个“收卖佬”（拾荒者），获得了良好的经济效益。

然而，截至目前，杨静山只发展了 2 个街乡，“差不多要放弃了”。

当时他相信，政府早晚会扶持垃圾回收，但期待中的政府补贴并没有到来；而且因为无法找到更多愿意合作的街道社区，生产规模上不去，企业盈利很艰难。

杨静山认为，“垃圾”是能出效益的，按照他的构想，盈利来源主要有四个：一是厨余垃圾处理厂；二是旧服装处理厂；三是有毒有害垃圾处理厂；四是街道的广告经营。他希望通过垃圾减量的成果获得政府补贴。“目前政府处理一吨垃圾要给焚烧厂和填埋场补贴，如果我减量了，也应该有补贴。”

杨静山希望能在尽可能多的社区建立自己的垃圾分类服务点，这样就不会面对无垃圾可收的困境了。“所有的低价值垃圾，例如旧衣服、玻璃瓶，目前都没有建立回收体系，直接送去焚烧或填埋。一旦形成规模，这些东西都是有利用价值的。广州一年要淘汰 300 万—400 万部手机，由于没有规模化收集，根本无法处理。”

杨静山试图与其他街道建立合作关系以扩大生产规模，却屡屡碰壁。“街道没有积极性，城管委说我没有资质，政府的补贴更是没有影子。”

杨静山的命运在垃圾分类回收行业中具有代表性。早在 20 世纪 50 年代，中国的城市垃圾分类十分先进，大街小巷都有“废品回收站”，然而这套废品回收体系在 20 世纪 80 年代末慢慢萎缩。

这种萎缩换来的是民间“拾荒大军”的崛起。20 世纪 80 年代末，来自四川、河南、安徽一带的农民，把“从垃圾堆里掘金”的事业做得风生水起。据不完全统计，广州有拾荒大军 10 万人，在北京，这个数字超过 16 万人。可是，他们一直被城市管理者视为“小商小贩”，受到打压，因此这股垃圾分类回收的力量一直得不到发展壮大，导致目前许多垃圾流向“黑作坊”，造成环境污染、地沟油泛滥。

记者在北京市探访了多家废品回收站后发现，这些回收站普遍存在无资质名称、随意排污、圈地收费和消防隐患等问题。在位于通州区马驹桥镇的北京聚宝库废旧物资回收公司，记者看到数千平方米的土地被分割出租给数十个废品回收小作坊，塑料、废铁等露天摆放堆积成山，远在百米外就能闻到空气中的恶臭。小作坊的经营者直接清洗粉碎塑料垃圾，产生的大量废水未经处理直接排放到附近河流，黑色的河水泛着泡沫。

同样的情景也出现在位于昌平区歇甲村的北京恒丰物资回收有限责任公司。在一个塑料回收小作坊内，十多名工人正忙碌地将堆积成山的饮料瓶粉碎，作坊老板见到记者十分激动："我们在做循环经济，却天天被驱赶、关停。"

据国际食品包装协会秘书长董金狮介绍，这些小作坊将塑料瓶粉碎清洗后，再卖给一些小厂或黑作坊，用来制作"毒餐盒"等。而像北京盈创这样正规的、国内唯一能够生产食品级再生聚酯切片的企业，却常年苦于收不到足够多的饮料瓶。

同样的一幕也在厨余垃圾领域上演，记者在北京朝阳循环经济园区调研发现，高安屯餐厨废弃物资源化处理中心有 5 条生产线，日处理能力达 400 吨，但由于收不到足够的餐厨垃圾，目前仅开通了 2 条线。与此同时，北京的许多餐厨垃圾却在夜幕中流向城郊"养猪场"。

据国际食品包装协会对北京市 15 个规模较大的废品回收场站调查，仅 3 个回收站在工商信息网能查到营业资质，其余 12 个回收站不挂门牌，开办者"像是圈地收费的地主"，公开对外"招商"，管理混乱，污染严重。

徐海云认为，政府部门对民间垃圾回收从业人员和废品收购站的监管出现真空，导致垃圾分类回收体系不完整，城市建设中缺乏专门的垃圾分类场地，造成环境再次污染。

"很多地方热衷于申请动辄上亿元的垃圾处理场工程，对只需要几百万甚至几十万元就可以开展的生活垃圾分类回收体系建设缺乏兴趣，甚至有畏难情绪，这是典型的本末倒置。"徐海云说，"此外，过度依靠政府投入的垃圾分类处理模式也难以为继。"

200 克茶叶 3000 克包装：期待分类减量源头化

一个不足 10 克的 U 盘，纸板和塑料膜的包装接近 100 克；一盒 250 毫升、2.5

元的牛奶，其包装成本约为 0.5 元，包装材料由纸、塑料、铝箔复合 6 层；一盒净重 200 克的茶叶，其木质包装盒重达近 3000 克，包装物有铁盒、塑料纸、纸张、塑料泡沫、丝绸等……

这些每天都在我们身边发生的小细节，带来了诸多后期无法分类和处理的垃圾。

以最常见的利乐牛奶盒为例，董金狮告诉记者："除了利乐公司自己在艰难回收外，根据我们调查，国内能回收的利乐产品只有 10%至 15%，近 90%进行填埋或者焚烧，而在欧盟国家，利乐产品的回收率在 70%以上。"据测算，在我国如果将利乐包这样的复合包装，全部再生利用，每年至少可以节约 9000 吨原生纸浆，2400 吨塑料，600 吨铝，还有大量的填埋空间。

然而，因为将金属、塑料和纸分离需要耗费巨大的成本，所以国内一般的造纸厂不愿意回收复合纸板材料。"也就是说，如果一个纸盒外面贴了胶带，一张纸封了塑料膜，就基本不能再利用了。"董金狮说。

北京市东城区广渠门内一个废品回收点的邓师傅告诉记者："易拉罐 1 毛 1 个、饮料瓶也 1 毛 1 个，废报纸 4 毛一斤，这种牛奶盒、塑化压膜的纸板不值钱，厂家不收，酱油瓶、玻璃瓶都不值钱，只能当垃圾。"

董金狮告诉记者，商品包装通常会在设计上追求色彩鲜艳夺目，在材质上追求多种材料复合，而华丽包装产生的彩色油墨和复合物非常不利于回收处理。相反，越是简单、透明的包装就越好分解，对于消费者来说卖废品时也越值钱。

然而，即使是简单包装，浪费也是惊人的。徐海云给记者算了一笔账，目前我国一年约生产 12 亿件衬衫，其中 8 亿件是盒装，8 亿只包装盒需要用纸 24 万吨，如果以直径 10 厘米的大树计算，7 棵树才可以制 1 吨纸，8 亿只包装盒就相当于要砍伐 168 万棵大树。仅衬衫包装一项，消费者一年就"用"掉一大片森林。而包装衬衫所用的纸盒，在全部商品包装中只是九牛一毛。现在我国每年包装产量达 3000 多万吨，而总体回收率还不到 30%。

专家指出，城市生活垃圾里面有三分之一都是包装性垃圾，中国已经成为世界上过度包装情况最严重的国家，包装废弃物体积占固体废弃物一半，每年废弃价值达 4000 亿元。而我们身边的诸多包装物，材质涵盖了纸类、塑料、金属、玻璃、陶瓷、木材、水晶及复合材料等，多为非环保材质，无法再利用。不少产品包装中还有大量缓冲材料和填充料。因盒子体积大、形状各异等原因，使得回收利用的运输仓储成本都较高。

在北京，每吨生活垃圾的处理费用已高达400至500元，每年处理垃圾的费用高达20多亿元，政府每年要拿出巨额资金补贴垃圾处理。“如果减少不必要的包装，每年可节省数亿元。”北京市市政管委固体废弃物管理处处长李向东说，“尽管对居民生活垃圾进行计量收费尚无时间表，但垃圾减量的观念应该在全社会树立。”李向东说，垃圾管理一直遵循的优先次序原则是“减量、再利用、再循环”。首要的是在源头减量，这个源头不仅仅是居民家中进行垃圾分类，更应该追溯到产品生产商。针对五花八门、种类繁多的包装垃圾，当务之急是完善绿色包装强制标准，加强监管，对不执行标准的企业严厉处罚。商家生产产品时，就应该将垃圾处理、资源再利用考虑进去，如果包装不是环保材质，按照“谁污染、谁付费”的原则，就应该缴纳环境税用于垃圾处理。

垃圾焚烧“中国式困境”调查

不是危言耸听，我们的生活已被垃圾包围。

北京，日产垃圾1.8万吨；上海，日产垃圾1.9万吨；广州，日产垃圾1.8万吨……在中国，一座座垃圾山疯狂侵蚀着人们赖以生存的土地资源。

“垃圾围城”困境怎么破？减量化、无害化、资源化是业界公认的最终出路，而减量化是先决基础。早在2000年，当时的建设部就确定北京、上海、南京、杭州、桂林、广州、深圳、厦门为“生活垃圾分类收集试点城市”。14年过去了，试点依旧还在试点。“垃圾减量分类工作已经开始起步”，中国城市环境卫生协会有关负责人的表述耐人寻味。

对于每个人来说，垃圾分类会多花时间和精力，但在人类共同的生存环境面临巨大挑战时，一切理由皆不成为理由。垃圾分类是全社会的共同但有区别的责任，个人、家庭、社区和政府无一可袖手旁观，需要全社会再造一套科学、可操作的行为规范。

图为工人在溧阳天山水泥厂的生产控制大厅对垃圾生产水泥过程进行监控。（2015 年 1 月 8 日摄） 新华社发 邓佳 摄

20 多年前的台北市，也存在严重的垃圾问题：企业乱排污、百姓乱扔垃圾。从环保教育入手，倡导前端垃圾分类投放，十余年如一日，台北居民遵守着严格的垃圾分类制度，自觉将家庭垃圾分成资源、厨余和一般垃圾，在指定时间丢弃。1999 年，台北市家庭垃圾量为每天 2970 吨，到 2012 年降至每天 986 吨，减幅达 66%；资源回收率则从 2.4% 提升至 47.7%。台北垃圾处理方法入选上海世博会“城市最佳实践区”。

一个个案例，说明“垃圾围城”病并非无药可解。关键是要站在资源循环利用、建设美丽中国高度，下定决心，作为一个系统工程加以推进：一方面，政府责无旁贷，应将更多公共财政资金投向垃圾处置全过程，以更严谨的态度和更负责任的决策来制定垃圾处理政策法规、布局垃圾处置设施；另一方面，需要全民参与，从垃圾分类、减量开始，再加上焚烧等技术的采用、资源回收率的提高，垃圾围城难题终将被破解。

电子垃圾，日本的“稀有金属矿”

在日本一些手机商店，人们可以看到这样的场景：工作人员接过顾客递过来的旧手机，手脚麻利地操起专用工具对手机进行消除个人信息等处理，为回收作准备。这些被回收的旧手机，在日本越来越多地被当作一种“都市稀有金属矿”来开采。

事实上，日本生产和废弃电子产品的速度让全世界瞠目结舌。逐年增加的电子垃圾在20世纪末就已让焚烧厂和填埋场难以应付。而电子垃圾中包含的有害物质如不妥善处理，也可能对环境构成巨大威胁。相反，正确处理电子垃圾，却能从中获取巨大利益。

据日本媒体报道，数码相机和DVD的微型马达主要使用钕，MD播放机等的电子基板使用钯，液晶显示器含铟。如果能有效回收和利用这些废旧电子产品中的稀有金属，无疑等于在都市中找到了“稀有金属矿”。

日本是世界上稀有金属消费量最大的国家，其消费量占世界稀有金属消费总量的约25%。然而，日本的稀有金属供应绝大部分依赖海外进口。日本经济产业省从2007年开始实施有关计划，回收利用相关产品与强化资源外交、增加国家储备以及开发替代资源一起被列为保证稀有金属稳定供应的4大支柱。

在众多电子垃圾中，废旧手机是最好的“都市稀有金属矿”之一，它体积虽小，却含有铟、钯、钴和锂等十余种稀有金属。日本每年回收数百万部手机。回收的手机被送到工厂低温焚烧后，其所含的资源能够被提取再利用。

但日本有关专家指出，通过回收利用旧手机等开采“都市稀有金属矿”必须具备以下几个条件：

首先，保证一定的废旧电子产品回收量。已有一些日本的县市开始在超市等地设置回收箱，以收集废旧小型数字电器。在日本，生产厂家有回收冰箱、空调等大件家电的义务，但没有回收小型电器的义务，小型数字电器多半被当作一般垃圾丢弃。

其次，在产品的设计和制造阶段就要考虑到如何进行资源回收。如果在制造产品时以资源再生为前提，那么稀有金属回收成本可能会大幅降低，回收再利用率也有望显著提高。

第三，要支持新技术的开发，以进一步降低回收稀有金属的成本。事实上，由于循环利用稀有金属的成本高，日本从手机中回收的主要还是金、银等贵金属。

处理电子垃圾，让人头疼的往往是那些混有金属的混合塑料等有机物材料，此类物质占到电子垃圾总量的 20%。如果对其焚烧，就可能释放二噁英。日本松下电器产业公司就开发出一种废弃物处理新技术，能将废弃家用电器中的树脂等有机物转化成无害的气体，而剩余物就是要回收的金属。

当然，随着家电技术的发展，回收技术也面临变革，比如，平板电视机的普及，带烘干功能的洗衣机的普及，都要求今后采用创新技术，才能达到高精度挑选、高纯度回收的目标，使“商品——使用——回收——再生原料——商品”的良性循环更顺畅。因此面对不断变化着的新情况，日本电子垃圾处理也需要新的回收方式和技术予以应对。

让垃圾焚烧成为一举多得的大好事

垃圾焚烧，在许多人看来，似乎会产生二次污染，仅其中产生的二噁英就让人谈之变色。然而对于德国、日本等垃圾处理先进国家来说，焚烧，却是垃圾处理的重头戏，甚至是关键环节。在这些国家，密布的垃圾焚烧处理厂并未遭到民众的普遍排斥，这又是为什么呢？

无害化处理下工夫

精彩论述

“垃圾围城”病并非无药可解。关键是要站在资源循环利用、建设美丽中国高度，下定决心，作为一个系统工程加以推进：一方面，政府责无旁贷，应将更多公共财政资金投向垃圾处置全过程，以更严谨的态度和更负责任的决策来制定垃圾处理政策法规、布局垃圾处置设施；另一方面，需要全民参与，从垃圾分类、减量开始，再加上焚烧等技术的采用、资源回收率的提高，垃圾围城难题终将被破解。

——新华社评论员

记者最近在日本参观了大阪市环境局下属的大正垃圾处理厂。这里不仅通过焚烧可燃物大大减少垃圾数量，同时还高效利用废热发电、提供热能，可谓一举多得。

让垃圾焚烧一举多得发挥作用的前提，必须是安全和污染小。记者在大正垃圾处理厂厂区看到，巨大的垃圾竖井深达 40 米，容量 8000 立方米，可以装入约 2400 吨垃圾。工作人员在顶端的玻璃幕墙后遥控吊车，一次就能抓起 3 吨重的垃圾送入焚烧炉。

虽然垃圾如此之多，但厂区内并没有令人作呕的异味。这是由于垃圾产生的异味被抽风机抽取，利用空气预热器加热到 150 至 200 摄氏度，再送入焚烧炉，由于炉内的高温，异味物质都被分解了。

为了避免焚烧时产生致癌物二噁英，焚烧炉利用 850 至 950 摄氏度的高温使垃圾实现完全燃烧。工作人员通过监控屏幕，可以实时观看焚烧炉内的情形。

垃圾焚烧过程中产生的粉尘使用电气集尘器吸附，废气还要经过洗涤装置、过滤式集尘装置等处理程序，符合安全标准后才从烟囱排放。

可燃垃圾焚烧后最终形成的灰烬只有原来体积的二十分之一左右，对其中不能完全避免的一些有害物质则使用药物进行无害化处理。灰烬最后被运到大阪湾填埋。

当然，以焚烧为主的垃圾处理厂，还有一项增值业务，就是对于铁柜、床垫、自行车等大件不可燃垃圾，提炼有用资源。工厂内也有各种大型粉碎设备，在将上述类别物质细细粉碎后，用磁选机选择出金属部分作为资源出售；而金属上附着的纸、碎布条等，则用风力筛选去除，与其他可燃部分一起送入焚烧炉。

垃圾焚烧产生的热被用于制造蒸汽，再由管道输送给蒸汽涡轮机进行发电，这些热量还能同时给工厂提供热水和暖气等。2011 年，这里焚烧了约 13.34 万吨垃圾，发电量达到 1910 万千瓦时，卖电 286 万千瓦时，收入达到 2340 万日元。

据介绍，仅在大阪，像大正这样的垃圾处理厂还有 7 家。在全日本，众多城市垃圾焚烧处理厂的良好运营，对避免“垃圾围城”“垃圾填埋场污染水源”等问题有重要意义。

透明运行获认可

德国环境部发言人沙夫施韦特日前在接受新华社记者采访时说，实际上，德国已实现社区里的垃圾“零填埋”。对于实在无法回收的垃圾，焚烧起到了十分重要的作用，用沙夫施韦特的话说，焚烧成为德国垃圾处理的“支柱”。

欧盟统计局数字显示，2011 年德国所有社区垃圾中，45%回收利用，37%焚烧，余下的基本上转化为堆肥。

既然严重依赖垃圾焚烧，却几乎没有垃圾填埋，德国是如何把全国巨量垃圾进行回收和分拣的呢?

沙夫施韦特说，首先，德国有着严格的垃圾分类标准，有机垃圾、纸张、包装、残余废物等都有自己的专属垃圾箱，民众对垃圾分类是垃圾分拣的第一道程序。也正因分类清晰，不可回收的残余废物很快被直接拉走，它们通常相对干燥，热值较高，方便采取焚烧方式处理。

针对垃圾焚烧设施可能排出的废气废水，德国依靠《排放保护条例》《水法》等法律法规设定排放标准。例如，德国《排放保护条例》第 17 条就废气中二噁英、呋喃和汞等成分作出严格限定。

沙夫施韦特说，实际操作中，焚烧设施的排放往往比上限值低出不少。废气排放由焚烧设施运营商在网上向有关负责部门汇报。另外，焚烧设施运营商还要将废气测量数据等结果公布在每年的环境报告中，数据得到政府专门机构的监测。

按照他的说法，垃圾焚烧发电设施的高透明度运行、高水平的废气清洁处理与控制使得这种废物处理方式在民众中获得普遍认可，甚至在焚烧设施建设审批过程中就已得到公众广泛参与。

沙夫施韦特说，垃圾焚烧可用于产电、产热、产蒸汽。焚烧后的灰渣部分可被加工成修路材料等。因此，只要做到安全可靠，垃圾焚烧是一举多得的大好事。

36. 戴上环境治理法律“紧箍咒”

——聚焦加强环境监管执法

部分环境执法“以罚代管”、监管部门“力量割裂”、群体性环境事件风险评估不足……一段时间以来，我国环境监管执法工作取得了显著成效。然而，体制机制、操作层面的一系列难点依旧制约着“美丽中国”之梦的实现。国务院办公厅2014年11月27日首次专门就环境监管执法发布通知，对地方政府、有关部门、相关企事业单位和社会组织均提出了要求。并且首次明确，建立环境信用评价制度，将环境违法企业列入“黑名单”，并向全社会公开，纳入社会信用体系。

国务院办公厅印发《关于加强环境监管执法的通知》

2014年11月27日，国务院办公厅印发《关于加强环境监管执法的通知》（以下简称《通知》），部署全面加强环境监管执法，严惩环境违法行为，加快解决影响科学发展和损害群众健康的突出环境问题，着力推进环境质量改善。

《通知》提出五个方面的政策措施：一是严格依法保护环境，推动监管执法全覆盖，有效解决环境法律法规不健全、监管执法缺位问题。加快完善环境法律法规标准，强化生产者环境保护的法律责任，提高重点行业准入门槛。全面实施行政执法与司法联动，实现行政处罚和刑事处罚无缝衔接。抓紧开展环境保护大检查，2015 年底前依法查处、整改存在的问题。着力强化日常环境监管，2015 年底前落实网格监管，做到不留监管死角、不存执法盲区，向污染宣战。

二是对各类环境违法行为“零容忍”，加大惩治力度，坚决纠正执法不到位、整改不到位问题。重拳打击违法排污，严厉处罚偷排偷放等五类恶意违法行为，将违法企业列入“黑名单”并向社会公开。全面清理违法违规建设项目，2016 年底前完成清理整改任务。坚决落实整改措施，实施执法后督察，对拒不改正的，依法采取强制执行措施。始终保持严厉打击环境违法的高压态势。

三是积极推行“阳光执法”，严格规范和约束执法行为，坚决纠正不作为、乱作为问题。推进执法信息公开。开展环境执法稽查，完善国家环境监察制度，加强对下级环境监管执法工作的监督。强化监管责任追究，实施生态环境损害责任终身追究，建立倒查机制。

专家观点

《通知》要求邀请公民、法人和其他组织参与监督环境执法。这包含两个层面，公众通过自主申请或环保部门邀请，参加日常监管执法，实施外部监督；公众通过关注环保部门的信息公开，以信函、邮件、电话等方式表达监督意见。

——江苏省人大代表、盐城市委书记　朱克江

四是明确各方职责任务，营造良好执法环境，有效解决职责不清、责任不明和地方保护问题。强化地方政府领导责任，明确各有关部门和单位在环境监管执法中的责任，2015 年 6 月底前全面清理、废除阻碍环境监管执法的“土政策”。落实社会主体责任，严格规范自身环境行为，推进重点排污单位公开环境信息。发挥社会监督作用，畅通公众表达渠道，邀请公民、法人和其他组织参与监督环境执法。

五是增强基层监管力量，提升环境监管执法能力，加快解决环境监管执法队伍基础差、能力弱等问题。加强执法队伍建设，充实基层环境监管执法队伍力量，加强业务培训和职业操守教育。强化执法能力保障，保障基层环境监察执法用车，推进环境监察机构标准化建设，环境监管执法经费纳入同级财政全额保障范围。

《通知》要求，各地区、各有关部门要充分认识进一步加强环境监管执法的重要意义，切实强化组织领导，认真抓好工作落实。

国办首次专门为环境监管执法发文，释放哪些新信号？

部分环境执法“以罚代管”、监管部门“力量割裂”、群体性环境事件风险评估不足……一段时间以来，我国环境监管执法工作取得了显著成效。然而，体制机制、操作层面的一系列难点依旧制约着“美丽中国”之梦的实现。

国务院办公厅 2014 年 11 月 27 日首次专门就环境监管执法发布通知，对地方政府、有关部门、相关企事业单位和社会组织均提出了要求。并且首次明确，建立环境信用评价制度，将环境违法企业列入“黑名单”，并向全社会公开，纳入社会信用体系。

防止环境执法只收“罚款”不管“问题”

全国人大常委会近日分组审议大气污染防治法执法检查报告。有常委会委员提出：“往往举报的案件多，真正查处的少。这实际上反映出有法不依、执法不到位。”

一位基层环保执法人员坦言，环境监管执法过程中会“手下留情”，象征性处罚了事。专家指出，如此一罚了之，如同向排污企业收了“保护费”，企业会认为交完罚款就可以“合法排污”。

针对此，通知进行了明确规定。环保部环境监察局副局长曹立平介绍，通知首次科学划分了环境层级监管事权，完善国家监察制度，强化国家、省级对市、县环保机关的稽查和督查。

“通知要求健全国家环境监察制度，在环境保护部设立环境监察专员，加强对地方政府及有关部门履行环境保护工作的监督；完善层级监督和专门监督，各级环保部门要对下级环境监管执法开展稽查，通知还对稽查频次作了具体要求。”曹立平说。

纪检监察机关也是环境监察执法背后的“督战队”。监察机关依法依纪追究

精彩论述

打好环境保护这场战役，既要向变脏了的环境宣战，又要向传统的发展方式宣战，向胆敢以身试法者宣战。因此应重典治乱、铁拳治污，对各类环境违法行为“零容忍”，做到有案必查、违法必究，对违法违规、失职渎职者严厉问责。

——新华社评论员

环境监管部门不履职、该查不查、该处理不处理、该移送不移送、该受理不受理等监管不作为行为的责任，对涉嫌职务犯罪的要及时移送检察机关。

信息公开、听取公众意见防止群体性事件

近年来，什邡等地相继发生了群众抵制和抗议建设项目的环境群体性事件。虽然诸多环境群体性事件背后原因较为复杂，但社会风险评估不足、公众参与和科学引导不到位仍然是重要因素之一。

“社会组织和公众参与环保事务、表达诉求的意愿加强。”曹立平说，“环保部先后出台了《环境信息公开办法（试行）》等规定，但官方的社会参与渠道还比较有限，缺乏科学有序的引导。”

通知的出台是以问题为导向。专家指出，长期以来，公众不理解、不支持环境执法现象也比较突出，执法外部环境改善程度有限。部分地区环境保护部门的行风评议长期处于各部门尾部，社会形象不佳。

环保部环境监察局综合处处长孙振世说，通知要求重点排污单位如实公开其排污状况和防污设施运行情况。发挥“12369”环保举报热线和网络平台作用，使违法者处于公众监督之下。

通知要求邀请公民、法人和其他组织参与监督环境执法。“这包含两个层面，公众通过自主申请或环保部门邀请，参加日常监管执法，实施外部监督；公众通过关注环保部门的信息公开，以信函、邮件、电话等方式表达监督意见。”孙振世说。

环保部门与公检法联手向污染“宣战”

最高法、最高检去年联合出台了审理环境污染刑事案件司法解释，打击环境犯罪取得显著进展。环保部提供的统计显示，1 年来因环境污染犯罪而被移送司法机关的案件数量，超过了以往 10 年的总和。

孙振世说，总结成功经验，通知着重加强环保、公安、检察院和法院联动。各级环保部门和公安机关要建立“三项制度”——联动执法联席会议、常设联络员和重大案件会商督办制度；“四项机制”——案件移送、联合调查、信息共享和奖惩机制，实现行政处罚和刑事处罚无缝衔接。

发生重大环境污染事件等紧急情况时，公安机关迅速启动联合调查程序，防止证据灭失。公安机关要明确机构和人员负责查处环境犯罪，对涉嫌构成环境犯罪的，要及时依法立案侦查。

为克服有案不移、有案难移、以罚代刑现象，通知规定，移送和立案工作要接受人民检察院法律监督。今年，最高法院成立了环保法庭，同时海南、贵州、昆明、无锡等多地都纷纷设立环保法庭。通知要求，人民法院在审理环境资源案件中，需要环保技术协助的，各级环保部门应给予必要支持。

建立违法企业“黑名单”，“四个一律”措施严厉

通知对打击典型环境违法行为提出刚性要求，将依法重拳打击五类恶意环境违法行为，包括偷排偷放、非法排放有毒有害污染物、非法处置危险废物、不正常使用防治污染设施、伪造或篡改环境监测数据等，要依法严厉处罚。

通知首次明确规定，建立环境信用评价制度，将环境违法企业列入“黑名单”，并向全社会公开，纳入社会信用体系。

曹立平说，通知中的“四个一律”是亮点。对涉嫌犯罪的一律迅速移送司法机关；对环境影响评价制度和“三同时”制度，越权审批但尚未开工建设的，一律不得开工；对未批先建、边批边建的，资源开发以采代探的，一律停止建设或依法依规予以取缔；环保设施和措施落实不到位擅自投产或使用的建设项目，一律责令限期整改。

国家环境监管执法“时间表”

国务院办公厅下发的关于加强环境监管执法的通知，明确了一系列环保检查、监管、执法、稽查等方面的“时间表”，加快解决破坏环境资源、有损群众健康的突出环境问题。

——抓紧开展环境保护大检查。2015 年底前，地方各级政府要组织开展一次环境保护全面排查，重点检查所有排污单位污染排放状况，各类资源开发利用活动对生态环境影响情况，以及建设项目环境影响评价制度等，结果向上一级政府报告，并向社会公开。

——自 2015 年起，市级以上环保部门要对下级环境监管执法工作进行稽查。稽查情况通报当地政府。

——2015 年 6 月底前，地方各级政府要全面清理、废止阻碍环境监管执法的“土政策”，并将清理情况向上一级政府报告。

——着力强化环境监管。各市县政府要将本行政区域划分为若干环境监管网格，逐一明确监管责任人，落实监管方案；监管网格划分方案要于 2015 年底前报上一级政府备案，并向社会公开。

——全面清理违法违规建设项目，各地要于 2016 年底前完成清理整改任务。

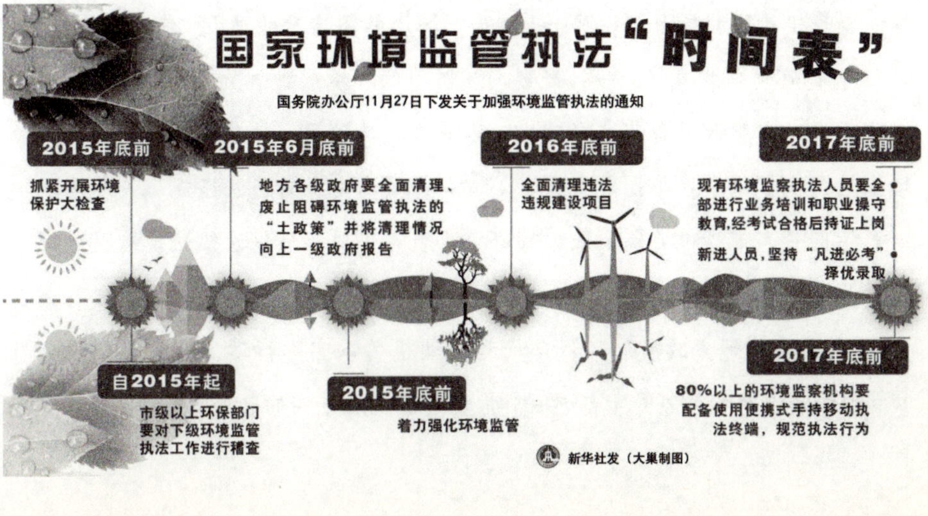

——2017年底前，现有环境监察执法人员要全部进行业务培训和职业操守教育，经考试合格后持证上岗；新进人员，坚持“凡进必考”，择优录取。

——2017年底前，80%以上的环境监察机构要配备使用便携式手持移动执法终端，规范执法行为。

短评

对损害生态环境的领导干部必须终身追责

国务院办公厅2014年11月27日发布了加强环境监管执法的通知，明确提出实施生态环境损害责任终身追究，建立倒查机制。这让人们看到了党和政府治理环境“动真碰硬”的决心。

当前，我国环境污染严重，与一些地方违背科学发展规律、官员政绩观扭曲直接相关；治污不力，与部分监管部门有法不依、执法不严，甚至与违法者相互勾结难脱干系。一些地方为追求短期利益和表面政绩，不惜上马污染项目，制造“带毒的GDP”；一些地方环境执法软弱，或以罚代管，一罚了事；部分官员默许纵容破坏生态环境的行为，甚至为污染企业充当保护伞。要想扭转不利局面，必须让损害生态环境的领导干部真正“伤筋动骨”。

打好环境保护这场战役，既要向变脏了的环境宣战，又要向传统的发展方式宣战，向胆敢以身试法者宣战。因此应重典治乱、铁拳治污，对各类环境违法行为“零容忍”，做到有案必查、违法必究，对违法违规、失职渎职者严厉问责。审计机关应对地方政府主要负责人履行环保法律法规情况进行审计，加大环保审计力度。

我们期待地方政府、环保部门和司法机关以实际行动，抓住典型污染案例，依法追究相关领导干部责任，推动经济发展方式的转变，早日实现“美丽中国”。

社会热点篇

中国热点问题 2015

37. 人无信不立

——聚焦个人征信“开闸”

无信不立，发展征信业就是为了激励守信、惩戒失信。然而，随着个人征信“开闸”，特别是几家互联网公司加入，人们不免担心个人征信数据的泄露危险。连号称“管理严格”的银行都屡屡失信、公然贩卖个人信息，那么征信公司的信用到底该由谁来监管？

个人征信“开闸”　八家民营公司待发

自央行发出做好个人征信业务准备的通知后，记者 2015 年 1 月 14 日了解到的最新进展显示，首批名单的民营征信公司中，芝麻信用、拉卡拉信用等“新秀”均已完成工商注册，中诚信征信等“老手”也在进行合规、认证等方面的调整。

同为首批候选机构，8 家民营公司从事个人征信的基础差异很大。中诚信征信和鹏元征信已入行业十余年，与多家银行、电商建立了合作。深圳前海征信、华道征信、中智诚征信及腾讯征信均在 2013 年至 2014 年正式成立，公司架构和产品构成已基本确定。而芝麻征信、拉卡拉则于近日才刚刚完成工商登记。

尽管从业时间长短不一、数据来源各异，但在个人征信业务的具体规划上，8 家民营公司不约而同均突出“大数据”和“互联网征信”。

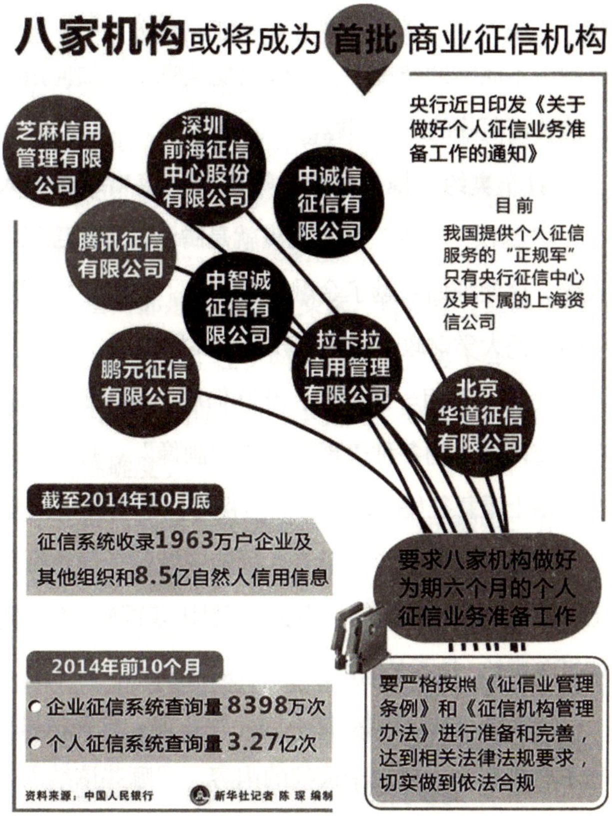

记者从阿里巴巴麾下的芝麻信用了解到，芝麻信用将借助阿里云技术，对3亿多实名个人、3700多万个企业的数据进行整合，将推出芝麻分、芝麻认证、风险名单库、芝麻信用报告、芝麻评级等一系列互联网信用产品。

作为“跨界”代表，拉卡拉集团董事长兼总裁孙陶然告诉记者，拉卡拉的业务数据中最具优势的是近十年水、电、煤气、固话、宽带等缴费业务的数据。

中诚信等老资格企业已开始进行合规、认证等方面的调整。中诚信征信执行董事孔令强表示，按照相关规定，从事个人征信业务需要达到诸多标准，主要包括公安部门相关安全认证、内部控制建设、信息采集授权管理、个人异议处理机制、隐私保护、合规管理等，这些工作会持续半年时间。

目前，我国提供个人征信服务的“正规军”只有央行征信中心及其下属的上海资信公司。央行日前发出《关于做好个人征信业务准备工作的通知》，要求8家民营公司做好个人征信业务的准备工作，准备时间为6个月。

从哪来·如何用·咋保护

——三问个人征信市场“开闸”

随着央行近日发出做好个人征信业务准备的通知，8家入围民营征信公司引

可能恰恰是活跃的网民，可以通过互联网上的行为轨迹，利用大数据分析评估其信用等级。”

腾讯征信负责人告诉记者，腾讯坐拥8亿的QQ账户，逾5亿的微信账户，逾3亿的支付用户，这些用户大部分在央行个人信用信息基础数据库中无记录或者记录很少，但在腾讯体系留下大量有价值的信息，腾讯征信可以帮助他们建立个人信用。

变化二：融入点滴生活

“目前我国征信系统的信息覆盖面主要集中在信贷系统，而对于个人其他经济活动和社会活动尚缺乏信用报告。”中央财经大学教授郭田勇说，在互联网大潮的助推下，这一问题或将得以解决。

来自互联网的信息包罗万象，所包含的数据涉及网上银行、电商购物、社交聊天、招聘婚介、交通运输等方方面面。未来信用评价不应仅限于服务金融领域，最终也应该运用到人们生活的点滴中去。

也许，今后在相亲网站上，可以通过信用数据筛选交往对象，防止骗婚；在租房时，可以通过出具信用报告，顺利通过房东考察；在求职时，可以凭借信用报告获得单位的认可；在租车时，凭借较好的信用评分可以免交押金……

变化三：“小处不可随便”

信用是与生俱来的吗？恐怕仅仅靠道德是难以约束的。要想让每个人像爱惜自己的眼睛一样爱惜信用，就需要一个好的信用环境、一个恰当的社会信用体系。

“征信行业的社会意义应不局限于防范金融风险，而应该上升到加强和创新社会管理的高度，帮我们更好地管理这个社会。”邓一鸣说。

在加大信用信息的互联互通后，很多以前认为不起眼的小事，或将成为你的“污点”记录，严重影响今后生活。未来，滴滴打车的爽约记录、骗取保费时伪造的个人信息、网店贩卖假货的差评、预定饭馆却“放鸽子”、乘坐公交车的逃票行为等，都有可能纳入“民营报告”的信用数据。

信用已经不只是一种美德，而逐渐在转化为一种财富。民营机构作为注入征信业的一股新鲜力量，带给人们更多期待，也在提醒人们，请珍爱自己的信用，从点滴小事做起。

短评

谁来监管征信公司的信用?

无信不立，发展征信业就是为了激励守信、惩戒失信。然而，随着个人征信“开闸”，特别是几家互联网公司加入，人们不免担心个人征信数据的泄露危险。连号称“管理严格”的银行都屡屡失信、公然贩卖个人信息，那么征信公司的信用到底该由谁来监管?

在当今网络时代，数据即信用，信用即财富。当个人在社交网站上的在线状态、交易记录、消费水平乃至朋友圈发文内容都成为互联网征信的数据来源时，可以说每个消费者随时随地都有可能面临信息被出售、隐私被侵犯的风险。如何确定征信数据的边界，如何在保护个人隐私和满足征信企业的数据使用中取得平衡，是发展个人征信必须面临的首要问题。

人们的担忧并非没有理由。从腾讯与360的“3Q大战”，到淘宝和微信的互相屏蔽，再到新浪微博禁推微信公众号，过去几年里，互联网公司之间的“厮杀”连连，消费者频频沦为绑在“战车”上的竞争筹码。个人征信领域的互联网商战可能也会非常激烈，而消费者权益只会显得越发脆弱。严格监管，并不是扼杀民营企业的创新，而是更好地规范市场，推动个人征信业有序发展。试想，如果连自身都不诚信，这样的企业出具的征信报告何来公信力?

正人先须正己。没有消费者的授权和信任，即便拥有再海量的数据、再先进的技术，都很难成为个人征信行业的领军企业。企业固然要努力做好内部管理，确保合法合规获得个人征信数据。但更为重要的是，企业外部必须要有完善的法律和严格的监管，才能克服其一味追求利润的“魔咒”。

万事开头难。刚起步的事情，也不宜过于求全责备。还是要以改革创新的精神，按照市场化的方向，把放开个人征信向前推进。同时保持冷静的头脑，抓紧做好相关的法律和监管完善工作。真正做到让守信者处处受益，让失信者寸步难行，中国经济社会发展才会跃上一个新台阶。

38. 上好网络安全的“锁”

——聚焦互联网应用安全

我国将制定移动互联网应用安全管理办法

数亿手机上网用户的安全问题将有制度保障。记者从 2014 中国互联网大会获悉，为积极维护公共网络安全环境，遏制网络攻击威胁源头，工业和信息化部将研究制定移动互联网应用安全管理办法。

工信部通信保障局处长付景广在会上表示，在我国互联网高速发展的同时，安全始终是无法回避的重大课题。工信部将积极维护公共互联网网络安全环境，针对黑客地下产业链、移动恶意程序等危害公共安全和用户利益的问题，采取相关措施，加强综合治理；遏制网络攻击威胁源头，建立移动互联网恶意程序监测程序处置机制，健全钓鱼网站的监测与惩治机制。

同时，工信部将加强犯罪线索的分析挖掘，积极配合公安机关打击网络违法犯罪，完善跨部门、跨行业的联动机制。据介绍，2014 年 4 月工信部启动了打击治理移动互联网恶意专项行动。目前，专项行动已经取得初步成功，发现和下架了一批恶意程序，关停了一批传播恶意程序的客户端。下一步，工信部还将研究制定移动互联网应用安全管理办法，探索建立移动应用程序第三方安全检测机制。

此外，工信部还将加强对云计算、大数据、物联网、移动互联网以及下一代互联网新技术、网络安全业务的跟踪研究，加快推进相关网络安全标准研制，对涉及提供公共电信和互联网服务的基础设施和业务系统，都纳入工信部网络安全防护管理体系进行监管。

据了解，近期工信部将组织对公共云服务企业开展风险评估和安全检查，指导督促相关企业重视网络安全问题，完善和落实企业自身的网络安全管理制度和基础措施。

一天新增2000多恶意程序

——移动互联网呼唤安全屏障

如果你正在手机上使用微信支付，一定要小心了！一个和微信长得一模一样的恶意程序或许正在窃取你的银行账户信息，并拦截银行发给你的短信。而这类影响数亿用户安全的恶意程序正在以每天2000多个的速度增加，移动互联网安全正成为网络安全的新难题。

移动互联网上半年新增36.7万恶意程序

“非常危险、危机四伏”——在2014中国互联网大会上，国家互联网应急中心何能强用这八个字来形容中国移动互联网安全现状。

根据国家互联网应急中心的监测，2014年上半年，新增的移动互联网恶意程序超过了36.7万，虽然恶意程序增长速度有所放缓，但绝对数量仍然居高不下。其中，传播移动互联网恶意程序的网站域名811个，存在移动恶意程序的应用商店大于300家。

记者测算发现，这意味着每天中国的数亿移动互联网网民都将面临2000多个新增“暗敌”的攻击，这还不算已经存在的恶意程序。

患 失　　新华社发 徐骏 作

据介绍，目前移动恶意程序99%以上是针对安卓平台的，恶意扣分类的程序占到62%以上，黑客制作恶意程序带有明显的趋利性。

“移动互联网的虚拟环境有一个地上世界和地下世界。”何能强说，在地上世界，是大家所熟知的，比如一些知名的应用商店，它带动了互联网经济的发展。在地下世界，有很多恶意程序来窃取用户的手机信息，来恶意营销，窃取用户的账户信息，达到不正当的经济目的，损害了网民的切身利益。

网络安全主战场从电脑转向手机

根据中国互联网络信息中心的报告，中国已经超越美国成为智能手机用户最多的国家。截至2014年6月，中国网民规模已达6.32亿，手机上网使用率达83.4%，首次超过传统电脑的使用率。

在移动互联网繁荣壮大的同时，手机隐私信息被窃取、病毒软件的传播、信息内容篡改等问题层出不穷。“网络安全事件逐步从电脑转向了手机，信息内容的泄露更加隐蔽和深度，移动互联网的信息安全成为了亟须解决的问题。”上海电信总经理张维华说。

对中国的手机用户而言，广泛使用的安卓系统让移动互联网更加不安全。统计显示，有六成多的网民使用安卓系统的设备上网，而安卓系统的安全性存在非常大的安全隐患。

“移动互联网安全直接关系到数亿互联网网民的利益，我们有必要切实维护

递企业的快递单号信息被大面积泄露，并衍生出多个专门从事快递单号信息交易的网站。在“淘单114”和“单号吧”两家网站上，展示快递单号的信息均被明码标价，售价从0.4—2元不等。

2012年2月9日，国内主流电商淘宝、当当网、1号店等B2C网站用户个人信息泄露。同年7月，京东商城、当当网、1号店等多家电商网站再次“集体”被曝账户信息泄露。

此外，2011年底，CSDN中文IT社区、天涯等众多互联网公司的账户密码信息被公开下载。国家互联网应急中心通过公开渠道获得疑似泄露的数据库有26个，涉及账号、密码2.78亿条，这些信息均为黑客攻击商业网站后窃取并泄露。

短评

坚守网络安全保卫战的中国阵地

中央网信办2014年11月24日联合各部门在京启动了中国首届国家网络安全宣传周。

这是中国首次举办全国范围内的国家级网络安全宣传活动，同时也标志着，在美国、欧盟等许多国家和地区曾经并且正在开展全民网络安全主题宣传行动的同时，拥有全球四分之一网民的中国也正式入列。

此次中国行动不仅有国家职能部门参与主办，各地也同期举办相关活动，重点覆盖金融、电信、电子政务、电子商务等行业领域。在具有广泛动员能力的中国政府主导下，亿万国人将铸就维护网络安全的“铜墙铁壁”。

随着中国公民和社会组织的安全理念、创新意识空前加强以及企业技术攻关的加速推进，中国有望为网络信息既自由流动又安全有序流动拿出一份“中国方案”。

网络让世界变成了地球村，让国际社会越来越成为你中有我、我中有你的命运共同体，但令人忧虑的是，网络攻击、网络诈骗、网络侵权时有发生，黄赌毒、暴力恐怖以及谣言等正把互联网当成温床。任何国家或领域的短板，都可能导致全球网络安全的集体失陷。

捍卫网络安全，是全世界输不起的一场战争。其中，中国这块阵地不仅绝不能失守，而且要不断巩固壮大，成为先锋和主力之一。

这种责任和担当来自中国的网络大国地位，也是近年来日益严峻的网络安全形势所逼。去年，中国境内感染木马僵尸病毒的主机超过1亿台，有600万手机用户感染移动互联网恶意程序。

为加强互联网治理，中国政府做出了不懈努力，特别是今年以来连出重拳，相继开展了打击整治干扰公共通信的“伪基站”专项行动、打击网上淫秽色情信息“扫黄打非·净网2014”专项行动、“铲除网上暴恐音视频专项行动”等，使网络空间安全、清朗起来，也为破解全球性网络治理难题作出了探索。

但奇怪的是，每当中国采取网络安全措施，本该作为“友军”的一些国家及某些媒体总会不时显露“傲慢与偏见”。他们要么因不了解中国国情、网情而误读政策，要么戴着有色眼镜加以曲解甚至污蔑。

更有一些大国企图垄断网络信息化关键技术，永久掌握网络治理的实际控制权，让中国长期处于网络安全受制于人的局面，唯独忘却了网络时代“独行快，众行远”的理念。

各国文化历史背景和互联网发展程度不同，治理模式和方法自然也会各异，但维护网络安全的愿望是一致的。面对挑战，各国需要相互尊重信任，沟通交流，管控分歧，携手作战。

在互联网超越国界的时代，缺乏国际合作，网络安全就是一句空话。在这个人人有责的议题下，中国正在全国掀起一场“人民战争”，也希望与各国共同探讨提高全民网络安全意识、提升防护能力的有效路径，为赢得全球网络安全保卫战的胜利奠定基石。

39.“朋友圈”传递正能量

——聚焦规范即时通信工具公众信息服务

微信有超6亿用户，其中约4亿活跃用户，是当前中国使用人数最多、活跃度最高的移动即时通信工具。一起起谣言事件，破坏了正常的网络传播秩序，严重危害了公共利益；一起起用户隐私泄露事件，警示着用户的生命财产安全正面临威胁。己所不欲勿施于人。不希望自己成为谣言的受害者，就应当充当网络空间秩序的构建者和使用者，避免成为造谣者和传谣者。

网信办出台十条规定　规范即时通信工具公众信息服务

国家互联网信息办公室2014年8月7日召开新闻发布会，发布《即时通信工具公众信息服务发展管理暂行规定》。规定自公布之日起施行。

《即时通信工具公众信息服务发展管理暂行规定》共十条，对即时通信工具服务提供者、使用者的服务和使用行为进行了规范，对通过即时通信工具从事公众信息服务活动提出了明确管理要求。

根据规定要求，国家互联网信息办公室负责统筹协调指导即时通信工具公众信息服务发展管理工作，省级互联网信息内容主管部门负责本行政区域的相关工作。即时通信工具服务提供者应当取得法律法规规定的相关资质。即时通信工具服务提供者从事公众信息服务活动，应当取得互联网新闻信息服务资质。

规定明确提出，即时通信工具服务提供者应当落实安全管理责任，建立健全各项制度，配备与服务规模相适应的专业人员，保护用户信息及公民个人隐私，自觉接受社会监督，及时处理公众举报的违法和不良信息。

规定还要求，即时通信工具服务提供者应当按照“后台实名、前台自愿”的原则，要求即时通信工具服务使用者通过真实身份信息认证后注册账号。即时通信工具服务使用者注册账号时，应当与即时通信工具服务提供者签订协议，承诺遵守法律法规、社会主义制度、国家利益、公民合法权益、公共秩序、社会道德风尚和信息真实性等“七条底线”。

针对即时通信工具公众信息服务，规定要求，即时通信工具服务使用者为从事公众信息服务活动开设公众账号，应当经即时通信工具服务提供者审核，由即时通信工具服务提供者向互联网信息内容主管部门分类备案。新闻单位、新闻网站开设的公众账号可以发布、转载时政类新闻，取得互联网新闻信息服务资质的非新闻单位开设的公众账号可以转载时政类新闻。其他公众账号未经批准不得发布、转载时政类新闻。即时通信工具服务提供者应当对可以发布或转载时政类新闻的公众账号加注标识。鼓励各级党政机关、企事业单位和各人民团体开设公众账号，服务经济社会发展，满足公众需求。

规定要求，即时通信工具服务使用者从事公众信息服务活动，应当遵守相关法律法规。对违反协议约定的即时通信工具服务使用者，即时通信工具服务提供者应当视情节采取警示、限制发布、暂停更新直至关闭账号等措施，并保存有关记录，履行向有关主管部门报告义务。对违反规定的行为，由有关部门依照相关法律法规处理。

网信办发言人详解《暂行规定》

国家互联网信息办公室7日召开新闻发布会，发布《即时通信工具公众信息服务发展管理暂行规定》（以下简称《规定》），对即时通信工具服务提供者、使用者的服务和使用行为进行了规范，对通过即时通信工具从事公众信息服务活动提出了明确管理要求。对此，新华社记者采访了国家互联网信息办公室发言人。

问：为什么要制定《规定》？《规定》施行后是否会限制即时通信服务的发展？

答：根据互联网企业及互联网违法和不良信息举报中心受理的举报情况来看，广大网民对少数人利用这一应用发布涉恐、涉暴、涉黄等违法信息，肆意传播诽谤和谣言信息深恶痛绝。社会各界强烈呼吁规范即时通信工具公众信息服务发展管理，使之成为真正让广大网民能够充分理性发表意见、观点、建议和即时交流信息的平台。国家互联网信息办公室在充分考量网民心声和社会呼声的背景下，依法制定本《规定》。

《规定》的出台将有利于行业的健康有序发展，有利于提升即时通信企业的服务质量，有利于维护广大用户的合法权益。

问：《规定》第六条规定用户应当承诺遵守“七条底线”，是出于什么考虑？

答：“七条底线”并非对网民行为的最高要求，而是本着“底线思维”，提出的最基本要求，是管理的底线，是国家、社会和公民利益的最大公约数。只有广大网民自觉遵守“七条底线”，在全社会共同努力下，才能营造和谐、健康的网络环境，才能让网络成为真正服务于社会的公信平台。

危 言　　新华社发　商海春　作

问：《规定》出台后，微信公众平台中以发布时政信息为主的自媒体

公众账号是否会被关闭?

答:《规定》的出台,将有利于规范公众账号的发布行为。《规定》要求即时通信工具使用者无论以何种形式向公众发布信息,都应当遵守服务协议,遵守“七条底线”。同时,《规定》还对时政类新闻的发布、转载提出了要求。因此,自媒体公众账号是否会被关闭,取决于其是否依法依规发布内容。

问:有网民说《规定》将压制言论,您怎么看?

答:恰恰相反,《规定》的出台有利于保护正当的言论自由。我们的网络空间不能成为杂乱无序、充满戾气的空间。世界上任何一个国家都不允许谣言、暴力、欺诈、色情、恐怖信息传播。自由和秩序是辩证的关系,任何个人的自由必须在法律的范围内行使,不能突破底线,妨碍他人自由。

问:有网民表示,在向一些移动即时通信服务提供者举报不良信息时,遇到反复举报后却未能得到有效处置的情况,《规定》对此有何要求?

答:《规定》第五条规定:“即时通信工具服务提供者应当及时处理公众举报的违法和不良信息。”公众如果发现举报未能得到及时受理,可以直接向国家互联网信息办公室主管的互联网违法和不良信息举报中心举报。一经核实,国家互联网信息办公室将依法依规作出处理。

问:《规定》施行后,对微信等即时通信工具的群组、朋友圈等功能有何影响?

答：《规定》第二条规定“本规定所称公众信息服务，是指通过即时通信工具的公众账号及其他形式向公众发布信息的活动。”群组和朋友圈具有私密和公众双重属性。对用户的私密社交行为，《规定》明确要求即时通信工具服务提供者应当落实安全管理责任，保护用户信息及公民个人隐私。对用户通过上述功能向公众发布信息的公众属性行为，《规定》要求，即时通信工具服务提供者应当与用户签订协议，用户应按照协议约定遵守“七条底线”。

治乱象·护隐私·畅言论

——把脉《暂行规定》出台后三大社会关切

为进一步规范即时通信工具服务提供者、使用者的服务和使用行为，国家互联网信息办公室召开新闻发布会，发布《即时通信工具公众信息服务发展管理暂行规定》。

对此，有关业内人士就《规定》出台后是否能有效规范即时通信工具乱象、实名制是否会侵犯个人信息和隐私、是否将影响个人意见的自由表达等三大社会关切进行了分析。

传 递　　新华社发　商海春　作

关切一：是否能“蛇打七寸”，有效治理乱象？

“微波炉加热食物致癌，请扩散！”“某某学校发生食物中毒，求转发！”……当前，许多微信用户都收到过此类不实信息的骚扰，有的甚至还衍生出很多“夸张”版本。

网信办数据显示，我国即时通信服务用户已突破8亿。然而，这些即时通信工具平台也因存在涉恐、涉暴、涉黄等违法信息大肆传播的乱象而饱受诟病。

微信、易信、陌陌等即时通信工具运行团队负责人普遍表示，当前出台《规定》很有必要，这将对他们加大治理网络乱象提供重要依据和有效抓手。

“2005年，国家颁布的《互联网新闻信息服务管理规定》，推动了互联网新闻行业快速健康发展。当前，即时通信工具已成为网民的主要沟通工具，新形势下出台《规定》也将对行业发展起到积极作用。”易信市场部总经理袁佛玉说。

“《规定》总体上是适度的，强调了发展和管理两个角度并重。”中国互联网协会研究中心常务副主任方兴东提醒，要谨防一些地方部门可能出现超越条款的过度管理。

关切二：是否会“矫枉过正”，侵害个人隐私？

《规定》指出，即时通信工具公众信息服务提供者应当按照“后台实名、前台自愿”的原则，要求即时通信工具服务使用者通过真实身份信息认证后注册账号。

采访中一些人士担心，如果即时通信工具使用者进行真实身份信息注册，是否会“矫枉过正”，影响其个人信息安全。

为此，网信办移动网络管理局负责人徐丰回应说，互联网信息内容主管部门依法依规督促即时通信工具服务提供者落实主体责任，在真实身份信息注册各个环节采取有效措施，确保用户个人信息安全。

“‘实名认证’将大大增加不良用户发布不良信息的成本。”陌陌运行团队有关负责人表示，“陌陌一开始就采取类似‘实名认证’的措施，每个手机号码只能注册一个账号，对用户信息也有着严格的保密机制，效果一直不错。”

清华大学新闻传播学院教授沈阳表示，保护个人隐私就要求相关管理者不要轻易介入私人交流空间，特别对非公开传播的通信内容管理要进一步加以规范。

关切三：是否将“因噎废食”，影响网络言论自由？

近年来，互联网的普及和完善，极大地扩展了言论自由空间。据《2013年中国人权事业的进展》白皮书公布数字显示，中国网民每天发送微信等即时通信工具信息超过200亿条。

业内人士表示，有的网民担忧《规定》会影响网络言论自由，其实这是没必要的。

专家观点

“实名”更多的是一种管理手段和对不当言论的震慑行为，而“后台实名、前台自愿”在为网络谣言追责提供基础的同时，更有利于畅通网络信息传播渠道。

——中国人民大学新闻学院讲师　韩晓宁

网信办发言人姜军说，《规定》对于向社会公众发布信息尤其是时政信息，规定比较严格，但对于普通用户来讲，只提出要求遵守“七条底线”，在这“七条底线”之上享有充分言论自由。

“没有规矩，不成方圆。”微信运行团队有关负责人表示，任何管理办法的制定都是为了抑恶扬善，满足多数人的更好表达，同时约束和严惩极少数人不良信息的传播。

中国人民大学新闻学院讲师韩晓宁认为，“实名”更多的是一种管理手段和对不当言论的震慑行为，而“后台实名、前台自愿”在为网络谣言追责提供基础的同时，更有利于畅通网络信息传播渠道。

短评

朋友圈就该传递正能量

国家互联网信息办公室出台《即时通信工具公众信息服务发展管理暂行规定》，以十条规定规范以微信为代表的即时通信工具公众信息服务，意在治理朋友圈和公众号等公众信息服务中的某些乱象。

以微信为代表的即时通信工具中，朋友圈是朋友亲密互动的阵地，兼具“大喇叭”的媒体属性，能迅速产生一传十、十传百的传播效果。然而，微信朋友圈里信息杂芜，随手转等社交心理习惯，助长了不负责任的谣言散播，还被强媒体属性的部分微信公众号广为传播。用户不堪其扰，通过运营平台投诉，却发现往往石沉大海。

微信有超6亿用户，其中约4亿活跃用户，是当前中国使用人数最多、活跃度最高的移动即时通信工具。一起起谣言事件，破坏了正常的网络传播秩序，严重危害了公共利益；一起起用户隐私泄露事件，警示着用户的生命财产安全正面临威胁。

己所不欲勿施于人。不希望自己成为谣言的受害者，就应当充当网络空间秩序的构建者和使用者，避免成为造谣者和传谣者。

朋友圈就该传播正能量。我们不仅应加强对谣言的甄别能力，规范发言，还应努力成为真相的传播者，用理智遏制谣言的传播，用真相击碎造谣者的不良企图。这样，朋友圈就能够传递正能量。

划定禁行“范围” “红七条”剑指师德“走样”

理想信念模糊、育人意识淡薄，教学敷衍、学风浮躁，甚至学术不端、言行失范、道德败坏……近期少数高校教师的失德行为，严重损害了高校教师的社会形象和职业声誉。

教育部发布《关于建立健全高校师德建设长效机制的意见》，明确划出高校教师禁行的“红七条”：在科研工作中弄虚作假、抄袭剽窃；影响正常教育教学工作的兼职兼薪行为；在招生、考试、学生推优、保研等中徇私舞弊；索要或收受学生及家长的礼品礼金、有价证券等财物……

“教书育人”的工作性质，让教师被誉为“太阳下最崇高的职业”，无论在哪个国家，都对教师的职业行为提出较高的伦理道德要求，设定师德红线是不少国家采取的必要措施。

近年来，有关部门屡屡下文，对师德建设“建章立制”，然而谩骂学生、公然索礼、微博炫耀节礼等荒唐事件仍时有发生，一些师德失守背后其实是法律和制度问题。

上海大学社会学教授顾骏说，当前在一些高校，以论文为核心科研成果似乎成为教师职称评定、职务任用的唯一标准，评价考核教师唯“论文化”，教授甚至“项目化”生存，而将师德表现视作“小节”。

精彩论述

履行师德建设的主体责任，高校一方面需要强化日常管理，尽快建立起相应的管理体系，将师德考核落到实处；另一方面，在违反师德行为的处置上，应当公开透明、公平公正，而不能抱着“家丑不可外扬”的心态大事化小、小事化了。

——新华社评论员

“行为世范”成“失范” 背后暗藏资源“寻租”

开后门递“条子”，就能如愿以偿地将孩子送入名校；花点钱托关系，就能顺利通过考试、拿到保研资格……近年来，对学生价值观形成极为重要的高校老师行为“失范”，其实是一些老师利用手中不均衡的教育资源进行“寻租”。

——教学敷衍，兼职盖过“主业”。一些高校老师忙于“串场子”、乐于“找项目”，被吐槽“一流教授搞项目，二流教授搞教学”。2012 年，中国人民大学商学院会计系副主任、EMBA 中心主任徐经长就因身兼 6 家上市公司独立董事被质疑。

——滥用资源，化身招生“掮客”。中国人民大学招生就业处原处长蔡荣生因涉嫌受贿罪被逮捕。2006 年至 2013 年期间，蔡荣生利用职务便利，在学校特殊类型招生过程中为考生提供帮助，收受贿赂 1000 余万元。

——学术不端，科研论文“变味”。2009 年，浙江大学副教授贺海波论文造假被开除出教师队伍；2012 年，获得国际设计“红点奖”的湖北工业大学教授石元伍被爆出获奖作品是抄袭学生毕业设计；今年 5 月，重庆师范大学教授张世友因多篇论文造假被学校解聘……

“这些问题虽不是主流，但对整个高等教育的健康发展产生了持续性的负面影响，削弱了大学作为社会风尚引领者的角色地位，挑战高等教育的整体公信力。”顾骏说，对于利用教师的资源进行寻租的现象，必须依法严惩。

守住制度红线 上好师德修养“第一课”

教师建设是教育改革的重头戏，其中师德建设摆在首位。师德修养是教师入职培训的“第一课”，这不仅是道德的呼吁，更是制度建设的需求。

南京师范大学教科院副教授殷飞说，应该提高法规的可操作性，规定教师收受财物达到多少数额即犯受贿罪。

“守住师德红线，长效机制是依法治校。”21 世纪教育研究院副院长熊丙奇认为，学校需严格按照教育法、未成年人保护法，清理校规中与法律冲突的条款；对于违纪违规甚至违法的行为，一律按照法律程序处理，不能姑息迁就、为维护所谓的声誉而有报不查，让“红线”成为“遮丑”的虚线。

建立师德档案、考核奖惩机制，完善优胜劣汰的准入和退出机制，强化师德监督和评价体系，让教师自愿遵守师德准则、履行职业使命。“人才培养体制、考试招生制度、现代学校制度、办学体制等改革要向纵深推进，让教师真正珍视并热爱‘阳光下最神圣的职业’。”熊丙奇说。

短评

高校当好师德“红线”看守者

“师也者，教之以事而喻诸德者也。”合格的教师首先应该是道德上的合格者。术业不精的教师充其量教不好学生知识，但心术不端的教师却会带坏学生的品格。近年高校教师学术造假、收受贿赂、性骚扰学生等失德行为屡屡见诸报端，由于一些行为并不构成犯罪，致使一些道德败坏的教师难以受到处罚。

师“道”　　新华社发　商海春　作

高校教师失德行为多发，严重伤害了教师队伍和高校的形象，高校自身疏于管理难辞其咎。近年多起失德案例暴露出一些高校日常管理中“重科研，轻师德”问题严重，对违反师德的行为不主动追究，甚至“护短”，将严重违反师德的教师仍然留在讲台上。

针对这些问题，教育部《关于建立健全高校师德建设长效机制的意见》明确提出，高校是师德建设的责任主体，高校主要负责人是师德建设的第一责任人；高校应组建师德建设委员会，并建立一岗双责的责任追究机制。

教育部这一规定对高校师德管理责任的强化值得肯定，但制度最终转化为师德建设的助推力，还需要高校积极作为。师德建设委员会能否发挥职能，师德考核能否真正做实，失德教师的处置能否及时、公平、公开，都将决定师德建设的成效。

履行师德建设的主体责任，高校一方面需要强化日常管理，尽快建立起相应的管理体系，将师德考核落到实处；另一方面，在违反师德行为的处置上，应当公开透明、公平公正，而不能抱着“家丑不可外扬”的心态大事化小、小事化了。

当然，师德建设也需要形成合力。地方教育主管部门也应当发挥职能，帮助高校扎牢篱笆，防范和惩戒教师失德行为。高校教师也应当加强自我修养，自觉捍卫职业尊严。坚守精神家园、坚守人格底线，才能成为有理想信念、有道德情操、有扎实学识、有仁爱之心的“四有”教师。

后 记

本书在新华社播发的系列稿件和评论的基础上编辑而成，是广大党员干部学习了解社会热点的重要参考读物，也是广大公务员考生提升申论写作能力的必要学习材料。为方便阅读，在尊重事实的前提下，我们对部分稿件的标题和正文做了必要的修改。

在本书付梓之际，特向以下作者致谢！他们是：安蓓、白阳、白明山、陈炜伟、陈灏、程群、陈冀、陈菲、崔清新、董建国、董峻、杜宇、华晔迪、何宗渝、华春雨、顾瑞珍、关桂峰、鹿永建、蓝建中、廖君、南婷、侯雪静、高亢、高立洁、郭洋、姜琳、姜潇、季明、李延霞、李双溪、李舒、李斌、李丹、聂可、倪元锦、彭卓、刘阳、钱铮、罗宇凡、罗沙、隋笑飞、孙铁翔、甘泉、吴雨、吴晶晶、吴晓颖、吴晶、余晓洁、于文静、杨维汉、杨毅沉、于佳欣、杨绍功、袁军宝、杨溢仁、余靖静、袁汝婷、阳建、闫祥岭、赵宇航、赵瑞希、张泽伟、周畅、张辛欣、赵超、周玮、邹伟、赵晓辉、赵晓、周琳、朱峰、郑昕、周婷玉、周润健、郑钧天、朱天骄、张天娇、张晓松、刘羊旸、刘元旭、刘铮、刘奕湛、乐绍延、林晖、南辰、明星、毛振华、王宇、王希、王军、王立彬、王研、王蔚、王敏、王立武、王淑娟、王敏、吴锺昊、徐博、罗鑫、徐硙、胡浩、徐博、齐中熙、石庆伟、商意盈、熊琳、胡星、侯文坤、黄小希、何宗渝、施雨岑、史卫燕、申铖、沈翀、滕菲、陶冶、谭谟晓、孔祥鑫、刘敏、高蕾、何宗渝、黄艳、谭畅（排名不分先后）。

因编者水平有限，不妥之处，敬请指正。